吉田敦彦編

世界の神話101

新書館

世界の神話101

目次

世界の神話101●詳細目次

まえがき

人間がいま神話から学ばねばならぬこと

吉田 敦彦

北アメリカの先住民スー族の一派のオグララ族の言い伝えによれば、彼らの祭礼で用いられるもっとも肝心な聖具であるキセルは、あるときとつぜん出現した女神によって、村の首長に授けられた。そのときに、野牛の皮でできたまっ白な衣を纏った美しい乙女の姿をしたこの女神は、何よりも尊く神聖なその長いキセルの入った包みを首長に授けながら、彼に厳かにこう教えたと伝えられている。

「大地は、あなたたちの尊い母であり、祖母です。だからその上を歩くときには、土を踏むあなたたちの一足ごとの歩みが、母で祖母である大地への恭しい感謝の祈りでなければなりません」

それからそのキセルを使って、至高の神霊ワカン・タンカに祈りを届かせる祭りのやり方を、詳しく教えたあとで、この乙女は立ち去ったが、そのとき彼女が去る前に、野牛に姿を変え、四方を向いて跪《ひざまず》くのを見て、そこに居合わせた人々は、彼女が貴い女神であることを、今さらのようにあらためて、心の底から確信したという。

また現在のワシントン州からオレゴン州のあたりにいた先住民カユース族の首長は、十九世紀の末に、自分の耳には大地がこう言っている声が、現在もはっきり聞こえると言ったと伝えられている。

「私をこの場所に据えたのは、偉大な神霊（世界を創造した至高神の呼び名）です。偉大な神霊はそのとき私に、インディアンたちの面倒をみて、彼らをよく養ってやるようにとおっしゃいました。そのために偉大な神霊は私をこの場所に据えられ、木々や果実など私から生ずるすべてのよいものを、生え出させられたのです。人間が造られたのも、私からです。人間を地上に住まわせられながら、偉大な神霊は、人間が自分を養ってくれる土地の面倒をよくみて、人間たちと大地がけっして害しあわぬように願われたのです」

アメリカ先住民の神話で、陸地の起源はさまざまに物語られているが、大地をこのようにこよなく神聖で慈しみの深い母と見なして、その恵みに絶えず感謝しながら、何にもまして大切にし尊ばねばならぬという思いは、すべての先住民たちに共通し、彼らの宗教の際立った特徴になっている。大地の上にその子として置かれ、万物の母である大地の慈愛に浴していることで、彼らは自分たちが神聖な宇宙の全体と一つにつながって生きているので、自然の中にあるものは、人間が狩をしたり採って食べている動物や植物でも、また鉱物の石などでも、すべてがその同じ宇宙につながって、一緒に暮らしている仲間なのだと感じていた。そしてそれらのものは、人間と同様に、一つ一つが尊い精霊を宿しているので、大切に扱えば人間にさまざまな恵みを与えてくれるが、粗末にしたり乱暴に取り扱えばたちまち、精霊を怒らせて罰を受けることになると信じていた。

大地と自然万物に対するこのような思いは、この本で紹介されている世界各地の神話に、それぞれにいろいろ違う形でだが、共通して強く表明されている。神話とはそもそも、人間の大地と自然へのこのような思いから生まれた。人間の宗教と神話は、大地を母神として崇め、その働きの不思議とこよない有り難さとを、感謝しながら物語ることで始まったことが、明らかだと思われるのだ。

そのことは現在の人類が最初に営んだ後期旧石器時代の文化の遺物から、はっきり確かめられる。ヨーロッパで今から三万五千年ぐらい前に始まった、この文化の担い手だったクロマニヨン人たちは、先史時代のヴィーナス像と呼ばれている女性の彫像を残しているが、それらはどれも、乳房や腹、臀部などが極端に誇張され、現実にありえぬほど巨大に脹れた形に作られており、無数の子を妊娠し生んで育てるという三重の母の働きを、絶えず同時に果たし続けている大地を、有り難い母神として表わした像であったことが明らかと思われる。またクロマニヨン人たちは、南フランスやスペインなどで数多く発見されている、地下の洞穴の壁や天井に、彼らの狩の獲物だった大型の野獣の群れなどを、迫真的に描いた絵を残しているが、それらの絵の多くは、長い迷路のような通路を通ってやっと辿り着けるような場所に描かれている。そのことからクロマニヨン人が、それらの絵の描かれた場所を大地母神の子宮に、そこに行き着くために通らねばならぬ地下道を、その母神の産道に見立て、その子宮の内に入りその壁や天井に野獣の群れを描くことで、彼らの生活に不可欠だったそれらの獣を、地下の子宮に妊娠しては地上に生み出して、自分たちを養ってくれている、大地の有り難い働きを表現しようとしていたことが、明らかだと思われるからだ。

そしてそのようにして母なる大地の働きの神秘を、崇めながら表現する祭りを行った上で、また地下の通路を通って地上に出るそのたびごとに、クロマニヨン人たちは自分たちが、大地の子宮から産道を通っていま地上に生み出されたので、彼らの狩の獲物となる野獣をはじめとする万物とひとしなみに、大地の子であることを、生々しく実感していたのだと思われる。このような母である大地とのきずなに基づく、自然万物との連帯感を、人間は今言うまでもなく、また再び取り戻す喫緊な必要に迫られている。その意味でこの本で紹介されている世界の神話は、われわれにとって、今まさに必要な知恵を豊かに内蔵した汲めど尽きぬ発想の宝庫と言えるのではないかと思われる。

世界の神話101

『死者の書』(部分、大英博物館蔵)

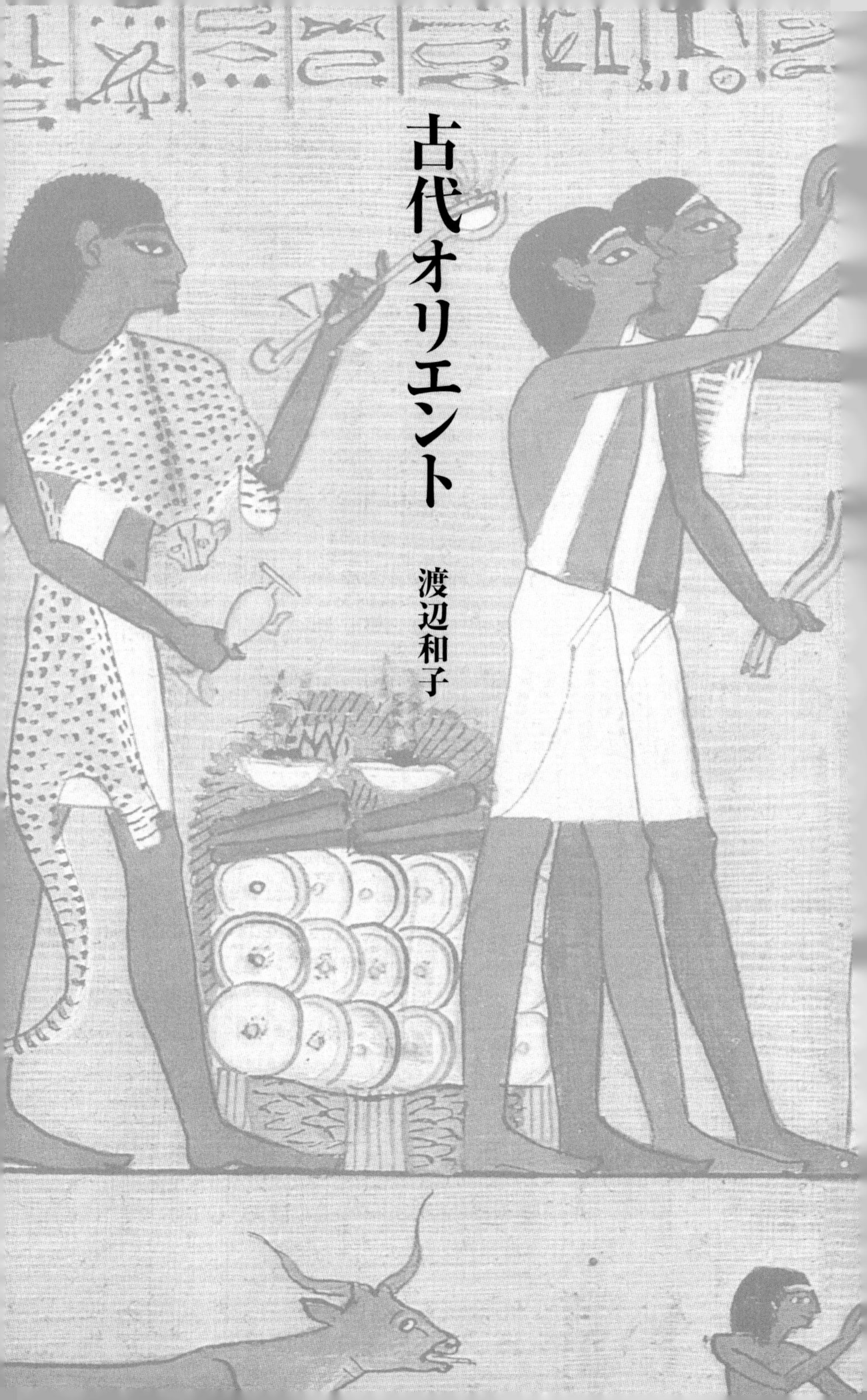

古代オリエント

渡辺和子

古代オリエント

メソポタミアの神話

はじめに

古代オリエントとは、およそ前三〇〇〇年～前五〇〇年頃の西アジア一帯をさす。前三千年紀に「世界四大文明」のうちの二つ、すなわちティグリス・ユーフラテス川流域の古代メソポタミア文明と、ナイル川流域の古代エジプト文明がここで発祥した。古代オリエントには実に多くの民族がひしめきあい、大小の国々が興亡した。したがって神話も多様であるが、およその地域と民族の違いによってメソポタミア、ヒッタイト（アナトリア）、シリア／カナン、エジプトの神話に大別される。

メソポタミアの神話

ティグリス・ユーフラテス川流域のメソポタミア（「両河の間」の意）の南部に、前三千年紀からシュメール人が高度の古代文明を開花させた。シュメール人の入植以前に別の人人がすでに粘土板に絵文字を書くことを始めていた可能性はあるが、その絵文字をさらに楔形文字に発展させ、複雑な記録のシステムを作り上げたのはシュメール人であろう。しかしシュメール人がどこから来たのかは不明である。またシュメール語も独特であり、現在知られている地球上のどの言語とも関連させることができない。

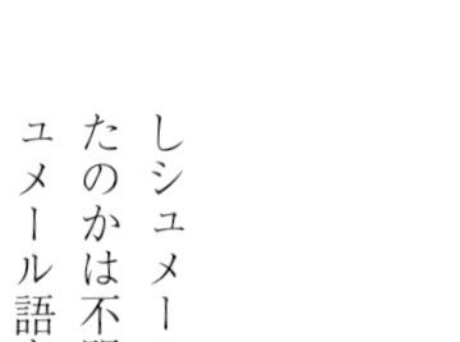

楔形文字以前の絵文字が刻まれた粘土板

前二千年紀になって、メソポタミア南部の支配権がアッカド語を話すセム系民族の手に移ると、失われてゆくシュメールの伝承を書き留める作業が活発になった。その過程でシュメール語で書かれた神話もアッカド語に訳されたり、またはアッカド語の神話のなかに取り入れられたりした。しかしシュメール人とセム系民族は早くから混在していたため、神話についても由来を厳密に特定することはできない。

前一千年紀には、北メソポタミアのアッシリアで神話やその他の文学作品を広く集め、書き写す作業が盛んになった。特にアッシリアのアッシュル・バニパル王（在位前六六八―六二七年）は、ニネヴェに大規模な書庫を造らせて大量の文書を保管した。十九世紀に行われたニネヴェの発掘でこの書庫が発見されたために、メソポタミアの神話の多くが知られるようになったばかりでなく、楔形文字文書を研究する「アッシリア学」の基盤もできた。

メソポタミアの神話として以下に「人間の創造」「世界の創造と神々の戦い」「洪水神話」「異界訪問」「死の起源と命の継承」、そして「ギルガメシュ叙事詩」をとりあげる。

人間の創造

メソポタミアの創造神話では、宇宙（天地）と人間の創造は必ずしも分離されていない。また創造神話が常に独立しているわけではなく、他の呪文や占い文書などの序文として付されていることもある。人間が地面から自生してくるという神話も一部にあるが、多くは神々によって粘土から、あるいはある神を殺害してその血から人間が創造される。人間創造の目的はたいていの場合、神々の労働を肩代わりさせるためである。このことは、人間が担うべき重労働こそが人間の存在理由であることを暗示している。

シュメール語で伝承されている「エンキとニンマハ」では、人間の創造について次のように語っている。

神々は自分たちの生活のために重い労働に耐えなければならないことを嘆いた。特に運河の浚渫作業などは骨の折れる仕事であった。女神ナンマは、息子である知恵と水の神エンキに神々の嘆きを伝え、神々のために働く人間を創造することを勧めた。そこでエンキは母ナンマに、真水の深淵アブズ（アプスー）の粘土を混ぜ人間を造るように頼んだ。さらに女神ニンマハと他の女神たちの助けを得て人間を生み出し、その天命を定めることにした。

そこで創造された人間についてエンキとニンマハが腕比べをすることになった。ニンマハが造った人間は不完全であったが、エンキはそれぞれに人間社会での役割を与えることができた。たとえば目の不自由な人間を楽器奏者とし、生殖器をもたない人間を王に仕える者などに定めた。次にエンキが創造した人間に、ニンマハが天命を定めることになった。しかしエンキが創造したウムウル（「わたしの日々は長い」の意）は全身の機能が麻痺していたため、ニンマハはウムウルの天命を定めることができなかった。エンキはニンマハを責め、ニンマハは恥じ入った。その後の経緯は文書に破損が多いため、よくわからないが、この神話の最後には、ニンマハはエンキにかなわなかったことが語られ、そしてエンキを称えることばが続く。

この神話をどのように解釈すべきかという問題は長い間研究者を悩ませてきた。しかしすべての人間は多かれ少なかれ欠陥をもっていることを考えるならば、この神話は、人間はその欠陥にもかかわらず果たすべき役割をもち得ることを伝えているのかもしれない。また神の力量は、人間の欠陥にもかかわらずその天命を定められるかどうかで試されるという興味深い考えを読みとることもできる。

古代オリエント

世界の創造と神々の戦い

エヌマ・エリシュ

「エヌマ・エリシュ」では、当時の慣例のままに冒頭の「上では（エリシュ）まだ天が名付けられていなかった時（エヌマ）」という節の最初の二語が作品名となっている。「エヌマ・エリシュ」はアッカド語で書かれた創成神話であるが、バビロンの主神マルドゥクを最高神にまで高める意図がうかがえることから、この作品の原型は紀元前十二世紀のバビロンで成立したと考えられる。そして、神々の系譜とマルドゥクによる世界の創造を語るものとして、バビロンの新年祭において朗詠されたようである。

＊

はじめにアプスー（真水）とティアマト（海水）があり、それらがお互いの水を混ぜるとラフムとラハムが生まれた。ラフムとラハムはアンシャルとキシャルを生み、アンシャルとキシャルは天の神アヌを、アヌは知恵と水の神ヌディンムド（エアに同じ／シュメールのエンキに相当する）を生んだ。やがて多数となった若い神々は騒々しいため、アプスーは機嫌を損ねた。アプスーはティアマトの反対を無視して、若い神々を滅ぼそうとたくらんだ。そのたくらみを見抜いたエア（ヌディンムド）はアプスーを呪文によって眠らせて殺害し、その神々しい輝きをはぎ取って自分が纏った。さらにエアは「アプスー」という自らの聖所を定め、そこで妻ダムキナとの間に息子マルドゥクをもうけた。マルドゥクは女神たちに育てられ、屈強な神となった。

他方、愛するアプスーを殺されて怒り狂ったティアマトは多くの神々を招集し、十一の怪物を創造して復讐を準備していた。ティアマトは息子のキングに「天命の書板」を与え、その命じることはすべて成就するように定め、戦闘の指揮官とした。エア、アヌ、そしてアンシャルもティアマトの敵意に怖気づき、ティアマトと戦うことをマルドゥクに要請した。マルドゥクは自分が天命の決定権をもつ最高神となることを条件としてティアマトと会戦することに同意した。マルドゥ

アンズーと戦う戦闘神ニヌルタ

クはティアマトの体内に風を送り込み、膨れあがらせたところに矢を放ち、その体をふたつに裂いた。十一の怪物も捕え、キングから「天命の書板」を取り上げて自分の胸につけた。そして裂かれたティアマトの体の半分から天を、他の半分から地を創造した。さらに神々の権能や天体の運行などを定めた。また捕えたキングの血を取って人間を創造して神々に仕えさせることにした。マルドゥクは六〇〇の神々のうち、三〇〇は天の、あとの三〇〇は地の神々とした。神々はマルドゥクのためにバビロンの町を築き、エサギラ神殿を建て、マルドゥクがすべての神々の王者であることを認める誓いを立てた。

アンズー神話

「アンズー神話」(アッカド語、標準版)では、戦闘神ニヌルタが怪鳥アンズーを退治することによって世界の秩序を回復することが語られている。一部が残存している「アンズー神話」の古バビロニア版では、ニヌルタの役割をニンギルスが演じている。「アンズー神話」のシュメール語版は知られていないが、戦闘神ニヌルタが山にすむアサク(悪霊)を退治して、世界の秩序を回復することを語る「ルガル・エ」というシュメール語の作品がある。

＊

怪鳥アンズーは、最高神エンリルが所持している「天命の書板」をねらっていた。「天命の書板」には神々と世界についてのすべての定めが記されており、それをもつ者には神々と世界を統率する権威が与えられた。その権威を手に入れたいと願うアンズーは、あるときエンリルが行水している間に「天命の書板」を奪い、自分の住処である山へ飛んでいってしまった。そこで神々は、誰がアンズーを討伐すべきかを相談した。初めに指名された天候神アダドは、アンズーが「天命の書板」の呪力によって立ち向かう者を粘土に変えてしまうことを恐れて、アンズー討伐を拒否した。次に指名された神ゲラも、その次に指名された神シャラも同じ理由でこの役目を拒否した。そこで知恵の神エアの発案で、女神ベーレト・イリーからその息子である戦闘神ニヌルタを説得してもらい、ついにニヌルタがこの大任を引き受けることになった。山中でアンズーと対決したニヌルタは矢を射かけるが、アンズーがもつ「天命の書板」の呪力で矢は逆行した。アンズーは「わたしに向かって来た葦の矢よ、茂みに帰れ！　弓よ、森へ帰れ！、糸よ、羊に帰れ！、羽根よ、鳥に帰れ！」と唱えていた。ニヌルタはアダドを呼び出し、苦戦していることをエアに報告させた。するとエアは、アンズーの翼を切ること、矢を稲妻のように射ること、さらにアンズーの喉を切ることなどの戦略を伝言させた。ニヌルタはこの戦略によってアンズーを討伐することができた。

古代オリエント

洪水神話

目的をもって人間を創造したにもかかわらず、あるとき神神は、洪水を起こして人間を滅ぼすことを決定する。しかし知恵の神エンキ／エアは滅亡を逃れる方法をひとりの人間にひそかに告げる。その人間はシュメール語の洪水神話ではジウスドラ、アッカド語の「アトラ・ハシス」の神話ではアトラ・ハシス、「ギルガメシュ叙事詩」に取り入れられた洪水神話ではウトナピシュティムである。そしてイスラエルに伝えられた「旧約聖書」の洪水神話ではノアとなる。

これらの洪水神話では、人間とすべての生物が破滅するという危機を迎えるが、一部の者が救い出されることによって世界が再構築されることが語られているのである。

ジウスドラ

紀元前三千年紀に成立したシュメール人の洪水伝説ではジウスドラ（「永遠の生命」の意）が洪水による滅亡を免れる。

アン、エンリル、エンキと女神ニンフルサガは人間を創造し、動物を地上に生じさせた。そして天から王権が下り、五都市が建設され、五神に一都市ずつ与えられた。（文書破損のため経緯は不明であるが）その後神々は洪水を起こすことを決定した。しかしエンキはこの決定をジウスドラに伝えたため、彼は舟に乗って洪水から逃れることができた。七日後に洪水が過ぎるとジウスドラは太陽神ウトゥに供物を捧げた。動物と人類の種を救ったジウスドラに神々は永遠の命（永生）を与え、ディルムンの地（現在のバハレーンか）に住まわせた。

神話的な歴史記述ともいえる「シュメール王名表」によれば、「天から王権が下ったとき王権がエリドゥにあり、アルリウムが王となって二八八〇〇年治めた」とある。そして十人目のシュルパク王ジウスドラの時に洪水が起こったとのことである。

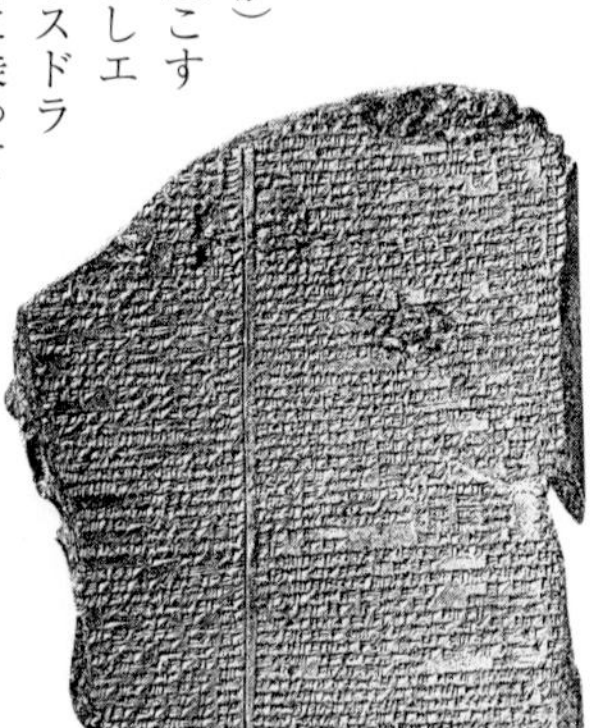

「ギルガメシュ叙事詩」第11粘土板

アトラ・ハシス

アッカド語で伝わる「アトラ・ハシス」の神話によれば、はじめ神々は人間のように重い労働に従事しなければならなかった。そこでエンキ（エア）の助言によって母神マミは人間を創造し、神々の労苦を負わせることにした。神々の前で神ゲシュトゥ・エが殺害され、女神ニントゥがその肉と血を粘土と混ぜ合わせて人間を創造した。やがて人間は増え過ぎて騒々しくなり、神々にとって耐え難いまでになった。そこで神々は洪水を起こして人間を滅ぼすことを決定するが、エンキはアトラ・ハシスに舟を造るように命じた。造った舟に家族と財産や動物を乗せたアトラ・ハシスは、洪水による破滅を免れることができた。生き残ったものがいることを知ったエンリルは怒るがエンキになだめられた。

ウトナピシュティム

「ギルガメシュ叙事詩」（二二頁参照）の第十一粘土板ではウトナピシュティムが、洪水から救われたことをギルガメシュに語る。

神々が洪水を起こすことを決めたとき、知恵の神エアは、シュルパク（ユーフラテス河岸の町）に住むウトナピシュティムに箱舟を造らせ、それに動物のすべての種類と共に乗り込ませた。やがて激しい嵐が起こり、七日間続いた。嵐がおさまると箱舟に乗らなかった人間はすべて粘土に戻っていた。舟はニムシュの山に着いた。その後七日目にウトナピシュティムが鳩を放ったが、戻って来た。次に燕を放ったが戻ってきた。さらに烏を放つと、水が引いていたので、戻ってこなかった。そこでウトナピシュティムは外に出て神々に供物をささげると、神々が集まってきた。ウトナピシュティムが生き延びたことを知ったエンリルは激怒したが、洪水を起こして人類を抹殺してはいけないというエアの説得を受け入れた。そしてウトナピシュティムとその妻に永生を与えて神々の仲間入りをさせ、遠くの河口付近に住まわせた。

ノア

古代ヘブライ語で伝わる「旧約聖書」の「創世記」六〜九章によると、世界と人間を創造した神ヤハウェ自身が、人間が悪くなったことを見て後悔し、洪水を起こしてすべての人間を滅ぼそうとした。しかし無垢なノアだけには箱舟を造って洪水を逃れるように指示した。箱舟にはノアとその家族とともにすべての動物の雌雄一対ずつをも乗り込ませた。洪水は四十日間続いた。その百五十日後に水が引きはじめると舟はアララト山の上に着いた。ノアは烏を放ったが戻って来た。また鳩を放ったが戻ってきた。その七日後に再び鳩を放つと、口にオリーブの葉をくわえて戻って来たため、ノアは水が引いたことを知った。さらに七日後に鳩を放つともう戻ってこなかった。ノアは舟から出て神に供物をささげた。神は人と動物が地上に増えるように祝福した。そして神は、洪水を起こして人間を滅ぼすことはないという契約をノアと結び、そのとき出現した虹を契約のしるしとした。

古代オリエント

異界訪問

メソポタミアでは生者の世界と死者の世界（冥界）はある程度行き来が可能であった。しかしその境界を越えるには一定の約束事があった。また両方の世界が均衡を保つことも重要であり、生者の数と死者の数が釣り合う必要があると考えられていた。

イナンナの冥界下り

シュメール語のこの作品では、女神イナンナは自分の多くの聖所を捨てて、高価な装飾品と豪華な衣装を身にまとって冥界へと下って行った。イナンナは従者のニンシュブルに、自分のために喪に服すること、エンリル、ナンナル、そしてエンキに頼んでイナンナが冥界で殺されないように計らってもらうことを指示した。イナンナは冥界の七つの門をくぐるごとにひとつずつ宝石や衣装をはぎとられていった。冥界の女神エレシュキガルは、自分の前に連れて来られたイナンナに死の目を向けると、イナンナは死体と化した。イナンナが出立した三日後、ニンシュブルはエンリルとナンナルに助力を求めたが、イナンナが天と冥界の両方を我物とする意図をもったことを責め、助力を与えなかった。しかしエンキに助けを求めると、エンキは爪の垢から造りだしたクルガラとガラトゥラ（去勢された神殿歌手たち？）にそれぞれ「命の草」と「命の水」を与えて冥界へ向かわせた。彼らはエンキの指図どおりにエレシュキガルからイナンナの死体を貰いうけ、「命の草」と「命の水」をかけるとイナンナは生き返った。しかしイナンナが冥界から出るには、冥界に留めおく代理人が必要であった。その代理人をつかまえようとガラ霊たちもイナンナについて冥界から出て来た。そこでイナンナは自分のために喪に服していなかった夫のドゥムジをみると怒り、ドゥムジを連れて行くようガラ霊たちに命じた。ドゥムジは太陽神ウトゥに頼んで蛇の姿に変えてもらったが無駄であった。結局ドゥムジは一年の半分は冥界で過ごし、あとの半分は、姉のゲシュティンアンナが冥界で過ごすことが宣告された（結末部は欠損のため不明）。

愛と戦争の女神イナンナ／イシュタル

イシュタルの冥界下り

シュメール語版の「イナンナの冥界下り」を下地にしながら、それよりはるかに短いアッカド語版の「イシュタルの冥界下り」が書かれた。

女神エレシュキガルが治める冥界（「不帰の地」）では暗黒が支配し、住人たちはちりを食物とし、羽根がついた鳥のような服を着ていた。

イシュタルは冥界に下って行き、冥界の門番を脅して、もし門を開けなければ、門を壊してでも入り、また死者を起こして生者を食べさせ、死者を生者よりも多くすると言った。これを聞いたエレシュキガルは恐れて門を開けさせた。イシュタルは七つの門をくぐるごとに衣服と装飾品をひとつずつ取られていった。

エレシュキガルはイシュタルの姿をみると怒りを発し、従者ナムタルに命じて、イシュタルが六十の病気に罹るようにした。その間、地上では動物も人間も孕まなくなった。そこで知恵神エアは男娼アスシュミナルを造りだして冥界へ送ったが、彼もエレシュキガルの怒りをかって呪われてしまった。しかしエレシュキガルはナムタルに命じて、やっかい者のイシュタルに「命の水」をふりかけさせ、生者の世界へ追い返した。

イシュタルが冥界から再び七つの門を通って出て行くとき、それぞれの門で取られたものを返してもらった。

ネルガルとエレシュキガル（アマルナ文書版）

前十四～十三世紀にオリエント世界の国々からエジプトに送られた外交書簡（使用言語の多くはアッカド語）の一群が、エジプトのアマルナで発見された。そのなかに「ネルガルとエレシュキガル」（アッカド語）を記したものもあった。それはフリ人の国ミタンニ（二六頁参照）から送られたもので、アッカド語の学習のために用いられたらしい。その後メソポタミアからも前一千年紀に書かれたより長編の版が発見された。ネルガルは元来フリ人の神であったが、メソポタミアのセム系パンテオンの仲間入りをし、冥界の神とされた。

神々が宴の準備をしていたとき、彼らの姉妹である冥界の女神エレシュキガルに使者を送って、エレシュキガルに与えられる御馳走を、彼女の使者にとりに来させるよう伝えた。エレシュキガルは自分の使者としてナムタルを昇らせた。しかしナムタルを迎えた神々のなかでネルガルだけは立ち上がって敬意を表さなかった。これを知ったエレシュキガルは怒ってその無礼な神を冥界に連れて来るようナムタルに命じた。エレシュキガルに殺されると思ったネルガルは、恐れて逃げたが、知恵の神エアから守護霊を与えられて冥界に向かった。ネルガルがエレシュキガルを殺そうとしたとき、エレシュキガルは命乞いをし、ネルガルを夫として迎えたいと申し出た。ネルガルはこれを受け入れてエレシュキガルと結婚し、彼女と共に冥界の神となった。

古代オリエント

死の起源と命の継承

人間の死の起源を語る神話のひとつに「アダパ（神話）」がある。それによると賢人アダパが永生を手に入れられなかったのは、知恵神エアにだまされたからだとも解釈できる。神がうそをついたかに見える点では、「旧約聖書」の「失楽園」（「創世記」三章）とも類似している。そこでは、死ぬといけないのでその実を取って食べてはいけないという神の禁令に背いて、アダムとエバは実をとって食べたが、死ぬことはなかった。そして逆に神は、人間が永遠に生きるかもしれないことを恐れて彼らを楽園から追放し、「命の木」から遠ざけたという。

他方、子供が繁栄することは神の恵みと考えられていた。メソポタミアにおいても子孫を得ることが切望されたが、それは命が継承されることであり、また死後の供養が保証されることを意味した。「エタナ」では、子孫を得たいエタナが「子宝の草」を神に求めたことが語られている。

アダパ

エリドゥの町の守護神である知恵の神エアは、アダパを創造し、多くの知恵を与えたが、永遠の命は与えなかった。

アダパはエリドゥの人々のために食料の調達や祭儀の確立に尽力した。あるときアダパが漁をしていると南風が吹いてきて舟が沈められてしまった。怒ったアダパは南風の翼を折ったため、七日間南風が吹かなくなった。

天空神アヌは従者イラブラトに南風が吹かなくなった理由を尋ねた。そしてエアの息子アダパが南風の翼を折ったことを知ると、アダパを連れてくるように命じた。これを知ったエアはアダパに忠告を与えて、アヌのもとで「死のパン」が差し出されても食べてはならず、「死の水」が差し出されても飲んではならないと教えた。天界に赴いたアダパに、アヌは「命のパン」と「命の水」を差し出したが、アダパはエアの忠告どおりにそれらを拒否したため、永遠の命を逸することになった。

鷲に乗るエタナ。前23世紀頃の円筒印章（印影）

エタナ

神々はキシュの町を築き、そこを治めるべき王としてエタナを任じた。一本のポプラの梢には、鷲とその子らが、根元には蛇とその子らが住んでいた。鷲と蛇は太陽神シャマシュの前で互いの友好を誓いあい、獲物も分けあっていた。ところがあるとき鷲は蛇の子らを食べてしまった。帰って来て子らがいなくなっているのに気付いた蛇は、悲しんで太陽神シャマシュに訴えた。シャマシュは、野牛の内臓のなかに入って鷲を待つように教えた。やがて野牛を食べに鷲が舞い降りて来た。そのとき蛇は鷲に襲い掛かって翼をもぎ取り、穴にほうり込んだ。鷲は瀕死の状態でシャマシュに助けを求めた。そのころエタナは子供が授けられることを望んでいた。彼がシャマシュに「子宝の草」を所望すると、シャマシュは穴に入れられている鷲を助けるように指示した。エタナに助けられた鷲は元気を取り戻し、「子宝の草」を求めるエタナを乗せて天界へと飛翔した（その後の経緯は欠損のため不明）。

かなり詳しく語られている鷲と蛇の話は、元来「エタナ」に属していたのではなく、すでにさまざまな異本とともに伝えられていた民話が挿入されたと思われる。鷲に乗って天界へ赴くモティーフは、ギリシアのガニュメデスがゼウスが遣わした鷲、あるいはゼウス自身が変身した鷲によって天上へ連れて来られたことを想起させる。

発見されている「エタナ」の文書は前二千年紀以降のものである。他方、「エタナ」を題材としたと考えられる図像は、現在のところ十数点の円筒印章に確認されている。ところがそれらの印章は「エタナ」が編纂された年代よりもさらに古いアッカド王朝時代（前二三三四—二一五四年頃）のものである。印章図像の多くは、牧人が群羊の管理、搾乳、バター作り、チーズ（多くの小さい輪で表されている）作りなどを行っている場面と、鷲に乗って飛びたつ牧者を二匹の犬が見上げている場面が組み合わされたものとなっている。「エタナ」と共通するのは、鷲が人間を乗せて飛び立つという要素だけである。そのため印章図像は、まだ発見されてはいないが少し話の筋が異なる、古い版の「エタナ」に基づいていることが推定できる。

前三千年紀のメソポタミア南部にはシュメール人の都市国家が多く点在していたが、メソポタミア中部のキシュではすでにセム系アッカド人の強大な国が形成されていたと考えられる。やがてキシュ王に仕えていたサルゴン（在位前二三三四—二二七九年頃）が、キシュ近くのアガデ（今日のバグダード付近か）を中心としてアッカド王朝を樹立し、メソポタミアの広い範囲にセム人の支配力が及ぶようにになる。このような歴史的状況のなかで古い版の「エタナ」と、それを題材とした印章図像が刻まれたとするならば、おそらく自分たちの王権神話を作り上げようとする当時のアッカド人の努力の結果とみることができるであろう。

古代オリエント

ギルガメシュ叙事詩

「ギルガメシュ叙事詩」は、シュメール人の古い伝承をもとにバビロニア人が前二千年紀前半にまとめたものである。ギルガメシュは、叙事詩のなかでは三分の一は人間、三分の二は神とされているが、前三千年紀のウルクに実在した王をモデルとしているため、神話ではなく、叙事詩とよばれる。しかし内容的には神話のなかに含めてもさしつかえない。この作品は、死すべき人間が永遠の生命を求めて旅に出ることを中心テーマとして、死生観、友情、異界訪問などのテーマをも扱った壮大な物語となっている。

アッカド語の「ギルガメシュ叙事詩」が成立した前一八〇〇年頃の写本(古バビロニア版)も断片的ではあるが、知られている。また前七世紀の写本として十一の書板からなる標準版がニネヴェの文書庫から発見された。二つの版には違いも認められる。たとえば生きている間に楽しむべきであるというシドゥリの忠告の部分は古バビロニア版にのみ伝えられている。しかしその部分が標準版に含まれていないのは偶然に近いのであり、文脈としてはその部分を補って読んでもよい。

「ギルガメシュ叙事詩」は人間にとって根源的なテーマを扱っているせいか、早くから周辺世界へも伝えられた。現在のところ、ヒッタイト語版とフリ語版の存在も知られている。

*

ギルガメシュは、彼が治めるウルクの住民を暴政によって苦しめていた。創造の女神アルルは、ギルガメシュのライバルとして野人エンキドゥを粘土から創造した。エンキドゥの存在を知ったギルガメシュは、エンキドゥのもとに聖娼(神殿娼婦)を送った。聖娼と交わったエンキドゥは荒野での生活を捨ててギルガメシュのいるウルクへ向かった。はじめにギルガメシュとエンキドゥは激しい格闘をするが、すぐに堅い友情で結ばれた。ギルガメシュは、香柏の森に番人として住む恐ろしい怪獣フンババを討つことを企てる。フンババの恐ろしさを知るエンキドゥははじめは反対したが、ギルガメシュについて行った。ギルガメシュが香柏を切り倒したことに怒ったフンババは、ギルガメシ

フンババを殺害するギルガメシュとエンキドゥ。円筒印章図像

ユと激しく争ったが劣勢となった。ギルガメシュは命乞いをするフンババをエンキドゥと協力して切り殺した。その後ギルガメシュは女神イシュタルから求愛されるが、これを拒絶した。そのときギルガメシュは、イシュタルからひどい仕打ちをうけた彼女の恋人たちを挙げつらった。これに激怒したイシュタルは、父であるアヌと、母であるアントゥムに訴え、ギルガメシュを滅ぼすために天牛を造って地上に送らせた。ところがギルガメシュとエンキドゥは天牛を殺してしまった。香柏の森を荒らし、フンババを殺し、さらに天牛を殺したことへの報復として、神々はエンキドゥの死を宣告した。そしてエンキドゥは病に倒れ、日増しに衰弱し、ついに死んだ。

ギルガメシュはエンキドゥの死をいたく嘆くばかりでなく、自分もエンキドゥと同じように死ぬのではないかと恐れ、永遠の命を得たというウトナピシュティムのもとへ旅立った。太陽神シャマシュが出入りをするマーシュ山にまで来たギルガメシュは、そこで番をしているサソリ人間に先へ行くことが許された。そして十二ベール（約一二〇㎞）続く闇の世界を通り過ぎると、ついに宝石の実がなる光の世界に出た。そこでギルガメシュは酒屋の女主人である女神シドゥリに会った。彼女は（古バビロニア版によれば）ギルガメシュに永生を求めることは無駄であること、生きている間に楽しむべきことを説いた。しかし先を急ぐギルガメシュに彼女は冥界の川の渡し守ウルシャナビのところへ行く道を教えた。ウルシャナビはギルガメシュを船に乗せて死の水を渡り、とうとうウトナピシュティムのもとへ着いた。ウトナピシュティムはギルガメシュに永生を得た経緯を語った。ウトナピシュティムは洪水が起こったとき、知恵の神エアの指示で造った舟に乗り込み、生き延び、その後神々から永生を与えられ、神に列せられたという。そして彼はギルガメシュに六日七夜眠らずにいてみよと命じた。しかし、疲れきったギルガメシュはすぐに眠りこんでしまった。ギルガメシュが目を覚ますと七日目になっていた。眠りは死を暗示するものであり、ギルガメシュは永生を得ることはできないと悟った。彼があきらめて帰ろうとすると、ウトナピシュティムは遠路はるばるやってきたのだからと土産として「老人が若返る」という名の草のありかを教えた。ギルガメシュはその草を得て帰途に就いたが、泉で水浴をしている間に、ヘビがその草を食べ、脱皮した。ギルガメシュは悲嘆にくれ、疲れ果ててウルクに帰還した。

この結末は読者を落胆させる。しかしこの叙事詩の編者は冒頭部分で、ギルガメシュを「はるかな道を歩んで労苦を重ね、ついにはやすらぎを得た人」として紹介している。またギルガメシュがウルクの町に立派な城壁や神殿を建築したことを称えている。永生は得られなかったものの、苦難に満ちた旅から帰ったギルガメシュは、もはやかつてのギルガメシュではなかったのである。

古代オリエント

ヒッタイトの神話

アナトリアの中央では前二千年紀中頃のおよそ四〇〇年間ヒッタイト人の国が栄えた。その前半は古王国時代（前一六八〇－一四五〇年頃）、後半は新王国時代（前一四五〇－一二〇〇年頃）とされる。二十世紀初頭にボアズキョイの遺跡が発掘調査され、大量の粘土板文書が出土した。それらの内容から、そこがかつてのヒッタイトの首都ハットゥシャであることがわかった。文書は楔形文字で書かれているが、言語としてはメソポタミアで使われていたセム系のアッカド語のほかに、ヒッタイト語やフリ語もあった。それまで未知の言語であったヒッタイト語はフロズニーによって解読されたことにより、最古の印欧語として知られるようになった。

ヒッタイト人が入植する以前の中央アナトリアには非印欧系のハッテイ人（原ハッテイ人）が住んでいた。ヒッタイト人はハッテイ人から宗教文化を含めて大きな影響を受けた。またアナトリアの東に隣接する北シリアの広い地域には、特に多くのフリ人が住んでいたために、ヒッタイト人は、フリ人の文化からも影響を受けたが、この傾向は特に新王国時代に顕著である。

蛇神イルヤンカの神話

プルリ祭（豊饒を願う祭）において唱えられた神話と考えられる。同じ文書のなかに話の筋が異なる神話も含まれていることと欠損部分があるために完全な再構成できないが、天候神が苦労の末に蛇（竜）神イルヤンカを殺害することができたことを語っている。

＊

キシュキルシャの町で天候神と蛇神イルヤンカが戦い、イルヤンカが勝利した。天候神はすべての神々に助けを求めた。守護女神イナルはジガラッタの町へ行き、人間フパシヤに会って協力を要請した。フパシヤは、イナルが自分と寝るなら協力すると答えたのでイナルはその希望をかなえた。イナルはフパシヤを連れて行き、祝宴の場所に隠れさせておき、そこにイルヤンカを招いた。イルヤンカはその子供たちと一緒に穴から出てきて、たくさん飲み食いしたため、穴にはもど

蛇神と戦う神

れなくなった。そこでフパシヤが出てきてイルヤンカを縛り上げ、そこへ天候神がきてイルヤンカを倒した。イナルはタルッカの地の岩に家を建て、フパシヤを住まわせた。イナルは自分の外出中にフパシヤが妻子をみることがないように窓からのぞかないように忠告した。しかし二十日後にフパシヤは窓からのぞいて、自分の妻子をみた。イナルがもどるとフパシヤは家に帰らせてほしいと言った（途中欠損のため不明）。

イルヤンカが以前に天候神を破ったとき、イルヤンカは天候神の心臓と目を奪っていた。天候神はある貧乏人の娘を妻にむかえ、息子をもうけた。その息子が成人してイルヤンカの娘を妻とした。天候神は息子に「妻の家にいったら、わたしの心臓と目を所望するように」と言った。息子はそのようにして天候神に心臓と目を戻した。見えるようになった天候神は海へ行って再びイルヤンカに戦いを挑み、勝利した。しかし天候神の息子はイルヤンカの側について戦っていた。息子は哀れみは無用であると父に言ったため、天候神はイルヤンカだけでなく自分の息子も殺してしまった。

テリピヌ神話

ヒッタイトには、ある神が怒って姿を消してしまったために、自然の生殖や生産活動がとまってしまうが、何とかその神を捜し出すことによって、元の状態に戻ったというストーリーをもつ神話が数多く伝承されている。姿を消す神としてはテリピヌの他に、太陽神や女神ハンナハンナなどがある。「テリピヌ神話」では最後にテリピヌが王と王妃を抱いたことが語られている。その表現は、神の片腕に抱かれる王の図像によって、王が神の庇護を受けていることを表すヒッタイトの伝統を想起させる。

＊

天候神の息子であるテリピヌ神が怒って姿を隠してしまったために、自然界の生命活動は停止した。母羊は子羊を拒み、母牛は子牛を拒んだ。動物は孕まなくなり、植物も実らなくなった。飢饉がおこり、神々も人々も飢えた。太陽神は千の神々を招いて飲み食いしたが、飢えと渇きは癒されなかった。太陽神は鷲にテリピヌを探させたが、みつけられなかった。天候神が女神ハンナハンナに相談すると、彼女は天候神が自分でテリピヌを探すべきだといった。しかし天候神もテリピヌをみつけられなかった。そこでハンナハンナは蜂を遣わした。蜂は小さいがとうとうテリピヌをみつけることができた。テリピヌはまだ怒っていたが、さまざまな供物が捧げられたことで怒りが鎮められた。そしてテリピヌの怒りは厳重に封じ込められた。テリピヌが世界中の生気と生命活動をもとに戻したことにより母は子を抱き、母羊は子羊を抱き、母牛は子牛を抱いた。さらにテリピヌは王と王妃を抱き（保護し）、彼らの長寿と健康のために尽力した。

古代オリエント

シリア／カナンの神話

フリ人の神話

フリ人とは、紀元前三千年紀以降メソポタミアの東部から北部にかけてひろく分布していた民族であり、セム系でも印欧系でもないことが知られている。紀元前二千年紀の中頃には現在のシリア北部を中心にしてミタンニ王国を築いたが、ミタンニの国外にも多くのフリ人がいた。フリ人の神話についてはあまり多くのことは知られていないが、ボアズキョイからクマルビ神話のヒッタイト語訳が発見されたことは重要であり、ヒッタイトの新王国時代にフリ人の文化が広く浸透していたことを裏づける一例でもある。

クマルビ神話

残念ながら全体の四分の三が欠損しているため全体像はつかめない。なお、クマルビの息子ウリクミが主人公となる「ウリクミの歌」はクマルビ神話に続くものではなく、別個の作品であろう。

はじめに天の王アラルが神々の王座に就いていた。アラルに仕えていたアヌは九年後にアラルに戦いを挑み、勝利した。アラルは暗黒の地へ降下し、アヌが神々の王座に就いた。アヌに仕えていたクマルビは九年後にアヌに戦いを挑み、勝利した。アヌは天へと逃げていったが、クマルビはアヌの足を捕らえて引きずり降ろし、その陰部にかみついた。そしてクマルビはアヌの精液を飲み込んで喜んだ。しかしアヌはクマルビの体内に重荷として三神、すなわち天候神、アランザハ（ティグリス川）、そしてタシュミシュを形成した。クマルビは二神を口から吐き出したが、天候神だけは体内に残った。天候神はクマルビの体内からクマルビに「生きながらえてください、知恵の主よ」と語りかけた。

その後は欠損部多数で再構成が難しいが、クマルビの体内から出た天候神がやがてクマルビと戦って勝利をおさめたことが窺える。

ウガリットの神話

一九二八年に地中海に面した港町ラス・シャムラから宮殿址が発見され、多数の粘土板文書も出土した。そこは前十八世紀から前十二世紀にかけて栄えた都市ウガリットであり、

ウガリット出土の神像

前十四世紀には当時の諸大国に交じってエジプトのファラオに書簡（アマルナ書簡）を送っていた。ウガリットの宗教文書は、「旧約聖書」にかいま見られるカナン宗教の姿を如実に伝えている。

出土した文書の言語は、アッカド語、フリ語、ヒッタイト語のほかに西セム語に分類されるウガリット語もあった。ウガリット語の表記には独自の楔形文字三十個が使われているが、それはアルファベット文字であり、ヘブライ語やアラビア語のアルファベットと同様に母音字を含まない。したがってウガリット語には発音不明の語もまだ多い。

バアル神話

天候神バアルについて語るいくつかの神話文書が知られている。それらのテーマは少しずつ異なるが主なものは混沌と創造、王権、神々の戦い、神殿建設、そして豊饒多産などである。次に示す作品に含まれるバアルと死神モートの戦いというモティーフは、七年ごとに豊作と不作が繰り返されるという世界観の表現ともみられる。

最高神イル（エル）は神々の集会を招集した。そこへ海神ヤムは使者を送り、天候神バアルは海神ヤムに服従すべきであると要求してきた。イルはこの要求を認めたため、バアルは怒り、ヤムに戦いを挑んだ。バアルは一対の職人の神々コシャルとハシスから受け取った二つのこん棒で戦い、ヤムを倒すことができた。

バアルの姉妹である戦争女神アナトは、戦争で全人類を滅ぼそうとするが、バアルはこの戦争をとめることができた。バアルは自分が住む聖山ツァフォンにアナトを招いた。そこでバアルはアナトに頼んで、自分の神殿を建立してほしいという願いをイルに伝えてもらった。アナトのあまりに強い迫り方に負けたイルはバアルの願いを聞き入れ、コシャルとハシスに命じて神殿を造らせた。

バアルは七頭の蛇ロタン（レヴィヤタン）を退治した。死神モートはこれに怒って、バアルを冥界へ呼び出した。バアルが冥界に行き、モートに屈服して死んでしまうと、自然界の生殖と生産活動は停止してしまった。そこでアナトは冥界へ降りて行き、バアルの死体を見つけた。アナトは、冥界の神でもある太陽女神シャパシュに頼んでバアルの死体を肩にかけてもらい、ツァフォンの山まで運んで葬儀を行った。さらにアナトはバアルの仇討ちとしてモートを滅ぼして葬った。その後バアルは復活し、神々の王座にもどった。同時に地上には生産活動と豊饒がもどった。しかし七年が過ぎると再びモートはバアルを滅ぼし、旱魃が訪れた。しかしシャパシュが、モートを罰するというイルの言葉を伝えるとモートは恐れてバアルに王座を譲った。

古代オリエント

エジプトの神話

前三〇〇〇年ころにナイル河岸で統一国家が成立した。それまではいくつかの有力国家が並立していたが、最終的には上流（南部）の上エジプト王国と下流（北部）の下エジプト王国が統一されたことによってエジプト統一が実現したとされる。エジプトでは高い文明が栄え、ピラミッドや葬祭殿などの巨大建造物が建てられ、ヒエログリフ（象形文字）を用いて様々な内容の文書が記された。一七九九年にナポレオンが率いるフランス遠征軍がエジプトで「ロゼッタ・ストーン」（現在大英博物館蔵）を発見した。これは石板に同じ内容をもつギリシア語碑文とエジプト語碑文が刻まれていた。エジプト語碑文は二種類のエジプト文字（ヒエログリフと草書体のデモティック）で書かれていた。ギリシア語をてがかりとしてエジプト語解読に挑戦したシャンポリオンは、一八二二年に、その後の研究の基礎となる成果を発表することができた。エジプトの宗教的文書としては、神々への讃歌、訓戒文学などが多く、まとまった神話は少ない。

現在のカイロに近いヘリオポリスに由来する太陽神学によれば、天地創造以前にヌウという混沌があった。やがて宇宙創造神であるアトゥムが自力で発生し、大気神シューと湿気の女神テフヌトを創造した。この男女神から大地神ゲブと天空女神ヌートが生まれた。そしてゲブとヌートから二対の男女神、オシリスとイシス、セトとネフテュスが生まれた。これらの神々は「ヘリオポリス九柱神」とされる。

他方、天空を舟に乗って渡る太陽神ラーの信仰も広まっていた。「ウェストカー・パピルス」（前一六〇〇年前後）によれば、クフ王の治世（前二十五世紀）にサケバウ（位置不明、太陽神ラーの根拠地）の太陽神ラーが神官の妻に生ませた三人の子が王位に就くという予言があったという。そしてその文書の欠損部分に予言の成就が記されていたらしい。それは後にエジプト王が「ラーの子」という称号をもつことになる根拠でもある。やがてラーとアトゥムは同一視され、アトゥム・ラーともいわれるようになった。

前二十四〜二十二世紀のピラミッド内部には「ピラミッド文書」が刻まれるようになった。それは死後生の獲得を保証

冥界の神オシリス

するために、葬礼で唱えられる呪文などを記したものであり、死後には昇天して太陽神の舟で航行するというラー信仰とともに、冥界ではオシリスのもとで来世が保証されるように願うオシリス信仰も窺える。このようにエジプトではラー信仰にオシリス信仰が加わり、さらにオシリス信仰とホルス信仰が結合して、他界観と王権観が形成されてゆくことになる。

オシリス神話

様々な文書にオシリス神話の反映をかいま見ることができるが、最も詳しいオシリス神話は、後代のギリシャの著述家プルタルコス（一～二世紀）が記した「イシスとオシリス」に伝えられている。ただしそこではエジプト神名がギリシア神名に置き換えられていた。

太陽神ラーは天空女神ヌートに呪いをかけ、一年の三六〇日間は子供を産めなくした。そこで知恵の神トトが五日間を付加して一年を三六五日とした。この五日でヌートは大地の神ゲブと交わり五柱の神々、オシリス、女神イシス、ホルス、セト、女神ネフティスを生んだ。

オシリスは地上に降りてエジプトの王となり、農業、法律、儀礼などを教えた。オシリスを妬んだ弟のセトはオシリスへの反逆をもくろみ、オシリスの体の大きさに合わせて棺を造った。たわむれにオシリスがこれに入ると、セトはすぐに蓋をしてナイルに流した。オシリスの妹であり妻であるイシスは喪服を着てオシリスを捜し求めた。棺は地中海岸のビブロスに漂着したと聞いたイシスはビブロスへ赴き、棺をエジプトに持ち帰った。これを知ったセトはオシリスの死体を十四の部分に切断してばらまいた。イシスは苦労しながらオシリスの体を探し集めたが、川に落ちて魚に食べられてしまった男根だけは見つけられなかった。しかしイシスは呪力によってオシリスを蘇らせることができた。死に打ち勝ったオシリスは冥界に下り、死者の国の王となった。

ホルスとセトの争い

新王国時代のラムセス五世（前一一四四―一一四〇年）の時代に書かれたパピルス文書であるが、この伝承の起源はもっと古いと考えられる。

エジプト王オシリスの死後にイシスが生んだホルスと、オシリスの弟セトとの間で、オシリスの後継者の地位をめぐって争いがおきた。どちらの主張が正しいかを判定するために、九柱の神々による裁判が行われることになった。ホルスを支持するイシスもセトも、奸計を駆使して裁判を有利に導こうとするが、なかなか結審にいたらなかった。その間にホルスとセトは河馬に変身して戦った。またセトはホルスの両眼をえぐって山に埋めたが、女神ハトホルがホルスの両眼を癒した。法廷でついにホルスが勝訴し、亡き父の地位を継承した。セトは駆逐され、不毛の砂漠の支配者となった。

古代オリエント

死者の書／二人兄弟の物語

エジプト人は、オシリスのようにミイラとされ、正しく埋葬されるならば、オシリスとなって復活できると信じるようになった。古王国時代（前二六五〇—二一五〇年頃）には、オシリスとなれるのは王だけであったが、時代が進むとともに一般人でもなれると考えられるようになった。死後の幸福を祈る気持ちは古王国時代には「ピラミッド文書」に、中王国時代（前二〇四〇—一七八六年頃）には「棺柩文書」（コフィン・テキスト）に、そして新王国時代（前一五五二—一〇七〇年頃）には「死者の書」によく表されている。

アニのパピルス

「アニのパピルス」として知られる一九〇章からなる「死者の書」では、テーベの神官アニが冥界を進んで行く死者のモデルとなっている。

前半部文では、葬式で唱える呪文、死者として自由に墓に出入りできるようになるための呪文、死者とともに葬られる小像ウシャブティを死者の命令通りに行動させるための呪文のほか、日の出の太陽と日の入りの太陽への讃歌、オシリスへの哀歌、そして神々と天地の起原などについての神話的説明がある。さらに死者に「生命」を与える開口儀礼、死者に心臓を与える儀礼、鰐、蛇、山猫などが死者に危害を加えることを防ぐための呪文、墓のなかで空気と水を得る呪文、墓から離れる方法、テーベの守護神プタハやオシリスに変身する呪文、魂と肉体を合一させる呪文、墓から魂を脱出させる呪文などが記される。

後半部では、舟に乗ってオシリスの住む島へ行くための呪文、太陽神ラーの乗る舟、死者の行く西方の楽園アメンティとそこにある都市などについて語られた後、有名な第一二五章の魂の審判となる。そこでアニは、オシリスとエジプト各地から来た四十二柱の神々の前で、生前に虐待、冒涜、暴行、殺人、不正などの悪事を働かなかったことを宣言する。山犬神アヌビスが、アニの魂を表す心臓と、羽根で表される真理の女神マアトの重さを天秤で比べて釣り合えば、アニの無罪

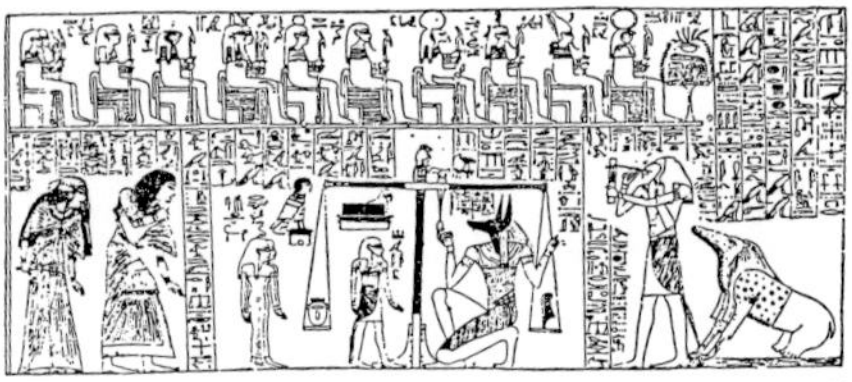

アニの死後審判

が認められたことになる。計測の結果は書記神トトが記録する。その背後には怪物アーマーンが控えていて、有罪とされた魂は食べてしまう。これは言わば「第二の死」である。審判を無事に通過したアニはホルスによってオシリスの前へ導かれる。このパピルスはさらに続き、最後にアニはオシリスを讃美する。

二人兄弟の物語

この作品は前一二〇〇年頃のパピルス文書によって知られる興味深いエジプト民話であり、死後の復活や転生などについてのエジプト人の宗教観が色濃く漂っている。

昔、兄アンプーと弟のバータは助け合って暮らしていた。ある日、兄嫁が義理の弟バータを誘惑したが、拒絶されてしまった。兄嫁は腹いせに義弟が自分を誘惑したと夫に告げ口をした。それを信じた兄は弟を殺そうと待ち構えていた。しかし一頭の牝牛がバータに兄が殺そうとしているから逃げるように告げた。バータが神々の王ラー・ホルアクティ（ラーとホルスが習合した神）に祈ると、その祈りを聞いて兄と弟の間に幅の広い河を出現させ、そこを鰐で満たしたため、兄は弟を殺すことができなかった。夜が明けてラー・ホルアクティが昇ると、その前で弟は兄に身の潔白を説明することができた。そして弟はナイフで性器を切り取って河に投げ込むとナマズがのみこんだ。するとバータは弱くなった。兄は鰐に阻まれ、泣きながら立ちつくしていた。弟はレバノンの「杉の谷」に行き、杉の木に心臓をかけておくことを兄に告げ、もし杉の木が切り倒されて心臓が落ちたらそれを探して生き返らせることを頼んだ。

兄は家に帰ると妻を殺して、死体を犬に投げ与えた。弟は「杉の谷」に着き、魂である心臓を取りだして杉の木の頂に隠して、狩りなどをして平穏に過ごした。やがて神々がバータを哀れむようになった。ラー・ホルアクティは陶工の神クヌムに命じて、バータの妻として世界一美しい女を造らせた。ところが妻はある日、夫の命令に背いたため、海神におそわれてひとつかみの毛髪を奪われた。これがラー・ホルアクティの娘の髪としてエジプト王に届けられると、エジプト王は贈り物をして彼女を手に入れた。彼女はバータを裏切り、バータの心臓がかけてある杉の木を倒すようにエジプト王に要求した。こうして木は倒され、バータは死んだ。しかし予兆によって弟の死を察知した兄アンプーは「杉の谷」へでかけ、四年目に弟の心臓を見つけた。以前に弟から言われた通りに心臓を水をはった鉢に入れて弟を復活させた。バータは雄牛に変身して妻のもとへいったが、妻は王に頼んで雄牛を殺させた。バータはまた復活して、木に変身したが、妻はこの木も切り倒させた。しかし切り屑となって妻の胎内に入り込んだバータは皇太子として生まれてきた。やがて王となり、かつての妻を罰することができた。

ミケランジェロ『アダムの創造』(部分、システィナ礼拝堂)

聖書・グノーシス

大貫 隆

創世記の天地創造神話

　旧約聖書の冒頭に置かれた創世記は、その名の通り、神が天地万物を創造する神話（一―二章）から始まる。その後には、禁断の木の実と楽園喪失（三章）、カインとアベル（四章）、洪水とノアの箱舟（六―十章）、族長たち（アブラハム、イサク、ヤコブ、ヤコブの子ら）の物語（十一―五十章）が続いている。この話はさらに続く。エジプトに下ったヤコブの子らは子孫を増やすが、彼らはやがてモーセに率いられてエジプトの軛《くびき》を脱出し、紅海の奇跡（出エジプト記十四章）、シナイ山での律法の受領（出エジプト記二十章―レビ記）を経て、荒野を放浪する（民数記）。やがてモーセは遺言（申命記）を残して死ぬが、後継者ヨシュアに率いられたイスラエルの民は「乳と蜜の流れる約束の地」パレスチナに到達して定着する。旧約聖書の最初の五つの文書（伝統的にモーセの五書と呼ばれる）はこのようなストーリーを物語る点において、その全体が一つのまとまりを成しているのである。それは天地創造の神話で始まりつつも、イスラエル民族の太古の歴史を物語ることを主眼としている。

　モーセ五書のこのストーリーは、口から口へ伝えられてきた家族、氏族、部族、民族の古伝承が数百年にわたって編集を繰り返されることによって初めて成立した。そのために、細かく見ると話のつじつまが合わない点が少なくない。創世記の冒頭に置かれた天地創造神話もその例の一つである。すなわち、そこでは成立年代も内容も異なる二種類の創造神話が踵を接して並べられているのである。一つは一章一節から二章四節前半（「これが天地創造の由来である」）まで、もう一つは二章四節後半（「主なる神が地と天を造られたとき」）から二章の終わりまでである。

*

　その内、成立年代がより古いのは後者（二4b―25）の方で、古典的な学説に従えば紀元前の十世紀ごろに初めて今あるような形に文字化（文書化）されたものである。古いだけに、もう一つにくらべると（後述参照）、語り口も考え方もまだ素朴な印象を与える。主なる神はまだ草木のない地上に、最初にまず「人」（アダム）を土の塵（アダマ）から創造し（6―7節）、エデンの園に置いた。その園から流れ出る川はやがて四つに分かれて大地を潤していた（10―14節）。園の中央には命の木と善悪の知識の木が生えていた（9節）。神は善悪の知識の木の実を取って食べることを禁じ（17節）、続いて野の獣と空の鳥を造った。しかし、「人」は依然として独りであったので、神は「彼に合う助ける者を造ろう」と言って、「人」を深い眠りに落とし、そのあばら骨の一部を取って女を造り、「人」のところに連れてくる（15―22節）。それを見た「人」は「ついにこれこそわたしの骨の骨、わたしの肉の肉、これをこそ、女（イシャー）と呼ぼう、まさに、男（イシュ）から取られたものだから」（23節）と言う。それまで抽象的に「人」と呼ばれてきたアダム（アダムとはヘブライ語で人間の意）は、このとき初めて男として女に対向する。

創世記一1―二4aは、やはり古典的な学説に従えば、ユダヤ民族が新バビロニアによって捕囚の民とされた紀元前六世紀に書き下ろされるとともに、今ある位置に、すなわち旧約聖書の冒頭に置かれたものである。ここでの神ははるかに超越の度合いを増しており、語り手の語り口も理路整然、宇宙の森羅万象の成立を種類の違いと時間上の順番に従って整理して止まない。

初めにあったのは渾沌とした地、深淵を覆う闇とその面をただよう神の霊であった（1―2節）。この混沌を神は終始「ことば」によって秩序づけてゆく。第一日には光（昼）と闇（夜）が、第二日には大空の上の水と下の水が分離される。第三日には海と陸が分けられ、「それぞれの種を持つ草と、それぞれの種を持つ実をつける木」が芽生える。第四日には太陽と月が、第五日には水中と空中の生物が造られる。第六日には地上の生物に続いて、人間が「神にかたどって、男と女に創造され」（27節）、それ以前に造られたすべての生き物と植物を支配する者とされる（28節）。こうして天地万物が完成された。第七日に「神はすべての創造の仕事を離れ、安息なさったので、第七の日を神は祝福し、聖別された」（二3）。この神話全体を語り手は最後に「これが天地創造の由来である」（二4a）と結んでいる。

二つの創造神話の間の食い違いはすでに明らかであろう。顕著なものだけ確認すれば、一方では人間は他の動植物に先んじて創造されるのに対して、他方ではそれらがすべて造られた後の第六日に創造される。一方では男から女が造られるのに対して、他方では男女が同時に造られる。一口に旧約聖書の天地創造神話と言っても、その背後にはイスラエル・ユダヤ民族の長い歴史の中での多様な経験と思考の変遷が潜んでいるのである。それは丁度、わが国の大古典である『古事記』と『日本書紀』がそれぞれの冒頭で同じように天地初発の神話を語りながら、二つは決して同じ話ではなく、異なる宇宙原理とイデオロギーによって成り立っているのと類比的であると言えよう。

ソフィアの神話

旧約聖書の一書「箴言」は伝統的にはソロモンの作品とされているが（一1参照）、実際には長い時間にわたって蓄積されて出来上がった民族の文学（知恵文学）であり、特定の成立時期を云々するのは難しい。しかし、その最も古い部分はソロモン（前十世紀）以後バビロン捕囚（同六世紀）までの王国時代にさかのぼるとするのが定説である。とすれば、すでに見た創世記の天地創造神話の少なくとも骨格は周知の前提となっていると見なければならない。箴言八22―36はその創造神話の枠内から、新たな神話を紡ぎ出す。その主人公は擬人化された女性的存在としての「知恵」（ヘブライ語ホクマー、ギリシア語ソフィア）であり、万物に先立って神のもとにあって、その創造のわざに参与する。


「主は、その道の初めにわたしを造られた。／いにしえの御業になお、先立って。

永遠の昔、わたしは祝別されていた。／太初、大地に先立って。

わたしは生み出されていた／深淵も水のみなぎる源も、まだ存在しないとき。

山々の基も据えられてはおらず、丘もなかったが／わたしは生み出されていた。

大地も野も、地上の最初の塵も／まだ造られていなかった。

わたしはそこにいた／主が天をその位置に備え／深淵の面に輪を描いて境界とされたとき／主が上から雲に力をもたせ／深淵の源に勢いを与えられたとき／この原始の海に境界を定め／水が岸を越えないようにし／大地の基を定められたとき。

御もとにあって、わたしは巧みな者となり／日々主を楽しませる者となって／絶えず主の御前で楽を奏し／主の造られたこの地上の人々と共に楽を奏し／人の子らと共に楽しむ。／（中略）私を見いだす者は命を見いだし／主に喜び迎えていただくことができる。／わたしを見失う者は魂をそこなう。わたしを憎む者は死を愛する者。」


やがてヘレニズム時代のユダヤ教黙示文学になると、同じソフィアの神話が新しい形で現れる。エチオピア語エノク書四二1―3がその箇所である。

「知恵はその住むべき場所を見いだせなかったが、のちに天にその住居ができた。知恵は、人の子らの間に住もうとやって来たが、住居が見いだせず、自分の場所へもどって、み使いたちの間に居を定めた。暴虐がその倉から出てきてはびこっていた。知恵は、自分が求めなかったものを見いだした。暴虐は人間たちの間に砂漠の雨のように、乾いた土地におく露のように住みついた」

さらに、有名なヨハネ福音書（後一世紀末）のプロローグ（一1―18）の背後にもソフィアの神話が息づいている。このプロローグの背後には「ことば（ロゴス）讃歌」と呼ばれる一種の交読文が前提されている。試みにその部分（一1―4・9―11・14・16）だけを読んでみよう。

「初めにことば（ロゴス）があった。ことばは神と共にあった。ことばは神であった。すべてのものはこれによってできた。一つとしてこれによらずにできたものはなかった。できたものの中にあってことばは命であった。そしてこの命は人の光であった。

彼は世に来た。彼は世にいた。そして世は彼によってできたのであるが、世は彼を知らずにいた。彼は自分のところに来たのに、自分の民は彼を受け入れなかった。

そしてことばは肉体となり、私たちのうちに宿った。それは恵みとまことに満ちていた。私たちすべての者は、その満ち満ちているものの中から受けて、めぐみにめぐみを加えられた。律法はモーセを通して与えられ、めぐみとまこととは、イエス・キリストを通してきたのである」

内容的には、箴言八22―36とエチオピア語エノク書四二1―3を統合したものであることが分かる。ただし、この讃歌を歌うキリスト者たちにとって、「知恵」は歴史上の存在としてのイエスに他ならなかったから、「知恵（ソフィア）」（女性名詞）を「ことば（ロゴス）」という男性名詞に置き換えて、その「受肉」（ことばは肉体となり）について語るのである。

ヨハネ福音書と相前後してキリスト教の内外に現れるグノーシス主義においては、ソフィア神話はさらに新たな運命を刻むことになる。一方ではソフィアは名前こそ違え、女性的啓示者あるいは救済者として現れ続ける。その好例はナグ・ハマディ文書の一つ『ヨハネのアポクリュフォン』の結び（§80）である。そこで暗黒の世界の中に自分の子孫たちを探しあぐねる「プロノイア」は、伝統的なソフィア神話の主人公そのものである。しかし他方では、多くのグノーシス主義神話のソフィアは過失を犯して、超越的な光の世界の神々の間に大いなる欠乏を引き起こす。彼女は男性的伴侶の同意のないままに孕み、流産の子を産み落とす。それが悪の世界の造物主、すなわち旧約聖書の神ヤハウェに他ならない（ヨハネのアポクリュフォン§26他）。グノーシス主義にとって、「知恵」は欠乏と救済の両方の力なのである。

『ポイマンドレース』の神話

グノーシス主義は、後二世紀から三世紀の古代末期地中海世界に出現した、宗教的・哲学的潮流である。アレキサンダー大王の東方遠征（前四世紀）をきっかけとして、ギリシアの諸文化は地中海世界一帯、さらには中近東やインドをも含む東方世界へと広がっていき、それらの異文化との複雑な交流を引き起こすことになった。そこに生まれたのがいわゆる「ヘレニズム文化」であり、グノーシス主義は爛熟したヘレニズム的混淆主義の影響を強く受けて発生したものだと考えることができよう。

グノーシス主義は、聖書やプラトン哲学、ギリシア神話を筆頭にして、その周囲に存在したさまざまな宗教的モチーフを自己の内部に取り入れ、それらを独自の使用法によって巧みに組み合わせたり、もともとの文脈を著しく逸脱した意味合いを与えたりすることによって、数多くの神話を次々に創作した。またそれゆえに、周囲の諸宗教はグノーシス主義の思想を非難し、しばしば異端視することになったのである。正統的キリスト教の立場からグノーシスの思想を激しく論駁したエイレナイオスは次のように述べている。「毎日、彼らの誰もが、なにか新しいことを考え出す。この種の創作力が豊かでないならば、彼らの内誰一人として全き者とは見なされない。」

この項目では、グノーシス主義者たちが残した神話のなかで代表的なものをいくつか取り上げ、その物語の骨格を紹介していく。それによって、彼らの旺盛な「創作力」の一端に触れていただきたい。

＊

『ポイマンドレース』は『ヘルメス選集（Corpus Hermeticum）』の冒頭に収められている神話であり、啓示者でありかつ至高神でもある「ポイマンドレース」（「牧者」、あるいは「太陽の知識」を意味する）と、真理を求める発問者の間の対話によって、世界の創造、その終局、人間の運命についての物語が展開されていく。

ある時、発問者である「私」の中で「真の存在」についての省察が深まり、一種の瞑想状態において「絶対の叡知」であるポイマンドレースが出現する。私はポイマンドレースに「存在するものを学び、その本性を知解し、神を認識したい」

と願い出るが、ポイマンドレースはこれに応じることを了承し、世界創造に関わる秘密の教えを語り始める。

ポイマンドレースは姿を変え、「私」の前に測り知れない眺めを現出させる。最初に現れたのは光であり、すべては美しく、喜ばしかったが、やがて闇が垂れ下がり、それは次第に曲がりくねる〈蛇〉の姿を取る。闇は「湿潤なフュシス」のようなものに変化し、混沌たる様を見せ、哀訴の叫びを発していた。混沌たる闇である物質に対してポイマンドレースは、火と霊気の神である造物主（デミウルゴス）に命じて、ロゴスの秩序に沿ってこれをコスモスへと創造させる。光が無数の力から成り、コスモスが無際限に広がり、火が甚だ強い力によって包まれ、力を受けつつ序列を保っているというダイナミックな世界生成の有様を見て驚愕している私に、ポイマンドレースは、「お前は自分の叡知の内に世界の原型を見たのだ」と告げる。

さて、ポイマンドレースは、自分の似姿を有する「人間（アントローポス）」を生み出してこれを愛し、自分の全創造物を委ねた。そこで「人間」は造物の意志を抱き、造物主の創造を観察しようとして、惑星天の七人の支配者（アルコーン）たちの天球を訪れる。しかしそれらのアルコーンたちは、当時の占星術において語られていたようなさまざまな悪しき性質（たくらみ、欲情、支配、虚偽など）を有していた。アルコーンたちは「人間」を愛し、これらの性質を「人間」に分け与えたのである。さらに「人間」は、フュシスの水面をのぞき込み、そこに映った自らの姿を愛した。するとその思いは作用力を起こし、「人間」は不可視の天上界から物質世界へと転落してしまったのである。地上を住居とする以後の人間たちは、原初の「人間」のこのような転落によって、神性と物質性の二重性を有することになった。

ポイマンドレースはさらに、人間たちが自らのもとへと帰昇するための方法を語っていく。人間の運命は大きく二つに分かれる。その一つは、愛欲の迷いから生じた物質的身体を愛し、アルコーンたちに与えられた悪しき性質に従って生きる道である。そのような人間たちは「欲情を抱くままに限りない欲望から休まることがなく、飽くこともなく闇の戦いを続ける」とされる。これに対して、自己の神的本質を認識する者たちは溢れるばかりの善に至り、天上界への帰昇の道をたどる。アルコーンたちによって与えられた悪しき性質は惑星天を通過する際にそれぞれのもとへと返還される。そして恒星天では、ポイマンドレースを賛美する神々に出会う。人間はそれらの神々と同化し、共にポイマンドレースのもとに昇って神の内になるとされる。ポイマンドレースは最後に「神化、これこそが認識（グノーシス）を有する人々の善き終局である」と語る。「私」は自らの覚醒を感謝し、ポイマンドレースに頌栄の言葉を捧げた後、その場を立ち去ったのだった。

聖書・グノーシス

『ヨハネのアポクリュフォン』の神話

『ヨハネのアポクリュフォン』は、一九四五年にエジプトで発見されたナグ・ハマディ文書のコデックスⅡ・Ⅲ・Ⅳ冒頭の三つの写本、および十九世紀に発見されたベルリン写本に収められている。この神話は比較的記述が明瞭で全体的構成も整っており、グノーシス主義神話の特徴を余すところなく表現している。写本が数多く残っていることからも、当時からグノーシス主義の代表的神話としての機能を果たし、さまざまな地域で流通していたことが推測される。中期プラトン主義の形而上学を前提としながら、旧約聖書の造物主の性格を巧みに転倒していく、その神話のプロットを見ていこう。

＊

『ヨハネのアポクリュフォン』では最初に、中期プラトン主義哲学において発達を見せていた「否定神学」によって至高神の性質が描写される。至高神はあらゆる実体的属性を超越した存在であり、見えざる霊、不滅性の中に在る者、いかなる視力でも見つめることのできない純粋なる光の中に在る者、あらゆる者に先立つ者、断定しがたい者……である。

原初に存在するのは至高神のみであり、見えざる霊、全き光であるそれは誰によっても見られることがない。しかし、その至高神は「霊の泉」に映る自己の姿を見つめることによって、最初の思考であり、自己の似像であるバルベーローを発出する。バルベーローは至高神とは異なり、限定と形相を有する存在である。さらにバルベーローは至高神の承認を得ながら「不滅性」・「真理」・「叡知」・「言葉」・「愛」等のさまざまなアイオーン（神的存在）たちを生み出し、完全な秩序に満たされたプレーローマ界を創造する。

ソフィア（知恵）と呼ばれるアイオーンは、プレーローマ界の最下層に位置する女性的存在であった。ソフィアは、自分も一つのアイオーンであるという理由で、至高神と同じように自分自身の影像を発出したいと願う。しかし伴侶なしに行われたその創造行為は不完全な業であり、ソフィアは蛇とライオンの外貌を呈した怪物を流産する。ソフィアはアイオーンたちに見られることがないようにこれをプレーローマ界の外に投げ捨て、それに玉座を与えて「ヤルダバオート」と名づけた。

ヤルダバオートは自らの出生の秘密に関して無知であり、

至高神とプレーローマ界の存在についても無知であるが、ソフィアから受け継いだ神的な力によって、そうとは知らずにプレーローマ界を模倣して物質世界を創造する。ヤルダバオートは、旧約聖書の造物主であるヤハウェと同一視されている。ヤルダバオートは自分の創造した世界を見て、配下の神神であるアルコーンたちに誇って語る。「私こそは妬む神である。私の他に神はない」（イザヤ書四五5、申命記五9等）。

ヤルダバオートの無知と傲慢に対して、プレーローマ界のバルベーローは「人間と人間の子が存在する」と答えて反駁し、自分の形を下方の深淵の水の中に現わす。ヤルダバオートとアルコーンたちは、水の中に映ったバルベーローの影像を目撃する。彼らは、「われわれは神の像と外見に従って人間を造ろう（創世記一26）。彼の像がわれわれにとって光となるために」と語りあい、バルベーローの立像を模倣して人間の（心魂的）身体を創造する。最初の人間は「アダム」と名づけられるが、立ち上がることができなかった。プレーローマ界の勢力はヤルダバオートに、ソフィアに由来する力である「気息」を吹き込むようにそそのかす（創世記二7）。こうしてアダムは力を得て立ち上がるが、ヤルダバオートはそれを喪失する。光り輝くアダムを見てアルコーンたちは妬み、物質世界の底（＝エデンの園）へと彼を幽閉した。

バルベーローは、幽閉されたアダムとソフィアに由来する力を憐れんで、これに助け手を与えた。それは「善なる、憐れみに富む霊」であり、「ゾーエー（生命、ヘブライ語でエヴァ）」と呼ばれる。これに対してヤルダバオートとアルコーンたちは、アダムに物質的身体と「模倣の霊」を与える。物質は「暗闇の無知」、「身体のこしらえ物の洞窟」を意味し、「模倣の霊」は「忘却の鎖」を意味している。「生命の霊」の姿を擬態している「模倣の霊」は、忘却の鎖によって人間を縛りつけ、人間を永遠に物質世界へ幽閉しようとたくらむ。

これ以降の展開では、「生命の霊」と「模倣の霊」の対立を基軸として、エデンの園以降の創世記の記述が再解釈される。アダムの内部に到来した「エヴァ」は「生命の霊」であるが、ヤルダバオートはアダムを眠らせてこれを捕らえようとする（創世記二21）。「生命の霊」は難を逃れるためにアダムから離れ、ヤルダバオートは「生命の霊」を模倣して女性の肉体を備えたエヴァを創造し、アダムに「模倣の霊」に由来する性欲を植えつけた。人間を「模倣の霊」と性欲に従わせて人間を増殖させることは、ヤルダバオートの戦略であり、それによってプレーローマに由来する力は分散させられると考えられている。

人間に期待されていることは、「模倣の霊」を避け、「生命の霊」にしたがって生きることである。世界の終末においては、「プロノイア」であるバルベーローが到来し、物質世界の闇を照らして、ヤルダバオートたちが作り上げた宿命の鎖を打ち壊すとされる。

聖書・グノーシス

シモン派の神話と『魂の解明』

二世紀のキリスト教教父であるエイレナイオスは、その著『異端反駁』においてヴァレンティノス派、カルポクラテス派、オフィス派、セツ派等のさまざまなグノーシス主義の宗派を攻撃しているが、彼が「誤って認識（グノーシス）と呼ばれる」諸宗派の源流をなす人物として記述しているのが、新約聖書の『使徒行伝』にもその名がうかがえるシモン・マグスである。『使徒行伝』第八章によると、シモンはサマリヤ出身の魔術師（マグス）であり、「『大能』と呼ばれる神の力」を用いて人々を驚かしていた。そして、サマリヤに伝道に来た使徒たちがその手によって人々に聖霊を与えるのを見て、その力を金で買おうとした人物である。

エイレナイオスの報告によると、シモンは常にヘレネーという名の女性を同伴しており、二人の出会いの意義について宇宙論的ラブ・ロマンスとでも呼びうるような神話を語っていた。また、シモン派に属する神話であるかということに関しては少なからず議論があるが、ナグ・ハマディ文書に収められている『魂の解明』という物語は、シモン・マグスの神話と多くの類似性を有している。この両者を並行して紹介していくことにしよう。

＊

シモンは、フェニキアの都市ティルスで奴隷から身請けしたヘレネーという女性を常に伴っており、彼女を「神の最初の思考（＝エンノイア）」、「万物の母」と呼んでいた。シモンによると、至高神は最初に、彼女を通して天使たちと天使長たちとを造ろうという思いを心に抱いた。エンノイアは至高神から飛び出すと、その意志を知り、下界に降りて天使たちと諸力を生み出した。そして世界はこの天使たちと諸力によって創造されたのである。

しかしそのような創造行為の後、天使たちと諸力は上なるものへの妬みから、また自分たちが何者かによって生み出されたものであることを認めたくないという理由で、エンノイアを引きずり下ろして捕らえたのだった。こうして彼女は天使たちからあらゆる恥辱を被り、人間の肉体に閉じこめられ

ナグ・ハマディ文書

て父のもとへ帰ることができず、器から器へと移されるように、幾世代にも渡ってさまざまな女性の肉体から肉体へと移っていったのである。たとえば、トロイア戦争の原因となったヘレネにも彼女が宿っていたとされる。そして、肉体を渡り歩いてあらゆる恥辱を受けた挙げ句に、誰にでも身を売る売春婦へと落ちてしまったのであった。

至高神はエンノイアを奴隷状態から解放するために、また人間たちに自分を知らしめることによって彼らに救済をもたらすために、地上へと到来した。至高神は、天使たちや諸力に見破られることのないように、彼らの似像へと形を変え、人間の姿をとって下降してきたのである。この救済者こそが、すなわちシモンである。シモンは自分をイエスと同一視し、ユダヤにおいて受難したとするが、そこで受難したのは自らの人間的外形であって、本当に受難したのではないとする仮現論を説いている。

このように、落ちたエンノイアであるヘレネーと、人間の姿をまとった至高神であるシモンが地上で出会うことは、宇宙論的分裂の回復を意味している。旧約聖書の預言者たちは世界を創造した悪しき天使たちに霊感を与えられていたのであって、その言葉はもはや信頼するに値しない。人間はシモンとヘレネーに信を置くことによって、またシモンの恩寵を受けることによって、救済に与るのである。

＊

『魂の解明』の物語は、天上における「魂」の性質描写から始まる。魂はその本性として女性であり、子宮を有している。また、処女として「処女の部屋」に住み、男女（おめ、両性具有体）の姿をしていた。しかしある時、魂は地上へと転落し、身体の中に落ち込んでしまう（その原因については明確にされていない）。

地上に落ちた魂を迎えたのは、多数の盗賊たち、あるいは偽りの求婚者たちであった。盗賊たちは彼女を襲い、障害を与え、偽りの贈り物で説得して、彼女を凌辱した。こうして魂は、その処女性を失ってしまう。魂はその身体で春をひさぎ、姦淫者たちに身を渡していた。そして彼女が姦淫者たちから逃れ、別の人々のもとへと走ると、それらの者たちも彼女を褥の上で主人に対するように仕えさせた。彼らは忠実な本当の夫を装っているだけであり、その欲望を満たすと彼女を捨てて去ってしまった。魂が姦淫者たちの凌辱によって産み出したものは、聾で盲目、病気の狂者であった。

魂は至高神に「処女の部屋」から逃げ去ったことを詫び、助けを求める。至高神は彼女の子宮の向きを外側から内側へと向け変え、水に浸してその穢れを取り除いた。これが魂の洗礼である。さらに至高神は、魂の本当の花婿として、彼女の兄弟、その長子を差し向けた。魂は身を清め、香をたき込めた「新婦の部屋」に入り、魂の再生に与ったのである。

聖書・グノーシス

ヴァレンティノス派の神話

ヴァレンティノスは紀元後百年頃エジプトで生まれ、アレキサンドリアで教育を受けた。彼は真のキリスト教徒を自認し、ローマの教会で司祭になることを望んだが、一六〇年頃キリスト教会と決別し、やがて独自の教義に基づいた宗派を形成したと考えられている。ヴァレンティノスの教えはその後継者たちによって整備され、体系化されたが、ここで紹介するのは、ヴァレンティノス西方派のプトレマイオスによって語られ、キリスト教教父のエイレナイオスによってその著書『異端反駁』に記録されたものである。

一読して明らかなようにこの神話は、プレーローマ界の創造、ソフィアの過失、デミウルゴスの誕生など、物語の基本的プロットを前出の『ヨハネのアポクリュフォン』と共有している。しかしそれと同時に、「新婦の部屋」という表象に代表されるような性的モチーフの多用という特徴が見られるし、また、「キリスト」や「イエス」が神話の全体的構成にとって重要な位置を占めることから、キリスト教的グノーシス主義の代表的神話と目されている。

＊

プトレマイオスの神話における至高神は「原父」や「深淵」と呼ばれ、「沈黙」と呼ばれる伴侶を有している。至高神は「沈黙」の胎の内に種子を置き、「独り子」たる「叡知」を生んだ。叡知は至高神と類似しており、彼のみが至高神を眺め、その偉大さを把握できるとされている。叡知は「真理」と対になって次々とアイオーンたちを生み出し、こうしてプレーローマ界は、男女の対を取った三十柱のアイオーンたちによって形作られることになった。

至高神を把握しうるのは「叡知」のみであったが、その他のアイオーンたちも至高神を見てみたいと密かに憧れていた。その熱情が最も強かったのが、プレーローマ界で最下位の神である「ソフィア」であり、彼女は「欲せられた者」という伴侶がいるにもかかわらず、父を求めて一人上昇した。ソフィアは父の甘美さに呑み込まれ、存在全体の中に消え去ろうとしていたが、「境界」によって制止される。ソフィアはようやく我に返り、そのとき生じた「思い」をプレーローマ界の外に投げ捨てたのだった。「キリスト」と「聖霊」は、このような事件が再び発生することを防ぐために、「至高神は

（叡知以外には）不可知である」という認識（グノーシス）をアイオーンたちに与え、彼らを真の安息へと導き入れた。アイオーンたちは至高神を賛美し、その栄光と栄誉のために救い主たる「イエス」、またその守護者である「天使」たちを流出する。

キリストはプレーローマ界から投げ出された「思い」を憐れみ、これに外形を与えて「アカモート」（知恵を意味するヘブライ語ホクマーに由来する）を誕生させた。アカモートはプレーローマ界に帰昇しようとするが、「境界」に道を阻まれてしまう。そしてアカモートは、悲しみや恐れという「感情」に陥るとともに、自分を生み出したものへの「立ち帰り」をも心に抱いた。アカモートの「感情」からは物質が生成し、「立ち帰り」からはあらゆる心魂が発生して、物質世界形成の材料となる。アカモートの嘆願に応え、イエスと天使たちがプレーローマ界から下降する。イエスはアカモートから物質を切り離して感情から解放し、その物質からプレーローマ界の模像を創造させるために、心魂から造物主を誕生させた。また、アカモートはイエスの天使たちを眺めて発情し、霊的胎児たちを身ごもったのだった。

造物主は、プレーローマ界を模倣して物質世界を創造し、また「模像と類似性に基づいて」（創世記一26）物質的・心魂的人間を創造した。そしてアカモートはその人間の中に、密かに霊的胎児を据え付けたのである。造物主の創造行為はすべてアカモートに操作されたものであったが、造物主はこのことに全く無知であった。

以上のような創造過程によって、人間は、物質的部分、心魂的部分、霊的部分の三要素をあわせ持つ存在として誕生した。この中で、物質的部分は滅びに定められ、心魂は霊と物質の中間に存在し「どちらかに傾きをなせばそちらの方へ行く」性質を持つものとされている。また、霊的部分は心魂と対をなし、物質世界においてともに教育されるが、終末においては心魂を脱ぎ捨てて「叡知的な霊」となり、「新婦の部屋」でイエスの天使たちに花嫁として委ねられることになる。同様にアカモートも、新婦の部屋においてイエスと対になり、プレーローマ界に帰昇するのである。

＊

ヴァレンティノス派は以上のような神話論的構図を前提として、その叙述の随所で旧・新約聖書の積極的再解釈を試みている。彼らによると、聖書には上述の霊的・心魂的・物質的要素が混在しているために、それらを適切に解釈することによって、聖書の真の意図を読みとる必要があるのだった。ヴァレンティノス派はそのような聖書解釈を論争点として、さまざまな宗派へと細分化していったということが推測されよう。

『バルクの書』の神話

『バルクの書』は、三世紀のキリスト教教父であるヒッポリュトスが、その著『全異端反駁』で報告しているグノーシス神話の小品である（しかし、『全異端反駁』がどこまでヒッポリュトスの真筆であるかということに関しては、さまざまな説がある）。この神話において、グノーシス主義神話の一般的な構図は大胆に変更される。その特徴的な点について、いくつか指摘しておこう。

他の項目で紹介しているように、多くのグノーシス神話では、初めに至高神と天上界の様子が語られ、そこから徐々に視点が下方へとスライドしてゆき、造物主の誕生、物質世界の創造が描かれる。しかし『バルクの書』では、最初に登場するのはエローヒームとエデンという男女二柱の造物主である。また、他のグノーシス神話においては、造物主の世界創造が「つくる」という言葉によって描かれていたのに対して、『バルクの書』において世界は、男女の造物主の「共なる満悦」、すなわち交合によって産み出されるのである。その創造行為には、日本の『古事記』に描かれたイザナキ・イザナミの国産み神話を想起させるものがある。エローヒームは至高神たる「善なる者」と出会うことによってエデンを見捨てるが、夫を奪われたエデンは嫉妬に狂い、その腹いせとして地上界に災厄を与え続けるとされている。主題の深刻さとは対照的に、その筆致はきわめてユーモラスである。

以上述べたように、『バルクの書』は他のグノーシス神話と比較して独特な点を多く持っている。とはいえ、独自の世界観をもとに既存の神話の構図をことごとく覆して再解釈していくその原理は、まさしくグノーシス主義の精神に合致するものと考えることができよう。

＊

『バルクの書』は二人の造物主が世界を創造する場面から始まる。その一人は、「生まれた万物の父」と呼ばれる男神エローヒーム（ヘブライ語で「神」）であり、もう一人は「予見せざる者」、「怒りやすい者」と呼ばれる女神のエデン（ヘブライ語で「園」）である。エデンの姿は、「陰部に至るまで処女で、その下は蛇である」。

エローヒームとエデンは互いの欲望によって惹かれ合い、欲情して交合することによってそれぞれ十二人の天使たちを産み出した。これらの天使たちは、旧約聖書の創世記に記述された「楽園」を形成したとされており、寓喩的に楽園に生えている「木」と称される。特に、エローヒームの第三天使である「バルク」は「生命の木」に当たり、エデンの第三天使「ナース」（ヘブライ語の蛇「ナーハーシュ」に由来する語）は「善悪の知識の木」に当たるとされている。またエローヒームの天使たちは、土の最も良い部分から人間を、それより劣る獣的部分から動物たちを創造した。エローヒームとエデンは彼らの統合と好意のシンボルとして、エローヒームは霊を、エデンは心魂を、人間に差し入れたのである。最初の人間であるアダムとエヴァはこのようにして創造された。さらに世界はエデンの十二人の天使たちによって治められる。彼らは創世記二11に記された四つの川に対応して四グループに分類され、輪舞する合唱隊のように全地を巡りながら、世界を支配するのである。しかし、エデンの天使たちは善なる性質を持っておらず、その支配はしばしば地に災厄をもたらしたのだった。

世界を創造し終えると、エローヒームは自分たちの創造物に欠陥がないかを確かめようとして、自分の天使たちを伴い天の高いところに昇っていった。地なるエデンは上昇できなかったからである。ところがエローヒームは天の境界で、自分が造った光よりも大いなる光、「善なる者」と呼ばれる至高神と出会ってしまう。エローヒームは自分の創造した世界がいかに劣ったものであるかを悟り、これを破壊しようとする。しかし「善なる神」は、自分のもとでは悪しき行為をすることがゆるされないのだという理由に加えて、「お前とエデンが共なる満悦から世界を造った」という理由から、これを思いとどまらせる。こうして、エローヒームは「善なる神」の右側に据えられ、世界はエデンに委ねられることになった。

エローヒームに見捨てられたエデンは、美しく着飾って自分を魅力的にし、エローヒームが戻るように誘惑する。しかし彼が戻らないので、エデンは天使ナースを使い、その屈辱を二人の統合のシンボルである人間に対して復讐する。エローヒームは人間たちに、「善悪を知る木（＝ナース）を食べてはならない」と警告するが、人間たちは誘惑に負けてしまった。ここから人間の生活には、情欲、姦通、男色が入り込んだとされている。

『バルクの書』はさらに、バルクとナースの対立を基軸として、さまざまな神話を再解釈する。バルクは、モーセや預言者たち、あるいはヘラクレスを通して至高神の教えを人間に伝えようとするが、ことごとく失敗する。最終的にその宣教に成功したのは、ナースのあらゆる誘惑を退けることができたイエスであった。『バルクの書』は最後に、入会儀礼としての「誓い」の方法、また「活ける水」の洗礼の秘儀を伝えている。

聖書・グノーシス

『シェームの釈義』の神話

『シェームの釈義』は、ナグ・ハマディ文書第Ⅶ写本に収められたグノーシス主義の神話である。その文学的スタイルは黙示文学に属するものであり、語り手である「光の御子デルデケアス」が受け手である「シェーム」に対して黙示した秘密の奥義を描いている。また、その独特な語り口は必ずしも論理的なものとは言えず、むしろ瞑想によって浮かび上がる想念を連想のままに並記していったものとさえ考えることができる。それゆえに、この神話の基本的プロットを抽出していくのは容易なことではなく、ここでの紹介にも多分に紹介者の解釈が含まれていることをお断りしておかなければならない。とはいえ、可視的世界全体を「子宮」として捉え、そこからの「ヌース（叡知）」の救出をテーマに繰り広げられる幻想的イメージの湧出は、グノーシス主義的創作力の真骨頂とも見ることができる。

なお、すでに取り上げたヒッポリュトス『全異端反駁』には、『セツの釈義』と題された書物をヒッポリュトスが要約した神話が記載されており、これは『シェームの釈義』ときわめて類似したものである。（両者の関係については諸説が存在するが、定説となるものは存在していない。）ここでは試みに、物語の筋をたどりやすくするために、必要に応じて『セツの釈義』も参照していくことにしよう。

＊

シェームはあるとき、突然の脱魂状態に襲われ、その魂は被造物の世界の頂まで運び上げられて、全世界の上に輝く光を目にする。「光の御子」であるデルデケアスは、シェームに向かって語りかける。「シェームよ、お前は混じりなき力からの者、地上では最初の存在。だからこそ聞いて、理解しなさい。私が現れる以前の太初に存在した大いなる三つの力について、私がこれからお前に初めて語ることを。」

世界に最初に存在したのは、光と闇、そしてそれらの中間にある霊であった。闇は風であり、水の中に存在し、混沌とした火に包まれたヌースを有していた（創世記一―2）。闇は自分の上には誰もいないと思い込んでおり、その間は水に覆われていたが、あるとき光の意志によって暗黒の水が分かたれると（創世記一6―7）、自分の上に霊が存在することに気づいた。闇は自分の外見がその霊に比べて暗いことを知って傷つくが、霊を眺めることによって霊と等しい者になろうとする。闇は自分の中に存在していたヌースを肢体の高みへと送って、霊を眺める「苦い悪の眼」を形成させた。『セツの釈義』では、この状態が、眼球の暗黒の中に光を湛えている人間の眼に喩えられている。

光の勢力は、闇の戦略を挫いて霊を助けるために、光の御子であるデルデケアスを派遣する。「苦い悪の眼」となっていたヌースはデルデケアスの出現によって、目の前に強い光を突きつけられて一時的に失明してしまうように、自分を覆っていたカオスの火を投げ捨てた。すると、闇の中で水が雲となり、その雲から子宮が形成されてきたのである。闇は今度は子宮を眺め、これに欲情した。風なる闇は水なる子宮をかき混ぜ、これを愛撫したのである。あたかも男性が精液を射出するように、闇はヌースを射出し、ヌースは子宮の中に落ち込んでいった。『セツの釈義』では、渦を巻きシューという音を出す共通性から、闇なる風が蛇と同一視されている。ここではもちろん、蛇が男根のシンボルとして用いられているわけである。

ヌースは霊を眺めたために、その内部に霊の模像を有するに至っていた。それゆえに、子宮がヌースを受けたとき、子宮の中にあらゆる模像がかたちを取ったのである。子宮はそれらの模像を雲の中に産み落とした。これによって子宮は、「処女膜」、「胞衣（＝羊膜）」、「力」、「水」（おそらく羊水を指す）の四つの雲に分裂する。つまりヌースは、子宮の中で妊娠した胎児に擬せられているのである。

これに対して、デルデケアスはヌースを救出するために、一度目は光の衣をまとって、二度目は火の衣をまとって子宮の内部に到来し、さまざまな仕方で子宮を刺激する。すると子宮は産気づき、陣痛に泣き苦しみながらも、魚のように干上がってしまったヌースを産み落とす。このようにして子宮から救い出されたヌースは、人間たち、その中でも特にシェームの種族に属する者たちの源となったのである。子宮の中からはさらに、多くの形をした獣たちが現れてきた。デルデケアスは獣をまとって子宮に近付き、天と地を創造するように請願する。子宮はデルデケアスを自分の子であると思い込んで、天と地を創造したのである。子宮を欺くという同様のモチーフが、『セツの釈義』ではイエスの処女降誕に対して適用されている。神のロゴスであるイエスは、子宮の中にヌースを送り込んだ蛇の外見を装うことによって子宮の中に入り込んだ。その侵入は外見上の出来事であったから、子宮の処女性は失われることがなかった。

『シェームの釈義』の末尾では、洗礼に対する非難が繰り返し述べられている。この神話において水とは、悪しき子宮を生み出すもの、あるいはヌースをその内部に幽閉する羊水を意味する。ゆえに人間は、悪しき風と霊によって執り行われる洗礼を忌避しなければならないのである。

聖書・グノーシス

マンダ教の神話

マンダ教は、今日もなおイラク領チグリス・ユーフラテス下流域、およびイラン領のカールーン河流域の湿地帯に数千人単位で現存する少数派の宗教である。彼らは、新約聖書に登場し、ヨルダン河でイエスを含むさまざまな人々に洗礼を施していた「洗礼者ヨハネ」の弟子を自称し、河のほとりに住居を構えながら洗礼を中心とした儀式を行っている。とはいえその洗礼は、(原則的に)生涯一度だけしか行われないキリスト教の洗礼とは大きく異なるものである。毎朝日の出前に行われる「リシャマ」、さまざまな汚れ(月経、出産、性交、死体との接触、等)を受けた際に行なわれる「タマシャ」、祭司と共に行われる正式な洗礼儀式である「マツブーター」などの洗礼が存在するが、流れた河に身を浸すその行為は、むしろ沐浴と呼ばれるのがふさわしいかもしれない。マンダ教は、流水を用いないキリスト教の洗礼を「恥の洗礼」として敵視するのである。

マンダ教徒は、洗礼に用いる流水を「ヤルドナ」(「ヨルダン」がマンダ語で訛ったもの)と呼び、それを純粋な光に満ちた天界から流れ出た水であると考えている。マンダ語で記された『ギンザー』(「財宝」の意)はマンダ教の最古にして最大の教典であるが、ここにはマンダ教の洗礼儀式の意義を裏づける神話が記されている。水と光のシンボリズムに貫かれたマンダ教の創世神話を紹介していこう。

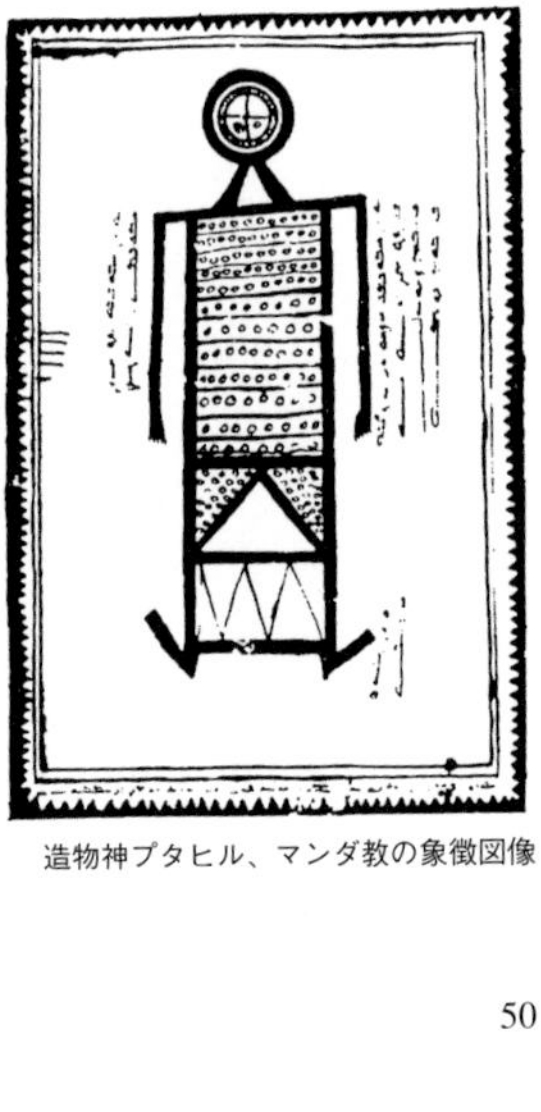
造物神プタヒル、マンダ教の象徴図像

*

最初に存在したのは、「命」、「光の王」、「大いなるマーナー」等と呼ばれる至高神である(マーナーの原義は「器」、「壺」と推測されている)。マーナーは、「ヨルダン」と呼ばれる心地よい香りの白き水、活ける水を流出する。そして大いなる輝きであるマーナーは、その姿を活ける水に反射させるのである。水の反射作用によってマーナーの輝きはいっそう増幅し、天上界は光に満たされる。そして、その輝きの一つ一つから、「ウトラ」(「富」、「豊かさ」の意)と呼ばれる新たな神格が次々と誕生する。

ウトラたちの一人である「光のアバトゥル」は傲慢な性格

を有していた。彼は自分を強大な者と思い込んでおり、光の世界の境界から「濁った水」に満たされた「闇の地」をのぞき込んで、自分の力で「一つの世界を造ろう」と考えた。アバトゥルは立ち上がり、黒き水の中を見つめると、そこに彼の像が造り出される。アバトゥルはその像に呼びかけた。「来るがよい、プタヒルよ！　お前は私が黒い水の中に見つめた者だ。」プタヒルはこうして誕生し、アバトゥルは彼に物質世界の製作を命じるのである。

プタヒルは光の世界を出立し、濁った水に満ちた闇の世界へ足を踏み入れた。すると、彼が光の世界に由来する者として身に帯びていた「活ける火」が変化してしまう。プタヒルはこれを嘆き悲しんだが、闇の世界に住む邪悪な女の霊である「ルーハー」は喜び、地を手に入れようと力を得る。そしてルーハーは息子との近親相姦に及び、惑星天や恒星天の星星を産み落とした。しかしそれらはいずれも不完全であり、ルーハーの気に入らなかった。プタヒルは思い直し、天上界に戻って再び「活ける火の衣」を受け取る。そしてプタヒルが火の衣を身につけ、濁った水の中を動き回ると、水の一部が乾いて大地が生じ、高みには天蓋が生じた。プタヒルは天蓋に自らの玉座を据え、それまでの世界創造に満足した。

プタヒルは惑星たちに、世界の王として人間を創造することを命令する。惑星たちは相談し、種族の頭としてアダムとハヴァー（＝エヴァ）を創造したが、彼らは立ち上がることができなかった。そこでプタヒルは再び光の世界に昇り、父アバトゥルに「私が創造した他のことは成功しましたが、私とあなたの模像だけがうまくゆきませんでした」と訴える。アバトゥルは光の世界から魂を取り寄せ、ターバンに包んでプタヒルに渡した。また、魂の助け手として、ヒビル（＝創世記四章のアベル）、シティル（＝同五3のセツ）、アノシュ（＝同五6のエノシュ）を派遣したのだった。

人間が生きている間に行なうべきことは、活ける水の洗礼によって身を清め、光の世界に由来する者にふさわしい状態を保つことである。死後、人間の魂は光の世界へと帰昇するが、その途中、惑星をはじめとするさまざまな悪の勢力が行く手を阻もうとする。人間の魂は、いくつもの尋問に答え、それらの見張り所を通過していかなければならない。そして、最後の見張り所で人間を待ち受けるのは、アバトゥル自身である。アバトゥルは秤を持っており、それによって人間の生前の行いを計量する。その裁きにおいて完全なる重さを示すことが出来る者は光の世界へと迎え入れられ、旅は終わる。

到着した魂の前には、光に満ちた王国が広がっている。魂は輝く木の葉の一枚を手に取り、サングラスのように目の上に載せる。すると目の眩しさが消え、上なる大気と明るい住居が見えてくる。魂はそこで「光の王」の洗礼を受け、これまでに受けた汚れを完全にこすり取られることになる。

聖書・グノーシス

マニ教の神話

マニ教とは、紀元後二一六年にササン朝ペルシア支配下のバビロニアに生を受け、二七六年に処刑された実在の人物マニによって創始された創唱宗教である。マニは自らをゾロアスター、仏陀、イエスに続く第四の預言者と称し、それらの既成の宗教をシンクレティックに融合することで、自らの教義を作り上げた。またマニ教は、「選別者」と呼ばれる聖職者階級と、「聴聞者」と呼ばれる一般信徒の区別に基づいた明確な教会組織を形成しており、カトリック教会やゾロアスター教を深刻に脅かしたのである。マニ教はさまざまな宗教を教義に取り込みながら東西に伝播していき、西方においてはアウグスティヌスをはじめとしてキリスト教からの激しい論駁の対象とされた。東方においては六世紀以降も勢力を伸ばし続け、中近東一帯、さらにはシルクロードに沿って中国内陸部にまで到達したのである。マニ教は十二世紀に至るまで約千年間にわたって存続した。

　ここで紹介するマニ教の神話は、十世紀末の回教学者であるイブン・アン・ナディームの『学術書目録』、及び八世紀のネストリウス派キリスト教徒であるテオドーロス・バル・コーナイ『評注蒐集』によって報告されたマニ教の創世神話を適宜取捨選択して要約したものであり、ゾロアスター教に由来する光と闇の二元論に基づいて、世界の始まり、中間、終末について述べている。

ガオチャンの壁画に描かれたマニ教神話の神々

*

　最初に存在したのは光と闇の二つの原理であり、それぞれの原理に支配された二つの大地であった。光と闇は互いに無干渉に存在していたが、あるとき闇の大地の王であるイブリースは、自分より高いところに光の輝きが存在することに気が付いた。これに対して光の大地の王は、闇の王が光の大地を欲し、その破壊を企てていることを知った。

　そこで光の王は、闇と戦うために原人を生み出し、五つの種族（大気、風、光、水、火の五元素）を彼に従わせた。これに対してイブリースは、同様に五つの種族（濃煙、炎、闇、熱風、霧）で身を鎧い、原人と戦った。やがてイブリースは原人に勝利し、原人と配下の種族を呑み込んで、光を闇の中に監禁した。

光の王は、原人を救出するために「光の友」を派遣する。それによって原人は闇から救い上げられたが、光の五つの種族は闇の種族と混じり合ったままだった。そこで光の王は、配下の天使の一人に命じて、これらの混合物から世界を創造させた。すなわち、マニ教にとって世界とは、光と闇を再び分離するための巨大な濾過装置を意味している。特に太陽と月は「光の船」であるとされており、分離した光の粒子が集まると月は満ち、それを太陽へ送り出すと再び欠けていくのである。

光の王はさらに光の救出を進めるために、第三の使者を派遣する。彼はその姿を闇のアルコーンたちに現した。すなわち、男のアルコーンたちには女の姿で、女のアルコーンたちには男の姿で。それを見たアルコーンたちは情欲に燃え、光の粒子を体液として放出した。光の使者はそれに混じっていた罪を分離し、「光の船」に乗せてこれを救い出した。一方、罪は地に落ち、動植物になったのである。

闇のアルコーンたちは、一目見た光の使者の美しい姿を追い求めた。すると、闇の王の息子であるアシャクルーンが、彼らに「お前たちの息子と娘たちを連れて来なさい。お前たちが見たという姿と同じものを造ってやろう！」と呼びかける。アシャクルーンはその妻ネブローエールと共にアルコーンたちの子供を食い尽くし、その後に性交して、アダムとエヴァを産み落とした。こうしてアルコーンたちが所有していた光の粒子は、人間たちの中に集められたのである。

人間を覚醒させ、救済するために、光の世界からイエスが派遣された。イエスはアダムを呼び起こし、悪霊たちを追い払って、無数のアルコーンたちを捕縛した。そして生命の木の実を食べさせるとアダムは覚醒し、自分を創造した闇の勢力を呪った。その一方でアルコーンたちはエヴァと性交してカインを生んだ。呪われた息子であるカインは母であるエヴァと性交し、次々に円環的近親相姦を行っていく。その過程でカインとアベルは互いに憎しみあい、カインはアベルを殺すことになったのである。

次にエヴァはアダムと性交し、優美な子を産んだ。アルコーンたちはこの子を奪おうとしたが、アダムは光の勢力の名を連ねた三重の結界を張って息子を守った。アダムの前には乳が流れ出る蓮が現れ、彼はこの乳で息子を育てたのである。この息子はセツと名付けられ、正しきマニ教徒の祖となった。

終末においては、世界を焼き尽くす大火が発生し、最終的な光と闇の分離が遂行されることになっている。世界大火は一四六八年間続き、その後、光の勢力は帰昇していくとされる。闇の霊はそれを見て意気阻喪し、光の軍勢たちに取り囲まれ、用意された墓の中に追い込まれて、封印されるのである。

『赤絵スタムノス』オデュッセウスがセイレーンに出会う場面を描いている（部分、大英博物館蔵）

ギリシア

西村賀子

ギリシア

世界の始まり

世界各地のさまざまな民族のうちで開闢《かいびゃく》神話を持たない民族はほとんどない。古代ギリシアも無論、例外ではない。ギリシア神話には少なくとも三種類の宇宙生成論があった。一つはオケアノス（大洋）を重視する海洋民族タイプのものである。オケアノスは平板な大地を円盤状に取り巻いて流れる大河としてイメージされ、太陽も星もこの中に沈むことによって新たなエネルギーを獲得して再生する。オケアノスはすべての水の根源であり、万物の源でもあり、さらに神々を生み出す存在でもあった。このタイプの宇宙生成論は、前八世紀の叙事詩人ホメロスに顕著に認められる。

　二番目のタイプのものは、宇宙と世界のすべては原始卵から始まったと説明する。「宇宙卵」は創世神話の一パターンであるが、古代ギリシアでは「宇宙卵」タイプの神話はもっぱらオルフィック詩に登場する。オルフィック詩とは、オルペウスを教祖とする信仰集団の教義である。オルフィック詩は多様で錯綜しているが、どのオルフィック詩でも世界形成の初期の段階で卵が登場し、卵が割れることによって神々が誕生し始める。オルペウス教の創世神話の特徴は「宇宙卵」のほかに、万物の起源としてニュクス（夜）が重要な役割を果たしていることである。

ゴヤ「わが子を食らうクロノス」

　第三の、そして最も重要なタイプは、前八ないしは前七世紀頃の詩人ヘシオドスの『神統記』に記されている。『神統記』で最初に生じるのはカオスである。カオスは後世「混沌」という意味になったが、本来は「あくびのように大きく口を開く」という動詞から派生し、「巨大な空隙」を意味していた。世界の成立以前の最も原初的なこの状態は、旧約聖書の『創世記』第一章第二節に似ている。だがユダヤ・キリスト教思想のような超越的な創造主はギリシア神話には存在せず、世界の生成は自然発生と分離・結合によって説明される。

　カオスの次に生じたのは、ガイア（大地）とタルタロス（地底の闇）、そしてエロス（愛）である。このうち、実質的に神々や事物の生産活動に関与するのはカオスとガイアだけで、エロスは結合の原理である。

カオスからエレボス（闇）とニュクス（夜）が分離する。次いでこの両者の結合からアイテル（天の上層部）とヘメラ（昼）が生まれる。続いてニュクスは単独で死、眠り、夢、苦悩、争いなどを生み出すが、抽象名詞を擬人化したものが多い。さらに「争い」から飢餓、悲歎、戦い、殺害など人間の不幸に関するものが数多く生み出される。

世界の成立に最も重要な役割を果たすのは、『神統記』においてはガイアである。農耕民族ギリシア人にとってガイアは生命を生み出し育むとともに、死者を受容する神格でもあった。ガイアはまず独力でウラノス（天空）と山々とポントス（海）を生み出した。これらはいわば分離であったが、その後の生成はすべて性的結合によってなされる。

ガイアはウラノスと交わってオケアノスなど十二柱のティタン神族を、次いで一つ目のキュクロプスたちや百手巨人ヘカトンケイルたちを生んだ。しかしウラノスはこれらの異形で屈強の子どもたちを憎んで妻の胎内に押し戻した。苦しんだガイアは夫への復讐を図り、金属製の鎌を作る。末子クロノスが勇を奮って父を待ち伏せ、交合にやって来た父親の陰部を鎌で切断して背後に投げ捨てた。海に落ちた陽根から泡が湧き立ち、その泡からアプロディテが誕生した。

父に代わって世界の支配権を掌握したクロノスは姉妹のレアと契ってヘスティア、デメテル、ヘラ、ハデス、ポセイドンを生んだ。しかし彼は王位を奪われることを恐れて子どもたちを次々に呑みこんだ。悲しんだレアは末子ゼウスを宿すと母ガイアの協力を得てひそかにクレタで出産し、夫には産着でくるんだ石を新生児だといつわって呑みこませた。成長したゼウスはガイア（またはメティス）の示唆により、父親に吐き薬を飲ませ、かつて嚥下《えんげ》された兄と姉を解放した。

次にゼウスを中心とするオリュンポス族は、権力奪回をねらうクロノスに率いられたティタン族と戦う。これがティタノマキアである。戦いの最後に、ゼウスはガイアの勧告に従ってキュクロプスたちとヘカトンケイルたちを地上に解放して味方につけた。そしてゼウスは激しい攻防戦の末に勝利をおさめ、ティタン族とクロノスをタルタロスに幽閉した。さらにゼウスはガイアとタルタロスの子テュポンとの戦いにも勝って、ついに神界の覇権を確立する。

＊

ウラノスからクロノスへ、クロノスからゼウスへの三世代にわたる暴力的な王権交代神話は、前二〇〇〇年紀アッカドの『エヌマ・エリシュ』にさかのぼるオリエント神話と非常によく似ている。とくにヒッタイトの継承神話との符合は著しく、ヒッタイトの最初の神アラルに匹敵する神はギリシアにはないが、次の神アヌはウラノスに、三番目の神クマルビはクロノスに、最後の嵐の神はゼウスに相当する。

ギリシア

人間の誕生をめぐる神話

ギリシア神話における人類の発生の説明は一様ではない。ギリシアでは人類誕生という普遍的な神話よりも、部族の始祖の出現をめぐる地方的な伝説のほうが発達した。そのため、人間全体の起源を物語るものとして定説となっている神話はとくにない。最も標準的とみなされたヘシオドスの説明においても、人類の自然発生説や創造説、さらにその中間的な説明などが混在している。

「我々はどこから来たのか」という問いに関するヘシオドスの説明で最も有名なものは、人類の歴史を堕落の道筋として描く「五時代説話」である。『仕事と日』によると、最初の人類「黄金の種族」はクロノスの時代にオリュンポスの神々によって創造された。黄金時代の人々は労働や苦悩・病苦などとは無縁で、完全な幸福のうちに生を送ると眠るように没した。次にゼウスの治世になると、オリュンポスの神々は「銀の種族」を作った。しかし彼らは前の人種よりも劣り、傲慢で神々を敬わなかったために神の怒りによって地下に隠された。ついでゼウスはトネリコの木から第三番目の「青銅の種族」を創造した。彼らは銀の種族よりもさらに傲慢で、戦争と殺戮を繰り返し、互いに殺しあって全滅する。さらにゼウスは「英雄の種族」を作った。彼らは半神とも呼ばれ、青銅時代の人々よりもすぐれていたが、テバイやトロイアをめぐる戦争で滅んだ。だが彼らは死後も世界の果てにある至福者の島々で幸福に暮らしている。最後にまたしてもゼウスによって創造されたのは「鉄の種族」たる現代人である。この時代は最も不幸な時代で、人々は労役と苦悩にさいなまれる。人心は荒廃をきわめ、退廃は頂点に達している。

一方、「五時代説話」との関連は曖昧だが、人類の保護者プロメテウスの物語もよく知られている。後代にはプロメテウスが水と粘土から人間を創造したという話形になったが、ヘシオドスではプロメテウスは人類の創造神ではなく、あくまでも恩恵者である。神々と人間の間で犠牲獣の分配方法を決めたとき、老獪なプロメテウスは策略を用いてゼウスをあ

鷲に肝臓をついばまれるプロメテウス（右）、左は天空を支えるアトラス

ざむき、骨と脂肪を神々の取り分とし、肉と内臓を人間の取り分にした。この欺瞞に立腹したゼウスは人間から火を隠すが、プロメテウスは天上から火を盗み出して人間に与えた。ゼウスは罰として彼を鎖につなぎ、鷲に肝臓をついばませた。日中傷ついた肝臓は夜間に再生し、プロメテウスの苦痛は英雄ヘラクレスによって救われるまで絶え間なく続いた。

ゼウスは第二の報復として、人間に災いをもたらす新種の人間つまり女を考案し、鍛冶の神ヘパイストスに命じて土と水から作らせた。最高神が女性を男性よりも後に作る点でこの話は旧約聖書のアダムとイヴの物語と似ている。だが両者の決定的な違いは、神が女を創造した意図である。ヤハウェ神はアダムの孤独を憂慮し、彼のパートナーとなるべくその肋骨からイヴを作った。「創世記」での女の創造は人間に対する神の愛に基づく。それに反して『神統記』で「美しい災い」と呼ばれる人類最初の女性は、プロメテウスの二重の欺瞞に対する神の懲罰として人間に与えられたのである。

イヴが蛇に誘惑されて禁断の知恵の木の実を口にし、アダムにもそれを食べさせたために楽園から追放されたように、ギリシア神話でも人類の不幸の始まりは女の愚かさに帰せられている。ヘシオドス『仕事と日』によると、最初に創造された女性はすべての（パンテス）神々が彼女に贈物（ドーラ）をしたことからパンドラと名づけられた。この世に蔓延するさまざまな災いは、パンドラが開いた壷から飛び出した。驚いたパンドラがあわてて蓋を閉めると、壷の中には「希望」だけが残った。この寓意的な物語で重要な役割を果たす壷の由来は明確でないため、ルネッサンス以降になると壷は箱に変わった。後世の伝承ではパンドラは好奇心から禁忌を破り、蓋を開いたと説明される。だが『仕事と日』ではタブーはパンドラに課されるのではなく、プロメテウス（先知恵）の弟エピメテウス（後知恵）に課されている。愚かなエピメテウスは「ゼウスから贈物を受け取ってはならない」と兄から警告されていたにもかかわらず、パンドラの美しさに惑わされてこの贈物を受け取ってしまったのである。

一方ギリシアにもノアの方舟《はこぶね》を連想させる人類創造伝説があった。プロメテウスの息子デウカリオンの時代、人間の傲慢さに憤ったゼウスは大洪水による人類滅亡計画を立てた。父の忠告に従ってデウカリオンは方舟を作り、妻（エピメテウスとパンドラの娘ピュッラ）とともに乗りこんだ。九日九夜の大雨の後、無事に助かったのはこの二人だけであった。デウカリオンとピュッラが山上で感謝の犠牲を捧げ、「人間を増やしてほしい」と願うと、ゼウスは「母の骨を肩越しに投げよ」と命じた。彼らは最初この意味がわからなかったが、やがて「母の骨」とは大地の石だとわかり、デウカリオンの投げた石からは男が、ピュッラの投げた石からは女が生まれた。この話は石（ラアス）から民衆（ラオス）が生じたという一種の語呂合わせである。

ギリシア

ゼウスの恋

ギリシア神話の最高神ゼウスは三代にわたる王位簒奪劇で勝利をおさめ、さらにティタン神族とテュポンを打ち破ったあと、神々の支配者として女神や女性と次々に関係を持ち、たくさんの子どもをもうけた。その結果、多くの英雄たちの系譜をたどると、その先祖はゼウスに行き着くことになる。ゼウスの女性遍歴の多彩さは過度の好色にしか見えないが、ゼウスにしてみればオリュンポス神族の勢力拡大という大義名分があり、人間にしてみれば究極の祖先を最高神とすることによって部族や家柄に権威をつけ加えることができた。

ゼウスが最初に娶ったのはオケアノス（大洋）の娘メティス（知恵）であった。メティスが娘の次に息子を産めば、その子によって支配権を奪われることになろうとガイアから警告されたので、ゼウスは子を宿したメティスを呑みこんだ。やがて月満ちて、ゼウスの頭から完全武装した成人の姿で生まれたのが、知恵と戦いの女神アテナである。

ゼウスの二番目の妻は、ティタン族の女神テミスである。テミスは「掟」を意味する道徳的な法の擬神化で、彼女から生まれた娘たち、すなわちホライ（季節の女神たち）と総称される三人の女神、エイレネ（平和）、エウノミア（秩序）、ディケ（正義）は、世界秩序を支配するゼウスの機能を象徴している。

ゼウスと他の女神からはこのほかに、三人のカリテス（優雅の女神たち）や九人のムーサイ（音楽や文芸などの女神たち）などが生まれている。

ゼウスを家長とするオリュンポス十二神にはデメテル、ヘラ、ポセイドン、ハデスなど、ゼウスの兄と姉も含まれているが、残りの神々はアテナ女神のようにゼウスの子どもである。すなわち、双子のアルテミスとアポロンはレトとの間に生まれ、ヘルメスは天空を支えるアトラスの娘マイアから得られ、正妻ヘラとの間には軍神アレスと鍛冶の神ヘパイストスが生まれた。

また美と愛欲の女神アプロディテはヘシオドス『神統記』ではクロノスによって切断されたウラノスのペニスが海中に

牛に化けたゼウスに誘拐されるエウロペ

落ち、その泡から生まれたと説明される。しかしホメロスでは、アプロディテはゼウスと女神ディオネの娘とされている。冥界の王ハデスをオリュンポス十二神に含めない場合には、ハデスの代わりにディオニュソスが入るが、彼もまたゼウスの子である（ディオニュソスの項、六六頁を参照）。

英雄伝説の主人公の多くも、ゼウスと人間の女性との間に生まれた子どもである。ゼウスは人間の女性に近づくときにはしばしば変身する。たとえば彼は白鳥の姿でレダに接近して、絶世の美女でトロイア戦争の原因になったヘレネをもうけている。塔に閉じ込められたダナエにゼウスは雨になって降り注ぎ、ペルセウスが生まれた（ペルセウスの項、六八頁を参照）。フェニキア王女エウロペを誘惑するときゼウスは牛に変身し、二人の間にはクレタ王朝の始祖ミノスが生まれた。

アルテミス女神に仕えるカリストをみそめたときには、ゼウスはアルテミスに身を変じて彼女と交わり、生まれたアルカスはアルカディアの祖となった。ヘラの嫉妬のため、あるいはアルテミスの怒りによってカリストは熊に変えられた。成長したアルカスは狩人になり、知らずにこの熊を殺そうとしたが、ゼウスは二人を天に連れ去ってカリストを大熊座に、アルカスを牛飼い座の主星アルクトゥルスに変じた。

ほとんどの場合ゼウスは自らの姿を変えて女性を誘惑するが、相手を変身させることもある。イオと関係を持ったあとゼウスはヘラの怒りを恐れて、イオを牝牛に変えた。夫の行状に気づいたヘラはその牛をもらいうけ、百の目をもつ怪物アルゴスに見張らせた。イオをあわれんだゼウスはヘルメス神に命じてアルゴスを退治させたが、ヘラは虻《あぶ》を遣わせて牝牛を苦しめ続けた。ヘラは殺されたアルゴスの百の目を自分のお気に入りの鳥である孔雀の羽根につけた。イオは虻に追われてヨーロッパからアジアに渡った。彼女が渡った場所が、ボスポロス（牛の渡し）海峡である。最後にイオはエジプトにたどり着き、人間の姿に戻された。エジプトの女神イシスが牛形の神ハトルと同一視されていたので、イオもイシス女神とみなされるようになった。

＊

恋の遍歴では、美しい青年神アポロンもゼウスにひけを取らない。アポロンにからかわれたエロスは、相手を見た瞬間に恋に陥る矢を彼に射る一方、相手の女性には自分に恋心を寄せる異性を嫌がるようにしむける矢を射た。ダプネに恋をしたアポロンは彼女を追いかけたが、彼女は必死で神の追跡をのがれようとした。追いつかれそうになったとき、ダプネは河の神である父親に助けを求め、父は娘を月桂樹に変じた。それ以来、月桂樹はアポロンの聖木となった。またトロイア王女カッサンドラもこの神に愛された。アポロンは身をまかせれば予言の力を授けると約束して彼女を誘惑した。だがカッサンドラは神から予言力をもらうと彼を拒んだので、神はだれも彼女の予言を信じないようにした。

ギリシア

アテナ女神

アテナは、古代ギリシアで最も繁栄した都市国家アテナイを守護する女神である。彼女は処女（パルテノス）であったため、その神殿はパルテノンと呼ばれた。アテナがアテナイの守護神になるまでには海神ポセイドンとの争いがあった。アッティカの覇権を得るために、両神はそれぞれ最良の贈物をした。ポセイドンは三叉の戟《ほこ》でアクロポリスから海水を噴出させ、アテナはオリーブを贈った。オリーブのほうが有益とみなされ、アテナが勝利をおさめたのだった。

アテナ女神はゼウスと彼の最初の妻メティス（知恵）の娘である。ゼウスはかつて父クロノスに吐剤を飲ませて自分の兄や姉を吐き出させたが、その吐剤を彼に与えたのはメティスであった。アテナの誕生のしかたは一風変わっている。メティスが懐妊すると、ゼウスは彼女を呑みこんだ。なぜならゼウスは祖父母のウラノスとガイアから警告を受けていたからだ。メティスはまず娘を産むが、その次に生まれる息子が人間と神々の王になるであろうと。かつて父を倒したゼウスは、自分も息子に王位を奪われるのではないかと恐れたのだった。やがて月が満ち、ゼウスが鍛冶の神へパイストスに額を割ってもらうと、そこからアテナが完全武装した成人の姿で雄叫びをあげながら飛び出して生まれた。

戦いの女神としてのアテナの本領は、オリュンポス神族と巨人族との戦闘で発揮された。彼女は巨人のパラスを倒し、その皮を剥いで自分の楯につけた。アテナがパラスとも呼ばれるのはこの故事に因む。女神はグラウコピス・アテナとも呼ばれる。グラウコピスの意味は定かではないが「灰色の（あるいは輝く）眼の」、「梟《ふくろう》の顔の」といった意味で、梟はアテナの聖鳥として知恵を象徴する。

アテナは知恵と戦いの女神であるほかに機織り・陶芸・金属細工・大工仕事など手工業の守護神でもあり、職人たちから崇拝を受けていた。トロイアの木馬の製作やアルゴ号の建造を助けたのもアテナ女神であった。機織りについてはアラクネの物語が名高い。アラクネは人間でありながら、アテナ女神よりも自分のほうが機織りがうまいと自慢した。女神は

ゼウス（中央）の頭から誕生するアテナ

老婆の姿で彼女の前に現われて慢心をいさめたが、聞き入れられなかったので神と人間の機織り競技に挑んだ。アラクネの織物の出来栄えはすばらしかったが、その図柄は神々と人間の女性の恋を描いた不敬なものであった。立腹したアテナは、アラクネを蜘蛛に変えた。アラクネというギリシア語は蜘蛛という意味である。

アテナはミュケナイ時代には王族の「家の守り神」であった。神々のなかでもとくにアテナが王や英雄を個人的に支援するのはこのためである。ペルセウス、ヘラクレス、オデュッセウスなどの英雄たちはいずれも、女神の庇護や援助を受けている。ゴルゴンの首がアテナの胸を飾っているのは、ペルセウスが女神にこれを奉納したためである（ペルセウスの項、六八頁を参照）。ヘラクレスも、ヘスペリスの園の黄金のりんごを感謝の印としてアテナに捧げた（ヘラクレスの項、七二頁を参照）。オデュッセウスへのアテナの援助は『オデュッセイア』に詳しい。海上を放浪するオデュッセウスを故郷に帰らせるようゼウスに提言し、オデュッセウスの息子テレマコスに父親の消息を尋ねる旅に出発させたのもアテナである。オデュッセウスが最後に求婚者たちを罰するときにも女神は力を貸した。

アテナイの守護神としてのアテナにまつわる神話は、アテナイ王家の起源と深く結びついている。鍛冶の神ヘパイストスは、新しい武器を注文するためにやってきたアテナ女神によこしまな欲望を抱いた。処女神は激しく抵抗して逃げたが、ヘパイストスの精液がアテナの脚にかかった。女神がそれを羊毛で拭い取って投げ捨てると、精液のついた羊毛は大地に受けとめられ、そこからエリクトニオスが誕生した。アテナは赤子を篭に隠してアテナイ王ケクロプスの娘たちに預けた。彼女たちはそれを開いてはならないと言われたが、こっそり中を見ると、大蛇が嬰児をとりまいていた。あるいは嬰児の下半身が蛇であったとも言われる。ケクロプスの娘たちはアテナの怒りに触れて気が狂い、アクロポリスから身を投げた。アテナに育てられたエリクトニオスはやがてケクロプスの後を継いでアテナイの王となり、女神のためにアクロポリスの丘の上に神殿を建てた。それがパルテノン神殿である。

＊

アテナはローマではミネルウァと呼ばれた。壷絵や彫像では、女神は蛇の房飾りとゴルゴンの頭のついた山羊皮のケープをまとい、兜をかぶった姿で表わされる。手に槍を持ち、肩に梟がとまっていることもある。前五世紀にアクロポリスに建てられたパルテノン神殿には、黄金と象牙でできた巨大な神像が安置されていた。その製作者は当時最高の彫刻家ペイディアスである。エリクトニオスが創設したと言われるアテナ女神の祭典はパナテナイア祭と呼ばれ、詩歌の朗唱コンクールなどが盛大に行われた。

ギリシア

デメテル

デメテルの名は一説によると、大地を意味するゲーと母を意味するメテルに由来する。ここからわかるように、デメテルは地中海世界にあまねく広まっていた大地母神の系統を引き、ギリシアではとくに穀物の豊穣を司る女神として崇拝を受けた。デメテルの両親はクロノスとレアである。ゼウスとデメテルの間に生まれた一人娘ペルセポネは、「少女」を意味するコレという別名でも呼ばれる。デメテルとペルセポネは二柱の女神として、アテナイ近郊のエレウシスで秘儀崇拝を受けていた。エレウシスの秘儀の縁起譚は、次に述べる『デメテル讃歌』で詳しく語られている。

ペルセポネが野で花を摘んでいると突然大地が割けて、彼女に恋をした冥界の神ハデスが現われ、嫌がるペルセポネをむりやり地下に連れ去ってしまった。デメテルは突然いなくなった娘を気が狂ったように捜し求め、一切の飲食を拒み、たいまつを手に九日間世界中をさまよい歩いた。十日目にデメテルは、ハデスがゼウスの承認を得てペルセポネを拉致したことを、太陽神ヘリオスから聞いた。

娘の父であるゼウスが加担していることを知った女神はますます悲しみを深め、憤怒にかられた。そして神々の住むオリュンポスを去ると、老婆に身をやつしてエレウシスを訪れた。デメテルはエレウシスの王ケレオスの娘たちに出会い、その館に受け入れられた。悲しみに沈む女神は飲食を拒んで沈黙し続けたが、機転のきく老いた侍女イアンベが卑猥な冗談を言ってデメテルを笑わせると、ようやく女神は食べ物を口にした。

女神はケレオス王の末子デモポンの乳母となって、この赤子を不老不死の身にするために毎晩、彼を火中に投じていた。だが、ついにこのことが発覚する。そこでデメテルは神の本性を顕現し、王に神殿の建立を命じた。

エレウシスの神殿が完成すると、女神は黒衣をまとってそこにずっとひきこもった。豊穣をもたらす女神の怒りは地上に実に深刻な飢饉をもたらした。そこでゼウスも他の神々もデメテルに天上に戻るよう説得した。だが女神の決心は固く、

冥界から戻るペルセポネ(左端)と娘を待つデメテル(右端)

娘に会うまでは決してオリュンポスに帰ろうとしなかった。ついにゼウスはデメテルの怒りを和らげるために、ペルセポネを母親のもとに連れ戻すようハデスに命じた。

しかし最愛の母と再会できると喜んでいるペルセポネに、ハデスはこっそりとざくろの実を食べさせたのだった。冥界で一口でも食べ物を口にすると地上には戻れないことになっていた。結局、ペルセポネは一年の三分の一を闇の世界で冥界の女王としてハデスとともに暮らし、三分の二を地上で母親とともに過ごすことになった。ゼウスの説得を受け入れてデメテルが天界に戻ることを承諾すると、畑はふたたび実りを取り戻し、大地は木々の緑と花でおおわれた。そして女神はケレオスの子トリプトレモスに秘儀を開示するとともに、農耕技術を伝授し、普及させた。

デメテルは大地と豊穣の女神として地下世界すなわち死者の国とも深いつながりをもっていた。ペルセポネは播《ま》かれて地下にあり、やがて地上に芽生える穀物の種子の象徴である。冥界の女王としての娘神の地位は、デメテルと死者の国の深い関連を示している。それゆえデメテルとペルセポネは神話では母と娘として表わされるが、ギリシア人はこの二柱の女神を同一神格の二つの側面を示す不可分のものとみなした。

両女神の崇拝はエレウシスの秘教の崇拝対象としてアテナイの国力の増大とともにギリシア全土に拡大した。入信者は信仰内容の口外を固く禁じられていたため、エレウシスの秘儀の実態はあまり知られていない。だが帰依者は現世における幸福よりも死後の幸福を願い、生命の不死と来世での再生を信じていたようだ。エレウシスの秘儀の起源は非常に古く、ミノア時代までさかのぼるものと推測される。デメテルの物語はフリ人の神テレピヌの怒りと失踪の物語と類似している。豊穣神が姿を隠すという神話的モチーフは、オリエントに広く分布していたモチーフからの借用の可能性が高い。

＊

豊穣を祈願するテスモポリア祭では、女たちは嘲罵の言葉を浴びせあった。この神事は、イアンベが冗談を言ってデメテル女神を笑わせたエピソードに由来すると言われる。

別の伝承によると女神の笑いを誘ったのは、バウボという侍女が自分の性器を露出して滑稽なしぐさをしたためである。この伝承は日本神話における天の岩戸の話を思い出させる。アマテラスは弟スサノヲの暴行に腹を立てて岩戸に隠れた。太陽女神の隠遁は世界に闇と混乱をもたらした。アメノウズメは女神を招き出すために岩戸の外で滑稽な踊りをしながら女性器を見せた。神々はそれを見てどっと笑い、アマテラスは哄笑に誘われて岩戸から身を乗り出したのだった。アマテラスを怒らせたスサノヲが彼女の弟であったように、デメテルの怒りを招いたのもこの女神の兄弟であるハデスと夫のゼウスである。この点でもギリシア神話と日本神話は驚くほどよく似ている。

ギリシア

ディオニュソス

　ディオニュソスはバッコスとも呼ばれ、葡萄酒の神として名高い。ディオニュソス信仰は一種の秘教で、宗教的狂乱を伴う集団的儀式を行った。この神の儀式は葡萄酒や歌と踊りによる陶酔を伴い、ときには動物を八つ裂きにしたり、生肉を食べることなども行われたようだ。信者には女性が多く、彼女たちはバッカイあるいはマイナデス（狂女）と呼ばれた。陶器に描かれた信女たちはしばしば鹿皮をまとい、蔦と葡萄を巻きつけた杖やたいまつを手に、陶酔の表情で狂喜乱舞している。

　ディオニュソスという名は「二度生まれた」を意味する。その名称通り、この神の誕生のしかたはアテナ女神の場合と同じように、通常のものとは異なっていた。テバイ王カドモスの娘セメレはゼウスに愛されて身ごもったが、ゼウスの正妻ヘラはこれを許さなかった。老婆の姿を借りて近づいたヘラにあざむかれて、セメレは「ヘラ女神に求婚したときの姿で現われてほしい」とゼウスに懇願した。ゼウスは雷神の本性を示し、セメレは雷に撃たれて死ぬ。ゼウスは彼女の子宮から胎児を取り出し、自分の太腿のなかに縫い込んだ。やがて月満ちて父親の太腿から生まれたのがディオニュソスであった。

　ヘラの嫉妬はディオニュソスの誕生後も執拗に続いた。幼いディオニュソスは実母セメレの妹イノに預けられたが、イノとその夫アタマスはヘラに気を狂わされて自分の子どもたちを殺害した。その後、ディオニュソスはニュンフたちに育てられた。成長した神は葡萄の木を発見したが、またもやヘラの嫉妬のために狂気に追われ、エジプトやシリアを放浪した。最後にプリュギアの大地母神キュベレのもとに赴き、レアによって癒され、秘儀を学んだ。

　その後ディオニュソスはギリシアに戻る。彼の帰国は迫害と抵抗に満ちていたが、それは同時にディオニュソス信仰を広め、神としての本性を顕現する旅でもあった。彼を神として崇めないものに対しては、厳しい神罰が下った。たとえば彼を追放したトラキア王リュクルゴスは神に狂わされて、自

ディオニュソス（中央）と信女たち（両端）

分の息子を斧で打ち殺して切り刻んだ。またボイオティア地方のオルコメノスでは、女たちはこぞってディオニュソスに帰依し、祭りに参加した。だがミニュアス王の娘たちだけは神を敬おうとせず、家に引きこもって機織りに精を出していた。そこでディオニュソスは彼女たちを発狂させ、わが子に手をかけて八つ裂きにさせた。この話はオウィディウス『変身物語』第四巻に詳しい。

セメレの祖国テバイの伝説はエウリピデスの悲劇『バッコスの信女たち（バッカイ）』に描かれている。セメレの姉妹たちは彼女の懐妊がゼウスによるものと認めなかったため、ディオニュソスはテバイに復讐にやって来た。テバイの女たちはすでに神に帰依して山の中で狂喜乱舞していた。若いペンテウス王はこの危険な新宗教を許容せず、異国から来た宣教師の姿の神を捕らえた。神はペンテウスを狂わせ、信女の装束をまとわせて山に連れ出した。ペンテウスは女たちの祭りをこっそりとのぞこうとしたが、母アガウエに導かれた信女たちに引き裂かれて無残な最期を迎えた。

『ディオニュソス讃歌』には、この神が海賊に襲われたときの奇跡的な物語が語られている。神が船で旅をしていたとき、海賊が来襲した。すると船には突如として葡萄酒がしたたり落ち、帆や帆柱に葡萄と蔦が生い茂った。甲板には熊が現われ、ライオンの姿の神が海賊に襲いかかった。船乗りたちは恐れをなして海に飛び込み、海豚《いるか》に変えられた。

ディオニュソスは冥府に下って母セメレを救い出したあと、彼女とともにオリュンポスに迎えられた。セメレは天上でテュオネという女神になった。ディオニュソスと強い結びつきをもつ女性たちはセメレのように女神になる。アリアドネもその一人である。クレタ王ミノスの娘アリアドネは、テセウスが牛頭人身の怪物ミノタウロスを退治しに来たとき、彼に恋をし、糸玉を与えて迷宮からの脱出を援助した。アリアドネはテセウスと結婚の約束をして一緒にクレタを出たが、ナクソス島で彼に置き去りにされた。ディオニュソスは彼女を憐れみ、花嫁として天上に迎えた。結婚の贈物として神が与えた冠は、冠座になったという。

＊

ディオニュソスはオルペウス教の教義では、ザグレウスと同一視された。またローマでは自由の神リベルと、エジプトではオシリスと同一視された。ディオニュソス崇拝には非ギリシア的な側面があるとともに、この神を迫害する神話が多いため、従来、この信仰は後代になって異国から侵入したものと考えられていた。だがミュケナイ時代の線文字B文書にディオニュソスの名が記されていることがわかり、この信仰はギリシア古来の宗教と考えられるようになった。ギリシア悲劇と喜劇は、アテナイでのこの神の祭典ディオニュシア祭で行われた演劇コンクールから発達した。そのためディオニュソスは演劇の神としても崇められていた。

ギリシア

ペルセウスのゴルゴン退治

ギリシアでは神々の物語以上に英雄伝説が発達した。英雄とは両親のいずれかが神で、通常の人間よりもはるかにすぐれた肉体的・精神的な力を有している。多くの英雄のうちで最も名高いのはヘラクレスだが、彼の祖先にあたるペルセウスは最も古い世代の英雄の一人である。見る者を石に変える怪物メドゥサを退治したペルセウスの冒険譚は、ギリシア神話の最古層に属する英雄伝説として人口に膾炙《かいしゃ》していた。

アルゴス王アクリシオスは、娘ダナエから生まれる男の子によって殺されるであろうという神託を得た。彼は神託の実現を恐れて、娘を青銅の塔に幽閉した。だがダナエに恋したゼウスは、黄金の雨となって彼女の膝に降り注いだ。この交わりから生まれたのがペルセウスである。ダナエは彼をひそかに養育していたが、やがて発覚し、アクリシオスは娘と孫を箱に入れて海に流した。

箱はセリポス島に漂着し、母と子は漁夫ディクテュスに助けられ、ペルセウスは無事に成長する。しかしディクテュスの兄でこの島の王であるポリュデクテスがダナエに恋をし、誘惑しようとしていた。たくましい若者に成長したペルセウスは王にとって邪魔者であった。そこでポリュデクテス王は彼を追い払おうと策をめぐらし、ゴルゴンの首を持ち帰るという難題をペルセウスに課した。ゴルゴンとはポントス（海）とガイア（大地）の孫にあたる三姉妹である。彼女たちは西の果てに住み、蛇の毛髪、猪の牙、青銅の手、黄金の翼をもつ怪物で、その眼でにらまれた者はたちまち石に変わる。

ペルセウスはアテナ女神に守られ、ヘルメスの先導でまずグライアイ（老婆たち）を訪れる。彼女たちはゴルゴンたちの姉妹だが生まれたときから老婆で、三人で一つの目と一本の歯を共有していた。ペルセウスはグライアイから目と歯を奪い取ると、それを返すのと引き換えに、ゴルゴン退治に必要な道具を持つニュンフ（妖精）たちの居所を教えさせる。彼はニュンフたちを訪れて、翼のついたサンダルと、かぶると姿が見えなくなる帽子、そして切り取った首を入れるための袋を借りた。またヘルメスから鎌をもらい、アテナからは

ゴルゴン（右端）を殺そうとするペルセウス（中央）。左端は彼を励ますアテナ

青銅の楯を与えられた。

ペルセウスは一足飛びに西の果てに着くと、眠っていたゴルゴンたちに顔をそむけながら近づき、青銅の楯に映しながらメドゥサの首をはねて袋に入れた。ゴルゴン三姉妹のうちでメドゥサだけが不死の身ではなかったのである。残り二人のゴルゴンは彼の後を追ったが、魔法の帽子をかぶったペルセウスを捕まえることはできなかった。

帰る途中、エティオピアにさしかかったとき、ペルセウスはアンドロメダを救出して彼女を妻にした。というのはエティオピア王妃カシオペアが、自分は海神ポセイドンの娘たちよりも美しいと自慢したために、ポセイドンの怒りをかい、エティオピアの国は神の送った海の怪物によって荒らされていた。神への贖罪としてカシオペアの娘アンドロメダを生け贄《にえ》に捧げれば神の怒りをなだめることができるという神託が下ったため、アンドロメダは裸で海辺の岩につながれたまま、海の怪獣の来襲におののいていた。ちょうどそこにペルセウスが通りがかったのだった。彼はアンドロメダとの結婚を条件に怪物退治を約束し、メドゥサの首を差し出して海の怪物を石に変えた。

ペルセウスがアンドロメダを伴ってセリポス島に帰還すると、王ポリュデクテスは嫌がるダナエに結婚を迫っているところだった。ペルセウスは王にメドゥサの首を振りかざして、王とその一味を石に変えた。このようにして首尾よく復讐をなしとげたのち、ペルセウスはゴルゴン退治に用いた道具をニュンフたちに返却した。メドゥサの首はペルセウスの守護神アテナに献上され、女神の楯の中央に据えられた。

最後にペルセウスは、母と妻を伴って祖国アルゴスに向かった。一方、彼の祖父アクリシオスは孫が帰国するとの報を得ると、かつて下された神託の実現を恐れて、よその地に逃れた。たまたまその地の王が亡くなったので、アクリシオスはその葬礼競技会を観戦しに出かけた。ペルセウスもまた競技会開催を知って五種競技に参加した。彼が投げた円盤は見物席にいたアクリシオスに偶然、命中した。このようにして、孫が祖父を殺すであろうという神託は、期せずして成就されたのである。

*

ペルセウス伝説には親族殺害の予言、幼児期における追放、危険な探索の成功、魔法の小道具、危機に瀕した美女の救出、神託の偶発的実現などの民話的モチーフがふんだんに織りこまれている。この物語は高い人気を博し、前七世紀から前六世紀前半にかけての時期には、ペルセウスとゴルゴンの対決がしばしば陶器に描かれた。しかし文学ではピンダロス『ピュティア祝勝歌第十二番』やアイスキュロスの失われた三部作以外には、ペルセウスを主人公とする作品はほとんどない。

ギリシア

アルゴ号の遠征と魔女メディア

ギリシア中の名だたる英雄たちが、櫂《かい》が五十もある人類最初の大船アルゴ号に乗りこんで、はるかかなたまで黄金の羊の皮を奪いに行く話、それがアルゴ号の遠征である。この冒険譚はギリシアで最も古い伝説複合体で、『オデュッセイア』に大きな影響を与えた。またロドスのアポロニオスはこれを主題として叙事詩『アルゴナウティカ』を創作した。

この冒険の主人公イアソンは父が継承すべき王位を叔父ペリアスに横取りされていた。旅の途中でイアソンは老婆（実はヘラ女神）を背負って川を渡り、履物を片方流された。王位返還を求めてやって来た甥を見たイオルコス王ペリアスは「サンダルを片方だけの男に気をつけよ」という神託を思い出し、彼を亡き者にしようと、ある難題を課した。

かつてプリクソスが継母に殺されそうになったとき、王子は実母が贈った空飛ぶ羊に乗って黒海東海岸まで逃げのびた。黄金の羊の皮は彼を迎えてくれたコルキスの王に感謝の印として捧げられ、軍神の聖林の樫の木に吊るされて不眠の竜に見張られていた。イアソンに課された難題とは、この宝物を奪い取ってくることであった。

船大工アルゴスがアテナの神助を得て建造した船はアルゴ号と呼ばれた。オルペウスやヘラクレスなど名高い英雄たちはこぞってアルゴ号に乗り、イアソンの遠征に加わった。

コルキスに到着するまでに一行はいくつもの土地に立ち寄ってさまざまな事件に遭遇した。ここでは、たびたび陶器画に描かれたピネウスのエピソードにだけ触れておきたい。黒海西海岸の国の王で盲目の予言者でもあるピネウスは、食事のたびに怪鳥ハルピュイアたちに襲われて餓死寸前になっていた。この怪鳥たちを追い払ってくれたアルゴ遠征隊へのお礼として、ピネウスは安全に航行する秘訣を授けた。黒海入口には巨大な岩が二つあり、船が通りかかるたびに打ち合わさって船を壊していた。ピネウスの教え通り、先に鳩を飛ばし、そそり立つ岩がいったん閉じて再び開きかけたすきをついて遠征隊はここを無事通過した。その後も苦難を重ねながら、アルゴ号はようやく目的地にたどり着いた。

金毛羊皮を奪うイアソン（左）を見守るアテナ女神（中央）。右端にアルゴ号の舳先が少し見えている

コルキス王アイエテスはイアソンの求めに、条件を出した。その条件とは、青銅の蹄《ひづめ》を持つ火を吹く二頭の牡牛を軛《くびき》につないで耕し、竜の歯をまき、地面から生えてくる武装した男たちを殺せば、金毛羊皮を与えるというものであった。

イアソンが途方にくれていると、彼に恋をした王女メデイアが援助を申し出た。これはペリアスに敵意を抱く女神ヘラとイアソンの守護神アテナの差し金であった。両女神の依頼で愛の女神が王女に恋心を吹きこんだのだった。イアソンはメデイアと結婚の約束をして、彼女からもらった魔法の薬を体に塗り、やすやすと牡牛をつないだ。地面にまかれた竜の牙から兵士が生じると、メデイアの忠告通りに隠れた所から石を投げ、疑心暗鬼の兵士たちに殺しあいをさせた。だがコルキス王は約束の宝をイアソンに渡そうとするどころか、アルゴ号乗組員の暗殺を企てた。王女はこれを察知して、金毛羊皮を守る竜を魔法の薬で眠らせて恋人に奪わせた。

目的の品を手に入れた遠征隊は夜陰に乗じて出帆した。アイエテスはすぐに後を追った。事態を予測していたメデイアはアルゴ号に乗りこむときに幼い弟を同乗させていた。追手を見ると彼女は弟を切り刻んで海に投げ捨て、父がその遺体をかき集めている間に追跡を振り切った。

遠征隊の帰路にはさまざまな伝承がある。アルゴ号の船首はアテナから人声を授けられていたが、あるとき船首が、メデイアの弟殺害の罪をキルケに清めてもらわなければゼウスの怒りはやまないと警告した。メデイアの叔母の魔女キルケの住む島で罪を清められたのち、一行は美しい歌声で船乗りを海に誘いこんで難船させる怪鳥セイレンたちのそばを通る。このとき音楽の名手オルペウスが竪琴を奏でてセイレンたちの誘惑に対抗し、遠征隊は危機を脱した。さらにスキュッラとカリュブディスなどの海の難所を無事に通過してパイアケス人の国スケリアに着き、そこでメデイアは恋人と結ばれた。キルケの島からスケリアまでの道筋はほぼそのまま『オデュッセイア』に取り入れられている。その後いくつかの島々に立ち寄り、ついにイアソンは故郷にたどりついた。

イオルコスでメデイアが夫の叔父ペリアスにいかに巧妙に復讐したかは、オウィディウス『変身物語』第七巻に生々しく描かれている。彼女はまず老いた羊を切り刻んで魔法の薬草入りの釜で煮て、羊が若返って元気に釜から飛び出す様子をペリアスの娘たちに見せつけた。娘たちは羊と同じように父も若返ると信じて、ペリアスを切り刻んで釜に入れた。だがこのときメデイアはわざとにせの薬草を投じたので、結局ペリアスは娘たちの手で殺されてしまった。

その後イアソンは妻とともにコリントスに亡命したが、その地の王女と再婚しようとした。エウリピデスの悲劇『メデイア』は、裏切られたメデイアが新婦とその父を毒殺し、さらに夫を苦しめるためにわが子を殺そうと決意し、実行に移すまでの「蛮地の魔女」の人間的な苦悩を描く。

ギリシア

ヘラクレス

ヘラクレスはギリシア神話の最大の英雄で、彼の生涯は名高い十二功業をはじめとする数多くの武勇伝に彩られている。ゼウスはアルクメネ（ペルセウスとアンドロメダの孫娘）に思いを寄せ、彼女の婚約者アンピトリュオンの姿で近づいた。出征中だった婚約者が翌日帰国したため、神の子ヘラクレスと人間の子イピクレスが同時に生まれることになった。誕生直前にゼウスは「まもなくアルゴスの将来の王が生まれる」と告げた。嫉妬に燃えたヘラは彼の出生を故意に遅らせ、彼の従兄弟エウリュステウスを先に誕生させた。ヘラクレス殺害をねらうヘラは二匹の蛇をゆりかごに放した。だが生後わずか八ヵ月の英雄は蛇を恐れず両手で絞め殺した。

天の川の起源はこの英雄と結びついている。ヘルメス神が赤子のヘラクレスに睡眠中のヘラの乳を吸わせた。ヘラは赤子を払いのけたが、白い乳がほとばしり出て銀河となった。

偉丈夫に成長したヘラクレスはキタイロン山の獅子を退治し、テバイの国に貢ぎ物を要求していた隣国を征服したので、テバイ王は娘メガラを彼に与えた。だがヘラの嫉妬で気が狂った英雄はわが子を火中に投じて殺した。正気に戻って犯した罪を悟り、テバイを去ってデルポイの神託を伺った。それまで彼は祖父の名を継いでアルカイオスまたはアルケイデスと名乗っていたが、このときから「ヘラの栄光」を意味するヘラクレスに改名した。そして神託に従って従兄弟のティリンス王エウリュステウスに十二年間仕えて罪を贖《あがな》った。その間に成しとげられたのが有名な十二功業である。その内容にはさまざまな説があるが、次のようなものが含まれる。

①ネメアの獅子退治――ネメア谷を脅かしていた獰猛なライオンと戦って素手で倒した。その皮を剥いで肩にかけている姿がヘラクレスのトレードマークになっている。

②レルネのヒュドラ退治――水蛇ヒュドラは九つの頭をもつ怪物で、頭を斬るたびに新たな頭が生え出たが、英雄は甥の助力を得て、その切り口を一つずつ焼いて退治した。

③ケルネイアの鹿狩り――アルテミス女神に捧げられた黄金

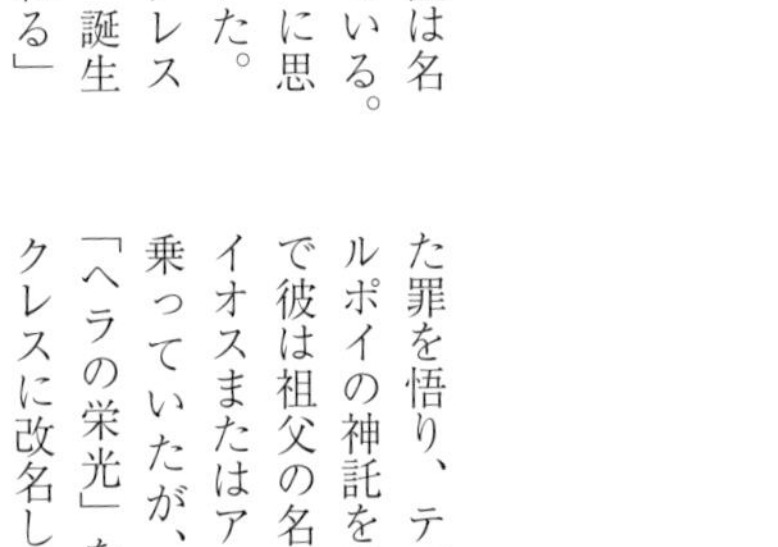

ヘラクレス（右）が冥界から連れてきたケルベロスを見て恐れるエウリュステウス（左）

の角をもつ巨大な鹿を一年がかりで生け捕りにした。

④エリュマントス山の猪狩り——アルカディアの森を荒らしていた猪を生け捕った。

⑤アウゲイアス王の家畜小屋掃除——三十年間も掃除されないままのエリス王アウゲイアスの牛小屋を、近くの川の向きを変えて水を引き入れ、一気に掃除した。

⑥ステュンパロス湖の猛禽退治——湖畔の森に住む無数の怪鳥を、アテナにもらったガラガラを打ち鳴らして追い出し、矢で射落として退治した。

⑦クレタ島の牡牛退治——クレタ島を荒らしていた牛を捕まえてヘラに捧げたが、女神は受納しなかった。

⑧ディオメデス王の牝馬——トラキア王ディオメデスは人食い馬を飼っていた。英雄は王を殺して馬に食わせた。

⑨ヒッポリュテの帯——エウリュステウス王の娘が、軍神アレスがアマゾン女王ヒッポリュテに贈った帯を欲しがった。英雄はヘラの妨害にあったが、女王を殺して帯を奪った。

⑩ゲリュオンの牛——英雄は太陽神の盃を借りて世界の果てまで行って怪物ゲリュオンの牛を盗み、飼い主を殺した。

⑪ヘスペリスの園の黄金のりんご——ヘスペリスは「夕べの娘」の意で、ゼウスとヘラの結婚祝いにガイアが贈った黄金のりんごを世界の西の果ての園で守っていた。英雄は蒼穹を支えるアトラスの力を借りてりんごを手に入れたが、最後にそれをアテナに捧げ、アテナは元の場所に戻した。

⑫ケルベロスの生け捕り——ヘラクレスは死者の国に赴いて地獄の番犬ケルベロスを捕まえてきたが、それを見たエウリュステウスは縮み上がり、連れ戻せと命じた。

十二功業を終えたヘラクレスはようやく罪を清められたが、またしても発狂して殺人を犯し、今度はリュディアの女王オンパレに奴隷として三年間仕えた。さらに功業や遠征のさいの副次的な諸業績（パレルガ）もある。縛られたプロメテウスを解放したり、夫の身代わりに死んだアルケスティスを生き返らせるために冥界を訪れたりしたことがこれにあたる。

ヘラクレスは壮絶な死を迎えたが、その発端は上半身が人間で下半身が馬の怪物ネッソスを退治した話にさかのぼる。妻デイアネイラを伴って川を渡っていたとき、渡し守のネッソスが彼女を犯そうとしたので英雄は彼を射殺した。ネッソスは死に際に「自分の血は夫の愛を取り戻す媚薬になる」と告げた。彼女は布にその血をしみこませてそっとしまっておいた。後に英雄が遠征から捕虜の女性を連れ帰ったとき、デイアネイラは彼の愛を失うのを恐れ、例の媚薬を思い出して夫の下着にそれを塗った。ヘラクレスがそれを身につけると、全身に毒がまわり、肉に下着がくいこみ、すさまじい苦痛にさいなまれた。これを知った妻は自害した。ヘラクレスはオイタ山に火葬壇を築かせて、自らその上に登った。ゼウスは火葬壇からヘラクレスを救い出してオリュンポスに運び、彼に不死を与えた。

ギリシア

オイディプス

ギリシア中部に栄えた古都テバイはホメロス以前からさまざまな物語に彩られ、一大物語圏を形作っていた。カドモスによって建設されたテバイにまつわる伝説でもっとも名高いものは、オイディプスの話である。

テバイ王ライオスは「息子によって殺される」という神託を受けていた。そこで男児が生まれると、そのくるぶしをピンで貫いて山中に捨てさせた。しかし遺棄を命じられた牧人は赤子を憐れんでコリントス王の牛飼いに託した。子宝に恵まれなかったコリントス王夫妻は、足に傷のあるこの子をひきとり、オイディプス「ふくれ足」と名づけて育てた。

オイディプスは何も知らずに成長したが、ある日、彼が捨て子だったことを喧嘩の相手から暴露された。真偽を確かめるためにデルポイに赴いたところ、「父を殺し、母と結婚することになる」という神託を得た。育ての親を実の親だと信じるオイディプスは、神託の実現を恐れてコリントスには戻らず、旅に出た。その途中、ある狭い三叉路で彼は馬車に出会った。すれ違いざまにいさかいが起こり、オイディプスは車に乗っていた老人を殺した。実はそれが本当の父ライオスであったが、オイディプス自身はそのことを知る由もなかった。

その後オイディプスは、それが自分の真の祖国とも知らずにテバイに来た。そのころ怪物スピンクスがテバイの人々に謎をかけ、解けない者を次々に食べていた。その謎とは、「一つの声を持ち、四足、三足、二足になるものは何か」というものであった。この謎を解いてテバイを救った者は、王位について先王ライオスの未亡人イオカステと結婚することになっていた。オイディプスは、スピンクスの謎の答えは「人間」であると正解を言い当てた。なぜなら人間は赤子のときには四足で這い、長じて二足歩行し、老いて杖を借りて三足となるからである。怪物をみごとに退治したオイディプスは王となり、イオカステを妻とした。だが彼は、妻が実は生みの母だとは夢にも思わなかった。やがて二人の間には子どもたちも生まれた。

ソポクレスの悲劇『オイディプス王』は、疫病に苦しむテ

旅人の姿のオイディプス（左）と彼に謎をかけるスピンクス

バイの人々がオイディプス王に救済を嘆願するところから始まる。王がデルポイに使者を送ると、先王ライオス殺害の犯人を処罰すれば疫病は止むとの神託を得た。オイディプスはその殺害犯が自分だということを知らずに探索を開始する。下手人捜しとオイディプス自身の素姓の解明が微妙に重なりあいながら劇は進行する。やがてアポロンの予言があますところなく成就していたことが明らかになる。オイディプスよりも先にすべての真実を悟ったイオカステは自害した。それを見たオイディプスは自らの手で両眼をえぐって盲目となり、流浪の旅を切望する。

オイディプスの最期はソポクレスの『コロノスのオイディプス』に描かれている。テバイから追放されてさすらいの身となったオイディプスは長い彷徨の末、娘のアンティゴネに伴われてアッティカ地方のコロノスにある復讐女神たちの聖域にたどりつく。彼の息子ポリュネイケスは弟のエテオクレスとテバイの王座を争い、父にテバイに帰ってほしいと願い出る。オイディプスを味方につけた者が勝利を得るという神託が下されていたからである。しかしオイディプスは故郷を追われたときに息子たちの援助を得られなかったので彼らへの助力を拒み、逆に、兄弟が互いに殺しあうことになろうと呪いをかけた。オイディプスはアテナイ王テセウスの庇護を受けてコロノスの聖域に迎えられ、雷鳴のとどろくなか、忽然と姿を消した。

オイディプスの死後も一族の悲劇は続いた。アイスキュロスの『テバイ攻めの七将』はオイディプス追放後に起こった王位争いを描いている。オイディプスの二人の息子は一年交替でテバイを統治する協定を結んだ。だが先に王位についたエテオクレスは譲位しようとしなかったので、ポリュネイケスは他国にのがれて武将を集め、反乱軍を率いて王権奪回に向かった。テバイの七つの門を七人の将軍がそれぞれ攻撃して戦いが繰り広げられた。最後に兄弟が一騎討ちをしてともに倒れ、オイディプスの呪いは成就した。

オイディプスの息子たちの死後、イオカステの弟クレオンがテバイを支配した。クレオンはエテオクレスのために葬儀を執り行ったが、テバイを攻めたポリュネイケスの埋葬は禁じた。しかしオイディプスの娘アンティゴネは兄ポリュネイケスの遺体を見捨てておくことができず、亡骸に砂をかけてせめてもの哀悼の意を示した。クレオンは禁を犯したアンティゴネを地下の牢に監禁した。彼女は自ら死を選び、婚約者ハイモン（クレオンの息子）も彼女の上に折り重なって自刃し、それを知った彼の母も自害した。この話を劇化したのがソポクレスの『アンティゴネ』である。

＊

精神分析学者フロイトはオイディプスの物語にヒントを得て、少年が母親に思慕を寄せて父親に敵対心を抱く心情を「エディプス・コンプレックス」と呼んだ。

ギリシア

ギリシア最大の英雄伝説——トロイア戦争

多くの伝説のうちで最も人口に膾炙していたのはトロイア戦争をめぐる伝説である。前十二世紀半ば頃、ギリシア人は小アジアの王国トロイアを攻略した。この史実が核になって「トロイア圏」と総称される一大伝説群が発達した。

戦争勃発に先立つエピソードとして有名なのが「パリスの審判」である。ギリシア随一の勇士アキレウスの両親ペレウスとテティスの結婚披露宴にすべての神々が招かれた。唯一招待されなかった「争いの女神」は腹を立て、祝宴の席に「最も美しい女性に」と記された黄金のりんごを投げ入れた。ヘラとアプロディテとアテナがこれをめぐって争い、ゼウスの命令でトロイアに赴いて王子パリスによる美の審判を受けた。ヘラは全世界の支配権を、アテナは戦いにおける勝利と知恵を彼に約束したが、パリスが選んだのは、絶世の美女ヘレネとの結婚を提案したアプロディテであった。

美と愛欲の女神の援助によってパリスは、スパルタ王メネラオスの妻ヘレネを誘拐した。かつてギリシア中の王侯がヘレネに求婚したとき、彼女の父は、その結婚に不都合が生じたときには援助をするという誓約をすべての求婚者からとりつけていた。妻を奪われたメネラオスはこの誓約を楯に、ヘレネを取り戻すために兄アガメムノンを総大将とする遠征隊を結成した。

この遠征には『イリアス』の主人公アキレウス、知将オデュッセウス、老賢者ネストル、剛勇アイアスなど多数の武将たちが参加した。ギリシア軍はまずアウリスに結集したが、無風のため出帆できなかった。アガメムノンがアルテミス女神の怒りを招いたためである。彼の娘イピゲネイアを犠牲に捧げて女神の怒りをなだめ、ようやく遠征軍は船出することができた。

ギリシア軍は目的地に上陸したものの、トロイアは老王プリアモスの長男ヘクトルを中心に堅固な守りを誇り、なかなか攻略されなかった。オリュンポスの神々も二手に分かれて反目しあった。ヘラ、アテナ、ポセイドンはギリシア方の、アプロディテ、アポロン、アレス、ヘパイストスはトロイア

パリスの審判の場面。左からパリス、ヘルメス、アテナ、ヘラ、アプロディテ

方の味方をする。最高神ゼウスは中立の立場をとった。

ホメロスの叙事詩『イリアス』はアキレウスの怒りを主題とし、遠征後十年目に起こったアガメムノンとのいさかいからヘクトルの死までのおよそ五十日間の出来事を描く。アガメムノンに愛妾を奪われ、名誉を傷つけられたアキレウスは激怒して戦線を退いた。その結果ギリシア勢は敗北を重ね、危機に瀕する。アキレウスの親友パトロクロスは自軍の窮状を見かね、彼の鎧兜《よろいかぶと》を借りて出陣したが、アポロンの神助を得たヘクトルに撃たれる。アキレウスは「武勲を選べば短命に終る」と母なる女神テティスから忠告を受けていたが、親友の死を深く悼み、その仇を討つために戦場に戻る。彼は一騎討ちでヘクトルを倒し、遺体を戦車で引きずりながら城壁の周囲をめぐった。息子の死を嘆く父プリアモスは深夜アキレウスを訪れ、ヘクトルの遺骸の返還を懇願する。アキレウスも最後には老王と和解して要請に応じる。

『イリアス』はここで終るが、トロイア戦争の終結までにはまだいくつもの物語がある。ヘクトルの死後アキレウス自身も、アポロンの神助を得たパリスの矢で踵《かかと》を射られて落命する。致命的な弱点を「アキレス腱」と呼ぶのはこのエピソードに由来する。後代の説によると、母テティスは息子を不死身にするために生まれたばかりのアキレウスを冥界の川の水に浸した。だが握っていた両踵だけが水に触れなかったために、アキレウスの唯一の弱点として残ったのであった。彼の死後、その武具をめぐってアイアスはオデュッセウスと争い、敗北して自害した。

ヘラクレスの矢を用いなければトロイア陥落は不可能と予言された。それを所有するピロクテテスが呼び寄せられ、その矢でパリスを射た。陥落に不可欠なパラディオン（アテナ神像）もトロイアから盗み出され、ギリシア軍の勝利への条件が整った。最後にオデュッセウスが「木馬の計」を考案した。ギリシア軍は中に大勢の戦士を潜ませた巨大な木馬をトロイアの城門前に置くと、退却を装ってスパイのシノンのみを残して他の軍勢を引き揚げさせた。トロイアの神官ラオコンは木馬を城内に引き入れることに反対したが、アテナが送りこんだ大蛇によって彼は二人の息子ともども絞め殺された。木馬は城内に入れられ、いつわりの勝利とも知らずにこれを祝うトロイア人の前に、突如として大勢のギリシア兵士が現われた。ついにトロイアは包囲され、一挙に陥落する。

＊

陥落後ギリシア軍はトロイアを後にする。アガメムノンは無事に故郷に帰りついたが、幸福な帰国とはならなかった。彼の留守中に妻クリュタイムネストラが愛人アイギストスと通じ、二人は共謀して王を暗殺したからである。アガメムノンの息子オレステスは国外に逃れ、成人後に帰国し、姉エレクトラと協力して父の仇を討つために母とその愛人を殺した。この物語は悲劇でもしばしば取り上げられた。

ギリシア

オデュッセウスの冒険

だれよりも権謀術策に富み、あくまでも冷静沈着、思慮深く慎重で忍耐強い英雄、それがオデュッセウスである。ペロポンネソス半島西の小島イタカの領主オデュッセウスはトロイア戦争に加わり、勝利の要となった「木馬の計」を考案したことで名高い。十年間のトロイア戦争の後、彼が念願の帰還を果たすまでさらに十年の歳月を要した。彼の不在中、故国では大勢の男たちが彼の妻ペネロペに求婚し、彼女と息子テレマコスを悩ませていた。領主が無事に帰郷し横暴な求婚者たちを倒して妻と喜びの再会を果たすまでの物語を描いたのが、ホメロスの叙事詩『オデュッセイア』である。

『オデュッセイア』第九歌から第十二歌で主人公オデュッセウスは、トロイア出発からパイアケス人の国までの漂流を自ら語る。それによると彼は十二隻の船で仲間とともにトロイアを出て、キコン人の国、蓮の実を食べるロトパゴス人の国を経てキュクロプス族の国に着いた。無人だと思って一行が入った洞窟は一つ目巨人ポリュペモスのすみかで、巨人は羊とともに帰宅するとオデュッセウスの仲間をバリバリと食べた。オデュッセウスは復讐のために、かつてアポロンの神官からもらった強い酒を巨人に勧め、名前を尋ねられると「ウーティス（誰でもない）だ」と答えた。巨人が酔いつぶれて眠ると、オデュッセウスはオリーブの枝の先端を鋭く尖らせて火で熱し、巨人のただ一つしかない眼に突き刺した。ポリュペモスの悲鳴を聞いて仲間のキュクロプスたちが駆けつけ、誰の仕業か尋ねたが、「ウーティス（誰でもない）のせいだ」との答えに、彼らは立ち去った。翌朝オデュッセウスたちは羊の腹の下に隠れて洞窟を脱出した。息子を失明させられた海神ポセイドンは怒り、オデュッセウスの一行はポセイドンの激怒によってその後、長期の漂流を余儀なくされた。

次いで彼らは風の神アイオロスの島で歓待を受け、故郷のすぐそばまで近づいたが、風神から土産にもらった風の袋を仲間たちが勝手に開けたために元の島に吹き戻された。風神に追い払われ、人食い人種の国でオデュッセウスの仲間はさ

ポリュペモスが目を潰される場面。巨人はオデュッセウスの仲間の足を食べ残してまだ手に持っている。

らに食い殺され、魔女キルケの島に着いたとき、船はわずか一隻になっていた。仲間の一部はキルケによって豚に変えられた。それを知ったオデュッセウスは救出に出かけ、ヘルメスの神助で難を逃れて仲間を救った。その後彼らはキルケの館に一年間滞在し、彼女の指示で黄泉の国を訪れた。

帰国に必要な一過程であった冥界訪問から戻ったあと、歌によって死へと誘惑するセイレンの島を通過する。好奇心旺盛なオデュッセウスは自分の体を帆柱にしっかりと結わいつけ、櫂を漕ぐ仲間たちには耳栓をしてセイレンの誘惑を乗り切った。さらに彼らは怪物スキュッラとカリュブディスをかわし、太陽神の島トリナキアにたどりつく。オデュッセウスはこの島の牛を食べてはならないと忠告されていたので通過しようとしたが、仲間に反対された。風が吹かず、ここでの滞在を余儀なくされるうちに食料が尽き、仲間たちは主人が眠っている間に牛に手をつけた。彼らは神聖冒涜の罪によって神罰を受け、島を出るとすぐに船は嵐に飲まれた。オデュッセウスだけが助かって女神カリュプソの島に流れ着く。彼は七年間もの間、望郷の念をいだきながらそこに滞在した。

アテナの力添えでカリュプソから解放されたオデュッセウスは自力でいかだを組んで海に出たが、海神に見つかって、またもや嵐に苦しむ。パイアケス人の島に漂着し、王女ナウシカアに助けられた。パイアケスの王と王妃から歓待を受け、たくさんの贈物をもらって彼らの船で故郷まで送られた。

帰国したオデュッセウスはアテナの庇護で年老いた乞食に変身した。これは彼の不在中、妻ペネロペに求婚している大勢の若者がオデュッセウスの館で日夜宴を張り、傍若無人な振舞いをしていたためである。正体を秘すことによって彼は敵と味方を識別し、復讐への準備を着々と進めた。

ペネロペは「機織りの計」によって求婚者たちを避けていた。義父の棺衣を織り上げれば結婚すると約束し、昼間は機を織り、夜になるとひそかにそれを解いて約束の履行を遅らせた。だがこの計略も三年で求婚者たちに見破られ、再婚を迫られたペネロペは危機に瀕していた。オデュッセウスがトロイアに出立するときにはまだ赤子だった息子テレマコスは今や成人し、アテナの援助で父の消息を求めて旅に出た。

無事に旅から戻ったテレマコスは、館から離れた豚飼いの小屋で父が帰国したことを知る。一方、ペネロペは突如として弓競技の開催を決定し、弓を引いて十二の斧の頭を射抜くことができる者がいればその男と再婚すると宣言した。求婚者は誰一人として弓を引くことすらできなかった。弓を手にしたオデュッセウスは正体を現わし、息子と協力して次々と求婚者を殺害した。その翌日、オデュッセウスはペネロペにも正体を明かし、夫婦は二十年ぶりの再会を喜び合う。

＊

ラテン名ウリクセスはオデュッセウスの方言形から発展し、それがユリシーズという英語の語源となった。

ダヴィッド『ホラティウス兄弟の誓い』(ルーヴル美術館蔵)

ローマ

小川正廣

ローマ

トロイア陥落とアエネアスの地中海放浪

美女ヘレネを奪い返すため、ギリシアの軍隊はトロイアを攻略した。このトロイア戦争で活躍した若きギリシアの英雄アキレウスの物語はホメロスの叙事詩『イリアス』で有名だが、一方ローマの詩人ウェルギリウスは、同じ神話的戦争のトロイア方の武将アエネアスの伝説を集大成し、ローマの起源をめぐる叙事詩『アエネイス』を作った。敗れたトロイアを脱出して地中海を放浪し、艱難辛苦《かんなんしんく》の旅の末イタリアに到着して、ローマの礎《いしずえ》となる都市を建設する英雄の物語である。

アエネアスの物語は、トロイアの勇将ヘクトルを討った最強のアキレウスも死んだあとの、トロイア戦争十年目に始まる。ある計略を思いついたギリシア軍は、多数の兵士を中に潜ませた巨大な木馬をあとに残し、退却を装って海岸を去った。トロイア人ラオコンは、不審な木馬に警戒するよう呼びかける。だがそのとき海から巨大な蛇が出現し、ラオコン父子を絞め殺す。その様子を見たトロイア人たちは、木馬はミネルウァ女神への捧げ物だと言う捕虜のギリシア人シノンの嘘に欺かれ、それを城内に引き入れた。夜になると、木馬からギリシア兵が一斉に躍り出て、島影に待機した味方の軍隊も呼び入れて都に火を放ち、トロイアの住民を襲撃した。

敵の急襲に目覚めたアエネアスは、すぐさま武器を取って懸命に戦った。戦闘の最中、トロイア王プリアモスの惨殺を見て絶望した英雄は、神殿に隠れたヘレネを殺そうとする。しかしそのとき、英雄の母ウェヌス女神が現われて、都の破壊を助ける神々の姿を息子に示しながら、もはやトロイアを捨てて逃げよと助言する。驚いたアエネアスは父アンキセスのもとに急行し、早速都落ちを促す。初めは動こうとしなかった父親も、孫のイゥルスの頭髪が炎に包まれる神の予兆を見て、ついに逃亡を決意。アエネアスは、一族を率いて炎上するトロイアを脱出する。その途中、悲しくも妻クレウサが姿を消すが、やがて彼女は亡霊になって英雄の前に出現し、「ヘスペリア」を目指して旅をせよと忠告する。

ヘスペリア（西の国）という目的地の名は分かっていても、その場所ははっきりしない。祖国の守護神ペナテスを抱いた老父を背負い、幼い息子の手を引いたアエネアスは、多数の

ベルニーニ「父アンキセスを運ぶアエネアス」

仲間とともに、ともかく西に向かって船出する。トラキアをへてエーゲ海をさまよい、デロス島に着くと、神アポロは「母なる国」へ行けと言う。そこで一行はクレタ島を目指すが、その地ではペナテス神が、祖先ダルダヌスの故郷「イタリア」に向かえと予言した。船隊はさまざまな地中海の土地に寄港しながら、ようやくシチリア島に到着。一つ目巨人キュクロプスにも出会ったあと、その島の西岸に上陸するが、イタリアを目前にして、英雄は最大の支柱であった父アンキセスと死別する。すでに放浪七年目である。

さてトロイア人の船隊は、いよいよ目指すイタリアに航路を向けた。しかしシチリア出発の直後、女神ユノが起こした大嵐に遭遇。多くの船が難破し、アエネアスは北アフリカのカルタゴの海岸に漂着した。そのころカルタゴに君臨していたのは、フェニキア人の美しい女王ディドだった。

疲弊したアエネアスは、ディドに援助を求めた。女王は一行を温かく歓迎し、やがて宮殿で催された宴の席で英雄は、トロイア陥落と放浪の体験を語って聞かせた。じつはディド自身も夫を失い、故郷のフェニキアを去ったのちアフリカに新都市を築く苦労を味わっていた。彼女はアエネアスの苦難に同情するだけでなく、勇敢な英雄に深い愛情を抱いた。

ある日二人は狩りに出かけたとき、洞窟の中で結ばれた。アエネアスは旅の目的をすっかり忘れ、ディドとともにカルタゴの宮殿で暮らすようになった。しかし噂は、天上の最高神ユッピテルの耳に入った。ユッピテルは、アエネアスがイタリアに着き、ローマの礎を築くことを運命として定めていたのであった。神はただちに使者を送って、英雄にすぐに出発せよと命令した。最高神の命令に驚愕したアエネアスは、ひそかに出帆の準備を始めた。

だがディドはアエネアスの様子に気がづいた。女王は彼の不実を激しく非難し、何とか出発をやめさせようと嘆願したが、英雄は決心を翻《ひるがえ》そうとはしなかった。ディドは絶望のあまり狂気に陥り、やがて自殺を決意する。夜明け前にトロイア人の船隊が出港するのを宮殿の塔から見た女王は、英雄に向かって恐ろしい呪いをかけ、ひとり火葬のための薪《まき》の山にのぼったあと、アエネアスが残した剣で胸を刺して自害する。

＊

女神ウェヌスを母親に持つアエネアスは、ホメロスの『イリアス』では、二度の決闘で神々に救出される特別な運命の英雄として描かれた。それはすでにホメロス以前から、彼がトロイア陥落後生き残る人物だったからである。ホメロス以後、アエネアスは地中海を放浪する英雄になり、やがてローマ人の祖先と見なされた。老父を背負う姿に象徴されるように、この英雄がローマ人の尊ぶ忠孝・敬虔の精神(ピエタス)を体現していたためである。だがこの神々に選ばれた英雄も、ローマへの道を迷わず進んだわけではない。ウェルギリウスは、ディドとの恋愛を大きな精神的試練として語っている。

ローマ

アエネアスの冥界下りとイタリアでの戦争

ギリシア神話では、ヘラクレス、オルペウスそしてオデュッセウスが生きながらにして死者の世界を訪れた。ローマ神話では、アエネアスの冥界下りの話が最初である。物語は、やはりウェルギリウスの『アエネイス』にもとづいている。

神々に導かれたアエネアスは、カルタゴを去ってようやくイタリアに到着し、最初ナポリ付近のクマエに上陸した。その地のアポロ神殿の巫女シビュッラは、英雄にイタリアでの戦いを予言する。しかしアエネアスが、その前に死者の国にいる父の亡霊と会いたいので地下への案内を乞うと、彼女は黄金の枝を探してくるようにと言う。

さて森の中で黄金の枝を見つけたアエネアスは、それを持ってアウェルヌス湖畔の入口から、シビュッラに導かれて冥界に下る。薄暗い闇の道を進んで行くと、まずステュクス川に近づいた。死者たちは渡し守カロンの小舟に乗って彼岸へ運ばれていくが、川岸には墓に埋葬されなかった死霊が群がっていた。その中には、アエネアスの船の舵取りで海に落ちたパリヌルスがいた。シビュッラは彼に墓の建立を約束し、カロンには黄金の枝を見せて英雄とともに川を渡る。

三つの頭の番犬ケルベルスのいる門をくぐって冥界に入ると、地獄の裁判官ミノスが法廷で死霊たちの罪を裁いていた。そのかなたには悲嘆の野が広がっていて、パイドラやプロクリス、パシパエなど愛のために苦悩の生を終えた女性たちの霊が住んでいた。その野原を過ぎようとすると、何とカルタゴの女王ディドの姿が見えるではないか。アエネアスは思わず彼女に話しかけた。「ああディドよ、あなたは私のために命を断ったのか。私は進んであなたのもとを去ったのではありません。神々の命令だったのです。どうか聞いてください」。しかし涙を流して許しを乞う英雄に対して、ディドは何も言わずに闇に消えていく。アエネアスは深く心を痛めながら、去っていく女王の姿を見送るのみであった。

英雄と巫女は、さらに冥界を進んで行く。最も奥の場所に

コルトーナ「ティベリス河口に着くアエネアス」

来ると、トロイア戦争で死んだトロイアとギリシアの勇士たちの姿が見えた。アエネアスは、トロイア王の息子デイポボスの亡霊から、都の最後の夜に妻ヘレネに裏切られ、彼女のもとの夫メネラオスに殺されたという悲惨な話を聞く。ここを過ぎると、冥界の道は二つに分かれた。左を行くと、罪人たちが閉じ込められる奈落の底のタルタルスだが、アエネアスはそちらへは行かず、シビュッラの指示で右手の道を急ぐ。

この道の前方には、いよいよ目的地のエリュシウムがあった。そこは、祝福された人生を送った人々の霊が住む至福の野原である。アエネアスが入口の門に黄金の枝を置き、その明るく心地よい場所に入っていくと、人々は競技に興じ、また歌の名手オルペウスが妙なる調べを奏でていた。他にも有徳な人々や技芸と功績で世に尽くした人々が住んでいたが、少し離れた所で英雄はついに父親アンキセスの霊と再会する。

アンキセスは息子を見て感激し、まず人の霊魂がどのような運命をたどるのかを語って聞かせる。人間の魂はそもそも純粋な天上の霊気に起源する。しかし魂がめいめいの肉体の中に入ったとき、欲望や恐怖の奴隷になって悪習と病癖に染まる。だから霊魂は肉体が滅びたあと、深く染み込んだ罪悪を洗い清めるために、冥界でさまざまな罰を受けることになる。こうして清められた魂は、次にエリュシウムに送られる。だが、多くの霊魂はそれで終わりにはならない。エリュシウムで千年の時を過ごしたあと、魂はレテ（忘却）の川の水を飲んですべてを忘れ、地上に帰って新しい肉体の中に再び宿るのである。こうして霊魂は未来永劫に輪廻転生《りんねてんしょう》を繰り返す。

アンキセスのこの哲学的な話は、ローマの歴史についての壮大な物語の前置きである。父は息子にレテの川で水を飲む霊魂の姿を一つ一つ指さしながら、彼らが将来著名なローマ人に生まれ変わるだろうと予言していく。まずアエネアスはイタリアでラウィニアを妻とし、二人の子孫がアルバ・ロンガの代々の王となる。このアルバ王家の最後の血統を引くロムルスは、新都市ローマを建設してその初代の王になるであろう。その後ローマは六代の王に支配されるが、最後のタルクイニウス王が初代執政官となるブルトゥスによって追放され、共和政に移る。この時代には果敢で愛国的な多数の英傑が輩出し、ついにローマは世界に君臨する国家になるだろう。

アエネアスは父の予言を胸におさめて地上にもどり、やがてティベリス河口に到着する。当時その土地は、ラティニ人の年老いた王ラティヌスが支配していた。トロイア人の到着以前、ラティヌスには娘ラウィニアを異国の花婿に嫁がせよという神託が下っていた。そこで王は娘をアエネアスの妻にしようとするが、ラウィニアの許婚《いいなずけ》トゥルヌスが反発し、新来のトロイア人と土着のイタリア人との間に戦争が勃発する。アエネアスは、ティベリス河畔に住むアルカディア出身のギリシア人エウアンデル王とエトルリアの軍勢の支援をえて戦い、最後にトゥルヌスを決闘で敗ってラウィニアを獲得する。

ローマ

ローマ建国者ロムルスの物語

ラウィニアを王妃にしたアエネアスは、トロイア人とイタリア人を融合して新都ラウィニウムを築いた。その後この民族はアルバ・ロンガを都とし、約三百年間の平和が続く。しかし、やがてアエネアスと軍神マルスの血を引く英雄ロムルスが出現し、歴史は新たな時代に入る。

アルバの王位をヌミトルが継承したとき、弟アムリウスは兄の王座を奪い、その息子たちを殺した。ヌミトルの娘レア・シルウィアは、子を生まぬようウェスタ女神に生涯処女として仕える巫女にさせられた。だがシルウィアはある日軍神マルスの子をみごもり、双子の男子を生む。男子の誕生を知ったアムリウスは、双子をティベリス川に捨てるよう命じた。しかしゆるやかな川の流れは、双子をのせた籠を岸辺に打ち上げた。すると泣き声を聞いて、一匹の牝狼が近づいた。牝狼はまるで自分の子のように、双子に乳を吸わせて育てた。

ある日ファウストゥルスという羊飼いが、パラティウム丘の洞窟を通りかかった。羊飼いはそこに二人の赤子を見つけ、妻とともに育てることにした。双子はロムルスとレムスと名づけられ、丈夫に成長した。二人はやがて、羊飼いの仲間を率いるたくましい青年になる。

ロムルスとレムスはパラティウム丘で家畜を飼い、アウェンティヌス丘の牧人たちと勢力を争った。争いはしだいに激しくなり、ついに双子は襲われて、レムスが捕えられた。レムスを捕えた牧人たちは、じつは双子の祖父ヌミトル配下の者らであった。一方養父ファウストゥルスは、双子が前の王ヌミトルの孫だと以前から気づいていた。そこで彼はこの機会に、二人の出生の秘密をロムルスに打ち明けた。他方ヌミトルもレムスから生い立ちを聞き、双子が自分の孫だと知る。ロムルスもレムスも祖父が王座を奪われたと分かり、アムリウスの宮殿に攻撃を仕掛けた。二人はそれぞれ軍勢を率いて宮殿で合流し、戦闘の末アムリウスを殺して復讐を遂げる。

二人の兄弟はこうして祖父にアルバの王権を奪還し、晴れて王の孫だと認められた。そのころ、すでにアルバは人口過剰だった。そこで二人は、自分らが育った土地に新しい都市を造ろうと計画した。しかしそのとき、どちらが新しい都市

カピトリーノの牝狼

の王になって、その名称をつけるのかという問題が起こった。二人は双子で同年齢なので、神に伺いをたてることにした。

その解決の方法は鳥占いだった。ロムルスはパラティウム丘に登り、レムスはアウェンティヌス丘に立って鳥が現われるのを待った。最初に六羽の鳥がレムスの上に飛んできた。だがそのあと、十二羽の鳥がロムルスの方に現われた。これでは先に鳥を見た方か、それとも鳥の数が多い方か、どちらを王にすべきかはっきりしない。全住民は、二つに分かれて争った。その乱闘の最中に、レムスは討たれて命を失った（ただし別伝によると、レムスは新都市建設中に城壁を跳び越したため、侮辱されたロムルスが怒って彼を殺したという）。

こうして新しい都市は、初代の王ロムルスにちなんでローマと名づけられた。ロムルスは高い城壁を築き、市民に法を与え、多数の避難民を受け入れて住民を増やし、元老院という議会も制定した。しかし、都市の未来の繁栄にとって不可欠な女の住民の数が不足していた。王は未婚女性を迎え入れようと近隣諸都市と交渉したが、うまくいかなかった。そこでロムルスは、盛大な祭を催して近隣の人々を集め、その中の娘だけをさらおうと考えた。

祭の日には、新都市見たさの好奇心も手伝っておびただしい群衆が周辺から集まって来た。とりわけ大勢押し寄せたのはサビニ人だった。見せ物が始まり、人々は皆それに見とれた。そのとき、合図とともにローマの若者らは一斉に娘たちに襲いかかった。有力市民に定められた美女以外は誰を選んでもよく、めいめい捕まえた娘を自分の家へさらっていった。

突然の暴挙に怒ったのは、近隣諸都市の男たちである。彼らは報復を企てた。だがロムルスの軍隊にはかなわず、ついに強豪で名の知れたサビニ人の王ティトゥス・タティウスの出陣となった。タティウスの軍隊は難なくローマ領内に侵入し、カピトリウム丘の麓に陣を張った。

当時からカピトリウム丘には砦があり、その砦を守る防衛隊長にはタルペイアという娘がいた。タルペイアは、砦の道案内をするので「サビニ兵が左手に持っている物」をくれるようにとタティウス王に約束させた。娘は兵士の金の腕輪や宝石の指輪が欲しかったのだ。しかし兵士らは砦の中に入ると、報酬を求めるタルペイアを、左手で持っていた盾で圧し殺した。

砦を占領したサビニ軍は、初めの戦闘でローマ軍を敗走させた。だがローマ側もロムルスの激励で反撃した。そのとき、目を疑う事態が発生した。ローマ人の妻になったサビニの女たちが、髪を振り乱し狂乱状態で叫びながら、両軍の間に身を投げ出してきたのである。彼女らは父や兄弟と夫の双方に、殺し合いはやめて欲しいと訴えた。ロムルスとタティウスはそのため戦争をやめ、共同でローマを統治することになった。

タティウスの死後ロムルスは再び単独の王になった。彼は他の近隣都市との戦いにも勝利して領土を拡げたが、ある日嵐の最中忽然《こつぜん》と姿を消し、クイリヌスという名の神になった。

ローマ

ホラティウス兄弟の戦い

ローマ第三代目の王トゥッルス・ホスティリウスの時代に、農地の統治権をめぐってローマとアルバ・ロンガの間に争いが起こった。トゥッルス王がアルバに宣戦布告し、双方の軍隊が戦場で対峙した。しかしそのときアルバ軍の将軍がローマの王に、無駄な戦いはせずに争いの決着をつける方法を見つけようと提案した。

たまたま双方の陣営に、年齢も力も似通った二組の三つ子の兄弟がいた。ローマの兄弟はホラティウスという名で、アルバの兄弟はクリアティウスと言った。この二組の三人兄弟がそれぞれの軍隊の代表として戦って、勝利した側の都市が敗れた側の都市を全面的に支配することに取り決められた。

さて条約が結ばれると、三つ子たちは武器を取った。両軍の兵士たちは、「神々も祖国も、親も市民も皆君らの戦いを見守っているぞ」と叫んで声援を送った。励まされた二組の兄弟は、気負い立って両軍勢の真ん中に進み出た。両軍の観衆は手に汗にぎりながら、支配権を委ねられた若者たちに一斉に注目すると、まもなく戦闘開始の合図が下った。

三人ずつの戦士は、互いに武器を構えてぶつかり合った。剣と剣が渡り合い、盾と盾が打ちあたる激しい音が静かな戦場に響きわたった。アルバ側の三人は、たちまち傷を負って血を流した。しかし彼らは猛然と反撃し、ローマ側の兄弟を一人また一人と討ち倒した。アルバ側の兵士たちはどっと歓声を上げた。ローマ側の兄弟はたった一人だけになり、味方の軍勢は不安げに彼を見つめた。

ホラティウス兄弟の最後の一人の名は、プブリウスと言った。敵は三人とも傷を受けているが、プブリウスはまだ無傷だった。そこでプブリウスは、敵が三人一緒ではかなわないが、一人ずつを相手にするなら勝ち目もあろうと考えて、わざと逃げだした。この作戦はうまくいった。三人の敵はめいめい傷ついた体が許すかぎり追いかけてきて、やがてばらばらに離れてしまった。そのときプブリウスは立ち止まって向き直り、最初に追いついた敵に激しく襲いかかった。アルバの軍勢は大いに驚き、二人の兄弟に早く追いつけと激励したが、その甲斐もなく先頭の一人は打ち倒された。ローマ人たちは思わぬ逆転に喝采し、プブリウスも勢いづいた。彼は二番目に追いついた敵もすばやく討ち取った。

今や生き残ったのは双方一人ずつで、互角の勝負になった。だが二度の勝利に勢い込んだローマの戦士には、傷ついた体で思い切り走って力の弱ったアルバの若者は互角の敵ではなかった。そのうえクリアティウスは、兄弟二人の討死に気落ちしていた。ホラティウスは、よろめきながら盾を構える相手の喉に、「ローマ人の支配のためだ」と叫んで剣を刺し込んだ。

こうしてローマ人の兄弟が勝利し、アルバはローマの支配下に置かれた。プブリウス・ホラティウスは三人分の武具を戦利品にし、軍隊の先頭に立って母国に帰還した。しかし軍隊がローマの城門に着いたとき、プブリウスの目に髪を振り乱して泣き叫ぶ妹の姿が見えた。その妹はクリアティウス三兄弟の一人と婚約していて、自分の作った婚約者のマントが兄の肩にかかっているのを見て悲嘆の声を上げたのだった。激しい妹の慟哭《どうこく》に若者の心は苛立った。プブリウスは剣を引き抜いて言った。「時にあわぬ恋をした女め、婚約者のもとへ行け。おまえは死んだ兄弟も、生きている兄弟も祖国も忘れてしまった。敵の死を嘆くローマ女はこうなるのだ」。妹は兄の剣に刺されて死んだ。

ローマ人は法を尊重する民族だった。だからローマに勝利をもたらして国の英雄になった若者も、肉親殺しのため裁判にかけられた。王は二人の裁判官を任命し、彼らは法律にもとづいてプブリウス・ホラティウスに死刑を宣告した。しかしその法律では、有罪の判決が下されても、控訴する権利が認められていた。ホラティウスは、法の解釈に寛大だったトゥッルス王に教えられたとおり、民衆の集会に控訴した。その法廷に、若者の父親が出席した。ホラティウス兄弟の父は、民衆の前に立ち上がって言った。

「娘が殺されたのは正しいと思う。もし息子がそうしなかったら、私は父親の権限で息子を罰しただろう。諸君はつい最近まで、すぐれた息子たちの親だと私を讃えてくれた。だからどうか、この老人を子なしの親にしないでいただきたい。

ご覧のように私の息子は、アルバの敵に勝ってローマに栄光をもたらした。いったい諸君は、この栄誉ある若者が過酷な刑罰を受ける姿に耐えられるのか。よろしい、死刑のために、この祖国の恩人の頭を覆い、不毛の木にぶらさげて鞭打つがよい」

ローマの民衆は、父親の涙に胸を打たれた。また彼らは、戦場でも裁判でも取り乱さないプブリウスの勇敢な態度に深い感銘を受けた。票決の末、若者は釈放された。しかし父親は、何らかの方法で息子の罪を清めるよう命じられた。そこで父は道に細い梁《はり》をわたし、布で頭を覆った息子にその下をくぐらせた。この象徴的な罰のための梁は、その後「姉妹の梁」と呼ばれて長く保存され、毎年十月一日に行われるローマの若者の成人の儀式に用いられたという。

ローマ

ウェルトゥムヌスとピクスの変身物語

ローマ詩人オウィディウスの『変身物語』は、ギリシア神話を集大成した作品として後世に大きな影響をおよぼしたが、その中には、イタリアを舞台にしたローマ固有の神話も多く含まれている。次の二つの話は、イタリアの古い神々や人物が登場する変身譚である。

ポモナとウェルトゥムヌス

ポモナは、アルバ・ロンガの近くの田園に暮らす森の女神だった。しかし彼女は森や川にはあまり興味がなく、ただ果樹を育てるのが大好きで、果実をたわわに実らせる園芸に熱心だった。枝の刈り込みや接ぎ木、水やりなどにいつも精を出し、乱暴な田園の神々を避けて、囲いをめぐらした果樹園の中に閉じこもっていた。

ポモナは若くて美しかったので、森の神サテュルスやファウヌスたちが、しきりに彼女に求愛した。そのような田園の神々の中で、最もポモナを愛していたのはウェルトゥムヌスだ。ウェルトゥムヌスは、自分の姿をさまざまな形に変えることのできる神だった。彼は農夫に変装したり、園芸職人や兵士や釣り師になったりしてポモナに近づき、彼女の美しい姿を眺めて楽しんでいた。だが彼は、けっして本当の姿では、彼女の前に現われようとしなかった。

ある日ウェルトゥムヌスは、思いついて老婆に変身した。白髪の頭で杖をついて果樹園に入ると、立派な果実をほめたあとポモナに言った。「この素敵な果実よりも、あなたの方がもっと素晴らしい」。老婆は彼女に結婚のことを話し始めた。「たくさんの男の神々があなたに言い寄っているけれど、ウェルトゥムヌスほど、あなたを真剣に愛している神はいません。それに彼は、あなたが望むどんな姿にも身を変えることができるのです」。

老婆は何とかポモナを説得しようと、若者の愛を退けた娘が罰を受けて石になった話をした。だが効き目はなかった。がっかりしたウェルトゥムヌスは、ついに老婆の姿をかなぐり捨て、もとの若者にもどった。彼は暴力に訴えそうになった。しかし驚いたことに、ポモナは神の姿に魅せられ、彼の愛に応えた。二人はすぐに結ばれて、その後幸せに暮らした。

ピクスとカネンス

イタリアの古い神サトゥルヌスの息子に、ピクスという名の王がいた。ピクスは美しい若者で、森や泉や川の女神たちは皆彼に魅了されたが、彼には他の誰よりも愛する女性がいた。それは神ヤヌスの娘で、名をカネンス（歌姫の意）と言った。美女のカネンスは、年頃になるとピクスと結婚した。彼女はその名のとおり歌が巧みで、歌声で森や岩を動かし、獣もおとなしくさせることができた。

ある日ピクスは、美しい声で歌う妻を館に残して狩りに出かけた。彼は元気のよい馬にまたがり、投げ槍を持って、赤いマントを金のブローチで留めてまとっていた。ちょうど同じ頃、太陽神の娘で魔法を使う女神キルケが、薬草を探して森の中を歩いていた。キルケは馬で駆けるピクスを見た瞬間、激しい恋の情熱にとらえられた。

キルケは若者に自分の思いを伝えたかったが、相手は馬で走っているし、従者たちが彼のまわりを囲んでいるので近づけなかった。それで彼女は魔法の力で猪の幻を作り、それをピクスの馬の前に放った。ピクスは幻の獲物を追いかけた。獲物は深い茂みの中に入りこみ、彼は馬を下りて徒歩で森の中をさまよった。そのときキルケは呪文を唱えて空を曇らせ、大地を靄《もや》で包んだ。そして彼女は、突然ピクスの前に現われて言った。

「おお、私をとりこにした美しい若者よ、どうか女神のこの私の思いに情けをかけてください。私は太陽神の娘です。どうか私の夫になってください」

するとピクスは答えて言った。

「たとえあなたが女神でも、それはできません。私は別の女に愛を捧げました。ヤヌスの娘のカネンスが私の妻であるかぎり、夫婦の誓いを破るつもりはありません」。

キルケは何度も願いを繰り返したが、ピクスは彼女を拒み続けた。魔法使いの女神はとうとう腹を立てた。「恋する女を辱めたらどうなるか、よく覚えておきなさい。キルケの心を傷つけたら、こうなるのです」と彼女は言うと、西へ二度、東へ二度体を向け、杖で三度若者を触ったあと、三度呪文を唱えた。ピクスは怖くなって逃げだしたが、走るうちに体が地面から浮き始め、翼で空を羽ばたいていた。赤いマントは羽根の色になり、金のブローチは頸のまわりの金色の輪になった。ピクスは啄木鳥に変わり、その後腹立ちまぎれに固い嘴《くちばし》でしきりに木をつつくようになった。

一方ピクスの帰りを待ちわびたカネンスは、館を出て野をさまよい、夫を探し続けた。六日六晩何も食べず眠りもせずに、彼女は山や谷を歩いた。そしてついにティベリス川の岸辺に着き、体を横たえた。彼女は涙を流しながら、悲しみの歌をか細い声で歌った。悲しみのあまり、彼女の体は涙の中に溶けていき、とうとう消えて見えなくなった。

ローマ

クピドとプシュケの愛

昔々ある国の王に三人の娘がいた。上の二人はすでに嫁いでいたが、プシュケという末娘はひときわ眉目《びもく》麗しい美女なのに、なぜか誰にも求婚されなかった。そこで王は神託を伺った。すると神託は、娘を怪物に花嫁として捧げよと告げた。

プシュケは諦めて運命に従い、山上に連れられていった。しかし怪物は来ず、穏やかな西風が彼女を心地よい草原に運んでいって、彼女はそこで眠った。目覚めると、彼女の前には美しい庭園と壮大な宮殿があった。宮殿に入ったプシュケは、声のみ聞こえる召使いたちに仕えられ、何でも望みどおりにすることができた。夜になると、姿の見えない夫が彼女を妻として迎えたが、夜明け前には去っていった。こうしてプシュケは、何不自由なく宮殿の中に暮らし始めた。

一方二人の姉は、悲しむ両親のために妹を探そうと考えた。それを知ったプシュケの夫は、二人の姉の声を聞いても返事をしないようにと妻に言った。しかし彼女はやがて、誰にも会えない孤独な生活に耐えられなくなり、姉たちに会わせてくれるよう毎晩夫にせがんで泣いた。とうとう夫は妻の願いを聞き入れた。だが夫は、幸せでいたいなら、けっしてその姿を見かされて自分の姿を見てはいけないと言った。

二人の姉は宮殿に着くと、妹に夫のことを尋ねた。だがプシュケは秘密を守り、豪華にもてなしたうえ、財宝の土産を渡して二人を帰した。姉たちは妹の幸福を羨《うらや》んだ。プシュケの夫は、再び用心するよう妻に忠告した。二度目の訪問で姉たちは妹が妊娠しているのを知った。再び贈り物をもらって帰った彼女らは、ますます嫉妬と好奇心をあおられた。三度目の訪問のとき姉たちは、妹が夫の姿を知らないことを聞き出し、相手は怖い怪物にちがいないから、その姿を確かめて殺すようにと勧めた。

プシュケの心は動揺した。夜になると、いつものように夫が来て同じ床に眠った。彼女は恐る恐る短刀を握り、夫の方にランプの火を向けた。するとそこに見たのは、獰猛な化け物などではなく、若くて美しい愛の神クピドにほかならなか

ファン・ダイク「クピドとプシュケ」

った。輝くばかりのその姿に、彼女は見惚れた。ところが何かのはずみにランプの熱い油が滴って、クピドの肩の上に落ちた。すぐにクピドは目覚め、妻のもとから去っていった。

プシュケは絶望し、川に身を投げたが助かった。そこで彼女は姉のところへ行き、真相を話した。姉は自分もクピドに愛されたいと思い、西風に運ばれようと山上から飛び下りた。だが不思議な西風は吹かず、岩にあたって死んだ。もう一人の姉も、プシュケの話を聞いて、同じようにして死んだ。

さてクピドとプシュケとの恋仲を知って立腹したのは、愛と美の女神ウェヌスだった。ウェヌスは息子のクピドに、憎らしい美貌のプシュケを一番卑しい男の妻にするよう命じていたからだ。ウェヌスはプシュケを探し出し、さんざん虐待したあげく、罰としてとても難しい仕事を申しつけた。

最初の仕事は、小麦や大麦や粟《あわ》などが混ぜ合わされた穀物の山を、夕方までに種類ごとにきちんと選別することだった。しかしプシュケに味方する一匹の蟻がやってきて、大勢の仲間を集めてたちまち穀物を選り分けて去っていった。

翌日プシュケは、金毛の羊の皮を刈り取ってこいと命じられた。だが川辺の葦が囁《ささや》いて、安全な昼下がりに川を渡って木を揺すれば、金の羊毛は見つかるだろうと教えてくれた。

ウェヌスは次に、高い岩山の頂から泉の水を汲んでこいと命令したが、今度は鷲が彼女を助けて水を汲んでくれた。

プシュケが次々と難題をこなすので、女神はますます怒って、ついに死者の国にまで行けと命じた。冥界の女王プロセルピナに箱を渡し、少し美しさを分けてもらってこいというのだ。この注文にはプシュケも絶望し、高い塔から身を投げようとした。すると塔が喋りだし、地獄への入口と冥府の王宮への行き方を教えて、箱の中を見てはいけないと忠告した。

プシュケは塔の教えどおりに冥界に行き、箱を持って帰りを急いだ。だが途中でどうしても箱の中の美しさが欲しくなり、そっと開けてみた。中にあったのは美ではなく、死の眠りだった。彼女はまるで屍《しかばね》のように深い眠りに落ちた。

さてクピドはもう肩のやけどが治ったので、プシュケを助けにきた。彼は眠りをもとの箱に収めて彼女を目覚まし、神神の王ユッピテルに訴えて、プシュケとの結婚を認めてもらった。プシュケは不老不死の酒を飲んで女神になり、愛の神クピドの永遠の妻としてすべての神々から祝福を受けた。

この物語は、ローマ帝政期のアプレイウスの小説『変身物語』（通称『黄金のろば』）中の有名なエピソードである。プシュケは「魂」、クピドは「愛」を意味するので、魂と愛の出会い、離別、試練、そして結合というプラトン風の寓意を表わした神話と考えられている。しかしこの話の面白さは、哲学的寓意よりも、民話やお伽《とぎ》話の要素をふんだんに取り入れたところにある。花嫁の人身御供《ひとみごくう》、正体明かしのタブーとその違反、姉妹の嫉み、嫁いじめ、そして「昔々」に始まって「めでたし」で終わるなど、民間伝承の性格が濃厚である。

ラッカム『ニーベルングの指環』ヴァルキューレの図（ワーグナー『ニーベルングの指環』新書館刊より）

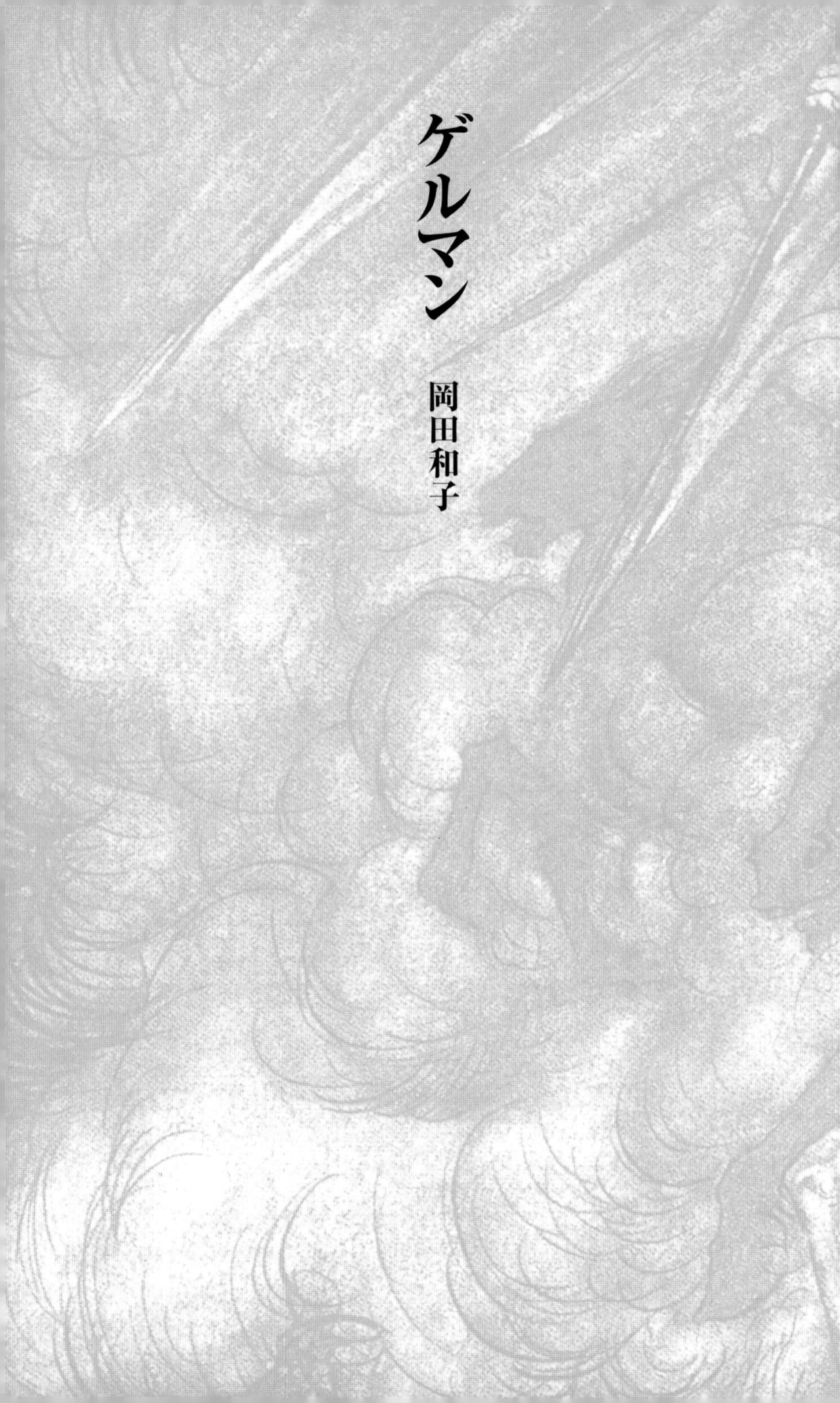

ゲルマン

岡田和子

ゲルマン

天地創造と世界の構成

北欧語	ドイツ語
オーディン	ヴォータン…神々の長にして隻眼の戦神
トール	ドンナー……巨人に堂々と立ち向かう怪力豪勇の雷神。オーディンの息子
フレイ	フロー………純情で美男の豊穣神。もとヴァン神族
フレイヤ	フライア……美と青春の女神。フレイの双子の妹
フリッグ	フリッカ……オーディンの妻
ロキ	ローゲ………災いのもとのトラブルメーカー
シグルズ	ジークフリート…オーディンの血を引くヴェルスング一族の悲劇の英雄
ブリュンヒルド	ブリュンヒルデ…シグルズの恋人。もとはオーディンに仕えるヴァルキューレ（死の使い姫・戦乙女）

＊

ゲルマン神話は、その主な原典（神話伝説を集めた二種類の『エッダ』と、サガと呼ばれる多数の記録物語）が北欧諸国に伝えられたため、北欧神話とも呼ばれている。日本のオペラ・ファンなら、ワーグナーの壮大な楽劇『ニーベルングの指環』をすぐに思い浮かべることであろう。このドイツ語のオペラでは、ヴォータンを中心とする神々とジークフリートを要とする人間界とが、炎に包まれて終焉を迎えるまでの経緯が四夜にわたって描かれるが、そのもともとの話は、『古エッダ』と呼ばれるアイスランド語の歌謡集にある。よって、オペラと原典間の名称の混乱を避けて物語を理解しやすくするために、主な神々と英雄名の対照表を、冒頭に掲げることにした。

さて、北欧神話の天地創造は、巨人殺しから始まる。神々の長オーディンにはヴィリとヴェーというふたりの兄弟がいて、この三兄弟が原初の巨人ユミルを殺し、その死体から大

天地創造と世界の構成の図（K・クロスリィ=ホランド著『北欧神話物語』中の図を修正したもの）

地や月や星を創造する。それがこの世界の始まりである。
北欧神話では、世界は三層を成している。この三層の世界は〈ユグドラシル〉と呼ばれる宇宙樹に支えられ、各層合わせて次の九つの国が存在している。

第一層 ①アースガルズ（オーディンなどアース神族の国）
②ヴァナヘイム（フレイ、フレイヤなどヴァン神族の国）
③アールブヘイム（光の白妖精の国）

第二層 ④ミズガルズ（緑の人間界）⑤ヨツンヘイム（氷雪の巨人国）⑥スヴァルト・アールブヘイム（邪悪な黒妖精の国）

第三層 ⑦ヘル（冥界）⑧ニブルヘイム（北の端の霧の国）⑨ムスペルヘイム（南の端の炎の国。これは三層外にあるらしい）

第二層のミズガルズ（「中心の国」の意）が、人間の住まう国である。その名のとおりこの宇宙の中心、広大な円形の大地の真中に位置している。青々とした緑の草が豊かに生い茂り、〈草萌えるミズガルズ〉と謳われている。

ユミルの肉から大地が造られ、血から海が、首から岩が、髪から樹が、頭蓋骨から天が作られた。そして、やさしい神は、ユミルのまつ毛から、人の子のために、ミズガルズを作った。また、ユミルの脳からむら雲が作られた。
（「グリームニルの歌」四〇、四一。以下引用は谷口幸男訳「エッダ」から）

しかし、その東方には、鉄の森を隔てて凶暴な霜の巨人族が住み、その脅威から身を守るため、ミズガルズは周囲を柵で囲まれている。それ故、巨人の国がある地域は〈ウトガルズ〉（城柵の外の国）と呼ばれている。

この巨人族に対する防御の姿勢は、神々の国アースガルズでも同様である。巨人族は、基本的には人間と神々に敵対する勢力である。ギリシャ神話では、ゼウスをはじめとする神神は巨人族との戦い（ティターノマキア）に勝ち、永遠の春を謳歌する。ところが、オーディンなど北欧の神々は、巨人の美女を誘惑してだましたり、巨人族と結婚したりする。しかも、怪力の上に太古の知恵を有し、未来の読める者すらいる巨人族の前には、神々の方が、アースガルズのまわりに堅固な城壁をめぐらせて常に身構えていなければならない。そして最後には、彼らは巨人族に滅ぼされてしまうのである。これが、名高い「神々の黄昏」である。しかも、神々はこの運命の訪れを知っている。オーディンは、この最後の戦いに備えて、人間の勇敢な戦死者を自分の宮殿ヴァルハラ（「戦死者の館」の意）に呼び集めさえする。それでもなお、神々は、滅びの運命を避けることができないのである。

あのおそろしい事件について喋るなんて、ロキ、あなた、気が狂ったの。フリッグは自分からはいわないけれど、先の運命はみなわかっているのですよ。（「ロキの口論」29）

ゲルマン

神々の黄昏——嘘の行き着く先

オーディンらが敵に対する時しばしば用いたのは、雷神トールのような剛毅な武力ではなく、現代の感覚からすると卑怯としか思えないようなペテン的策謀——つまり「悪知恵」であった。神々がアースガルズの城壁を築いたときの、まるで詐欺のような話が伝えられている。

昔、グルヴェイグ（黄金の道）という魔法使いの女が原因で、オーディンたちアース神族とヴァン神族の間で戦いが起こった。オーディンが敵方に槍を放ったことが、この世で最初の戦いの始まりである。結局、両神族は互いに人質を交換して和平を結ぶが、今では誰もがアース神族のプリンス・プリンセスと認めるフレイとフレイヤは、実はこの時、ヴァン神族から送られた人質である。以後、両者の間では長く平和が保たれ、両神族はほとんどひとつに融合するが、この戦いで、アースガルズを囲む木の柵は破られてしまったのだった。

さて、こうしてアースガルズの基礎が固まり、オーディンは、五四〇の扉がある広大な〈ヴァルハラ〉宮殿を建てた。そこへ、ひとりの巨人の男がやってきて言った。「木の柵なんかじゃなくて、どんな巨人も破ることのできない堅固な城壁を築いてやろう。期日は三年。約束どおりできあがったら、太陽と月と美の女神フレイヤを貰いたい」

オーディン（フォーゲルベルイ作）

こうして、城壁建築の「契約」は結ばれた。それは、保証人を立てて誓われた、しっかりした「契約」であった。神々はたかをくくっていたのである。どうせできやしないと。

しかし、巨人の馬は働き者だった。とてつもなく大きい岩を軽々と運び、城壁はどんどんできあがっていく。あせった神々は、契約しても大丈夫だと言った張本人のロキに責任をとらせることにした。彼は悪巧みの名人で、もともと巨人族なのにオーディンと義兄弟の誓いを交わして神族の一員になっていたのである。ロキは牡馬に化けて巨人の馬を誘惑し、仕事を妨害した。そして、巨人の建築師は、雷神トールの無敵のハンマーで頭蓋骨を一撃のもとに粉砕されてしまったのだった。巨人にとってはまさに踏んだり蹴ったりである。

トール一人だけが、怒りにまかせて、打ってかかった。……彼らの間で交わされた誓い、約束、誓約。すべての固い取決めは破られた。

（「巫女の予言」26）

ワーグナーでは、この城壁修理の代償とするために、神々がアルベリヒという小人からラインの黄金を騙し取ることになっている。が、ヴォータン自らが約束を破ってしまったという点は同じである。ためにアルベリヒの恨みを買い、その呪いが、神々と人の子の英雄の運命を悲劇へとねじ曲げていく。この神々の「破約」によって世のあらゆる契約や誓いの効力は奪われ、秩序は失われ、この世は欺瞞と戦いに満ちたものになってしまう。そして、この積み重なった欺瞞の行き着く先が、人間界と神々の世界の炎上――オペラの第三夜「神々の黄昏」である。

この神々の滅亡は、神話では〈ラグナレーク〉という。それはオーディンの最愛の息子バルドルが、例の悪賢いロキの企みによって殺されることから始まる。夏がなくなり、すさまじい冬が三度続き、ついに巨人族との最後の戦いの時が訪れる。この時のためにオーディンのもとに集められた地上の戦死した勇士達は、終日戦の鍛練をし、夕べには食卓を囲んでビールを酌み交わすヴァルハラの生活を止め、敵に立ち向かっていく。

ヴァルハラには五百四十の扉があるように思う。狼との戦い（ラグナレーク）におもむくときは、一つの扉から八百人の戦士が一度にうって出るのだ。

（「グリームニルの歌」23）

ナグルファル（「爪の船」の意）という死者の爪から作られた船で、霜の巨人族が攻めてくる。炎の巨人族の船を操るのは、あの裏切り者のロキである。ロキは昔、女巨人との間に三人の子供を生んでいた。いずれも恐ろしい怪物で、第一が狼のフェンリール、第二がヨルムンガントという大蛇（九六頁の図でミズガルズを取り巻いている）、第三が冥界を支配する女神ヘルである。〈ラグナレーク〉の戦いで、オーディンはこのフェンリール狼に飲み込まれ、雷神トールは大蛇の毒にあたり、豊穣神フレイは炎の巨人スルトに討ち取られる。更に、軍神にして司法神のチュールはガルムという犬の怪物と、アースガルズとミズガルズを結ぶ虹の橋ビフレストのそばに住む見張り番へイムダルはロキと、それぞれ戦って斃《たお》れ、こうして世界は、フレイを倒した者の放った猛火の中で炎上・崩壊してしまうのである。

その後、海中から再び緑の大地が姿を現わす、と『古エッダ』の詩編は歌うが、それにしても、神々をさえも破滅させる北欧人の運命観はすさまじい。しかもこの物語では、この破滅を招いたのが「約束破り」であることが、人間の心の本質を鋭く突いているように思われる。

真実でない場合には誓いを立てないように、……違約には恐ろしい綱がついてくる。誓いを破る者は惨めです。

（「シグルドリーヴァの歌」23）

ゲルマン

オーディンの知恵

ある時オーディンは、ロッドファーブニル（「ペテンの龍」の意）という男に生きていくための知恵を語った。神々の長であるオーディンは、戦の神にして、詩芸と魔法と知恵の神でもある。そのオーディンの語る知恵とは――

その一、「分別」こそは最高の財産だぞ。へべれけになるまでビールを飲んだり、宴会の席でがつがつ物を食ったり、自分の自慢話ばっかりするんじゃない。いつでもどこでも、「分別」を舵にして人は世の中を渡るのだから。

その二、けちなのは最悪だ。客は快くもてなすものだ。かつてゲイルロズという王の所で、わしは八昼夜、飲まず食わずで拷問された。奴はつまずいた拍子に自分で自分の剣に貫かれて死んだ。それが、奴のもてなしに対するわしからの返礼だった。

その三、けちなのは本当に最悪だ。贈り物をされれば人は喜ぶものだ。友情もまた然り。〈もしお前が信頼できる友をもち、彼からよいことを期待しようと思うなら、その友と心を通わせ、贈物をやりとりし、足しげく会いに行かねばならぬ〉（「オーディンの箴言」44）。

その四、自分に愛想よくする人はみんな友だちだと思う奴は、お人好しを通り越して馬鹿者だ。そういう奴には〈口先だけきれいごとをいって、心では欺き、ごまかしにはごまかしでむくいるべきだ。……その者には笑いかけて、心にもないことを話せ〉（「オーディンの箴言」45、46）。

その五、死んだらおしまいだ。たとえ手がなくても眼が見えなくても、生きてさえいれば一働きできる。

第四の言など、反発を感じる人もきっといるであろうが、しかし、これらは確かに否定できない人間の一面であり、人生の実相である。サガによく見られるように、こういう注意を怠って不意の焼き討ちにでもあって殺されたら、それこそ愚か者である。人は生き抜かねばならない。生きて富と名声を得なければならない。アースガルズの城壁修理で神々が行ったペテンも、自分の利益を図る手段のひとつであり、一概に卑怯とは言えない。このような、現代とは異なる倫理観の要求される社会に、古代北欧人は生きていたのである。

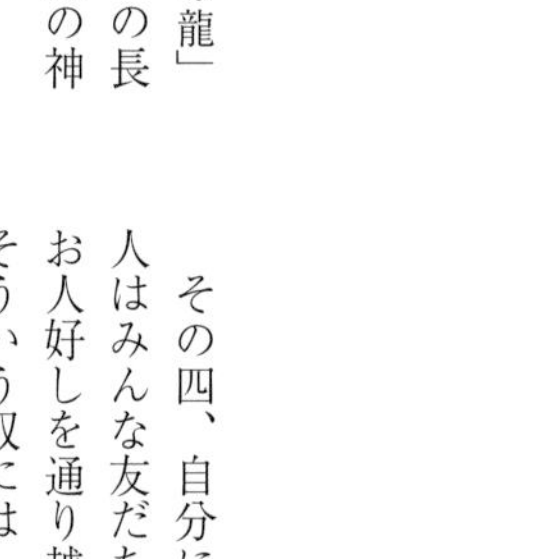

ルーネ文字

オーディンは放浪者である。名を変え姿を変えて——灰色の帽子を目深にかぶり、灰色マントをまとっていることが多い——世界を旅し、さまざまな現実的な処世の知恵を身に付ける。彼はこうも言う。

その六、女にはうんとお世辞を言ってプレゼントすること。ただし、人の女房と不倫はするな。

かつてオーディンは、魔法の酒を手に入れるために女を騙したことがあった。スッツングという巨人は、それを飲むと流麗な詩句が溢れ出てくる不思議な蜜酒を持っていて、彼の娘グンレズに見張らせていた。オーディンはグンレズに言い寄って口説き落とし、たった三口で蜜酒を全部飲み干すと、鷲に姿を変えて一目散に逃げたのである。神々の長のこのような色仕掛けのペテンによって、詩人の蜜酒はアース神のものになったのだった。

しかし、ビリングの娘の時は、さすがのオーディンも失敗している。女の色好い返事を真に受けて出かけてみれば、兵士が松明をかざして見張っていた。明け方まで待って娘の部屋へ行けば、ベッドに寝ていたのは縛られた雌犬。騙されたオーディンに向かって、女は悪態のつき放題。神々の長は、カッコ悪くも女の罵声を背中に浴びて退散するしかなかった。

しかし、ペテン的詐術と色事にばかり浮き身をやつしているわけではなく、オーディンは、太古の知恵を得るために隻眼となり、自らに苦行を課している。

巨人族は、神々よりも古い世界最古の種族だけあって、さまざまな太古の知識を持ち、未来をも見通し、魔法にも長けている。その巨人族にミーミル（「考える人」の意）という賢者がいた。ヨツンヘイムに伸びた宇宙樹の根元に湧く知恵の泉の持ち主である（九六頁の図参照）。オーディンは自分の片方の眼を差し出して、知恵の満ちたこの泉の水を、やっと一口だけ飲むことができたのだった。

オーディンはまた、九夜の間飲まず食わずで宇宙樹に吊り下がり、我と我身を傷つける苦行の極限状態の中で、ルーネという魔法の文字を見い出した。例えば〈↑〉は「チュールのルーネ」と言い、戦の勝利をもたらし、〈þ〉という「スルスのルーネ」は女を病気にする力を持っている。これらの文字を武器や木片に彫り付けると本当にそういう現象が起こるのである（『エギルのサガ』にルーネによる病気の典型例がある）。更には、一睨みで相手の剣をなまくらにするような魔法も身に付ける。

人間にとっても、オーディンの加護はしばしば気紛れであった。この運命の神は、昨日までの被保護者を突然裏切り、敗北と戦死を与えることを躊躇しなかったからである。

黙れ、オーディン。勝利を人間たちに公平に分けてやることもできぬくせに。勝利を与えるべきでない臆病者に、お前はよく勝利を与えたっけな。

（「ロキの口論」22）

ゲルマン

トール伝説

トールは、オーディンの息子である。彼が二頭の山羊に引かせた車で空を行くと、ごろごろと大音響が響き、岩が燃える。それが雷鳴――ドイツ語のDonner《ドンナー》――であり、稲妻である。

　彼は父に似ず、ペテン的な策謀を弄したりはしない。というより、もともと口論したり、相手を言いくるめたりすることが苦手なのである。直情径行で、すぐにカッとなって相手に立ち向かっていく一本気な性格である。古代北欧には〈ベルセルク〉(「熊の皮」の意。狂暴戦士)という、戦いになると激怒に駆られて熊のような超人的な力を発揮するタイプの戦士がいるが、トールにはいわばその原形のようなものがある。だから、城壁修理の報酬をめぐってもめた時も、巨人の建築師にごちゃごちゃ言わせる前に、トールがそのハンマーで巨人の頭を打ち砕いてしまったのだった。

　このハンマーが、トールの最大の武器である。〈ミョルニル〉(粉砕者)と呼ばれ、一発必中、しかもどこへ投げても必ずブーメランのように手元にもどってくる。堂々たる巨体に力が二倍になる帯をしめ、〈ミョルニル〉を振るって、トールは巨人と戦う。巨人の住むウトガルズまで出かけていくこともしばしばある。アースガルズとミズガルズは彼ひとりで守っているようなものである。

　だが、トールはそのまっすぐな性格のために、巨人に騙されることがよくあった。ウトガルズでそこの王ロキ――神々の仲間のロキとは別人。ウトガルズのロキと呼ばれる――と競い合った時がそうだった。酒の飲み比べでは、細長い角杯の先が海につながっていたため、杯を空にすることができなかった。力比べでは岩のような〈老齢〉の化身と取っ組み合いをさせられて片膝をついてしまい、猫を持ち上げたつもりが、実はミズガルズを取り巻く大蛇を引っ張り上げていた。いずれも、ウトガルズのロキが魔法でトールの五感を欺いたのである。巨人の王はトールを腰抜け呼ばわりしたが、その実、海水を飲み干し、神でも人でも誰もが勝てない〈年〉をねじ伏せ、大蛇を持ち上げたトールの底力に、心の中では恐れおののいていたのだった。

巨人に撃ちかかるトール

こんなトールが巨人のために一番ひどい目にあったと思ったのは、彼の〈ミョルニル〉を盗まれた時であったろう。そのためにトールは女装させられて、危うく巨人の男と結婚するところだったのだから。

この時、まんまと〈ミョルニル〉を盗んだのは、巨人の王スリュムであった。トールの眠っている間に盗っていったのである。「人もあろうに、巨人どもの頭を数限りなく打ち砕いてきたこの俺の館に忍び込んで〈ミョルニル〉を盗んでいく奴がいるとは!」。目が覚めてこのことに気づいたトールは猛烈に怒り、あの悪知恵の働くロキの所に飛んでいった。ロキはフレイヤから羽衣を借りると世界を飛び回り、巨人の国でスリュムがトールのハンマーを持っているのを知った。しかもスリュムは言ったのだ。「美しいフレイヤを連れて来なければこれは返してやらないよ」――いつの世も富と美女を求める男心は同じである。

トールとロキはさっそくフレイヤのところへ行き、スリュムの花嫁になってくれるよう頼んだ。美しいフレイヤは烈火のごとく怒り、その胸につけていた首飾りが吹っ飛んでしまった。「私はそんな色気違いじゃないわ!」。

すると、ひとりの神が「では、トールに花嫁衣装を着せて巨人をだまそう」と言し出した。「俺が!?」。面食らったのはトールである。だますと言っても、彼は山をも凌ぐ体躯を持ち、眼光は炎のように鋭く、ひげづらである。しかも、ウトガルズで証明したように、大食らいの飲んべえなのだ。

トール「わしが花嫁衣装などまとったら、アース神たちから女みたいだといわれよう」

ロキ「そんなことといっちゃいけない。トール。槌をあんたが取り戻さなかったら、すぐに神々の国に巨人たちが住むようになるだろう」
（「スリュムの歌」17、18）

しかたなくトールは花嫁のベールをかぶり、侍女に化けたロキを従えて巨人国に赴いた。スリュムはぎょっとして後ずさった。「こんな大酒飲みで大食らいで恐ろしい眼をした花嫁はいないぞ」。驚く巨人の王を、トールはロキの機転に助けられて討ち殺し、自分のハンマーを取り戻したのだった。

ワーグナーにも、ドンナーが巨人にハンマーを振り上げる場面がある（『ラインの黄金』第一幕第二場）が、トールのキャラクターの特徴は、その豪胆さと朴訥な誠実さである。父オーディンと違い、策を弄するより先にハンマーを振り上げるトールの態度は、確かに粗野で荒々しいかもしれない。が、その大胆さと率直さはむしろ高貴なものとされて、全ゲルマン的に広く人々に崇拝された。九世紀のノルウェーに生きたソーロールブ・モストラスケッグ（モスト島の髭男ソーロールブ「「トールの狼」の意」）は、アイスランドに移住するときトールを刻んだ柱を海中に投じ、それが流れ着いた所に居を定めた。そこをソールスネス（トール岬）と名付け、神殿を立てて篤くトールを尊崇したのである。

ゲルマン

シグルズの誕生と竜退治――ニーベルングの宝1

シグルズは古代ゲルマンの英雄の中でも最高の勇士である。ドイツ語ではジークフリートと呼ばれて『ニーベルンゲンの歌』（中世ドイツ語の叙事詩）の主人公になっている。

シグルズは、オーディンの血を引く名門ヴェルスング家に生まれながら、他家に養われて育った。そして最後は、妻の兄達に謀られてだまし討ちにされる。この若き英雄にこのような非業の運命をもたらした最大の原因は「破約」である。「破約」こそは、人の子の人生に割って入る恐ろしい〈ノルン（運命の女神）の定め〉――死の運命への転換であった。

事の起りは、オーディンとロキがアンドヴァルという小人の黄金をだまし取ったことだった［破約①］。小人は悔し紛れに呪いをかける、「その黄金を手に入れた者は必ず死ぬ」と。この呪われた宝を手に入れたのは、まずファーブニルとレギンの兄弟だった。が、独り占めをねらったファーブニルがレギンを追い出し［破約②］、自分は竜になって宝の上にとぐろを巻く。一方、追い出されたレギンの方は、デンマークのヒャルプレイク王の鍛冶師となるが、そこでシグルズの養い親に選ばれるのである（ワーグナーでは、アンドヴァルの宝が「ラインの黄金」で、呪いをかけたのはアルベリヒである。ファーブニルはアースガルズの城壁を築いた巨人の二兄弟のひとりで、弟を殺して築城の報酬である呪われた「ラインの黄金」を独り占めする。竜になって黄金を守る点は同じである）。

さて、シグルズの父親シグムントは過酷な運命を生き抜いた人物であった。双子の妹シグニィの夫シッゲイルに裏切られて捕えられたが［破約③］、妹に助け出され、森に隠れ住んだ。その間、魔法で姿を変えたシグニィを妹とは知らずに抱き、一子シンフィヨトリを得る。シンフィヨトリが成長すると、シグムントは息子と一緒にシッゲイルを滅ぼすが、その時シグニィを失ってしまう。

その後、エイリミ王の娘で佳人と謳われたヒョルディースに求婚し妻に迎えたが、彼女に断られたもうひとりの求婚者フンディングの息子リングヴェに攻められ、さしものシグムントも命を落としてしまう。リングヴェに味方したオーディンの槍が彼の剣を真っ二つに折ってしまったからだった。ヒョルディースは必死に森に逃れ、そこでデンマークの王子アールブに助けられ、妻となる。しかしその時、彼女は身籠っていた。それがシグルズである。ゲルマン最高の勇士は、こうして母親のお腹の中にいるうちに父を殺され、他家で生を受けたのである。そして、レギンにあずけられて成長する（ワーグナーでは、双子の兄妹の名はジークムントとジークリンデで、二人の息子がジークフリートである。ジークリンデはフンディングの妻で、そこへ逃げ込んできたジークムントと兄とは知らずに出会うが、兄妹と分かっても愛しあう）。

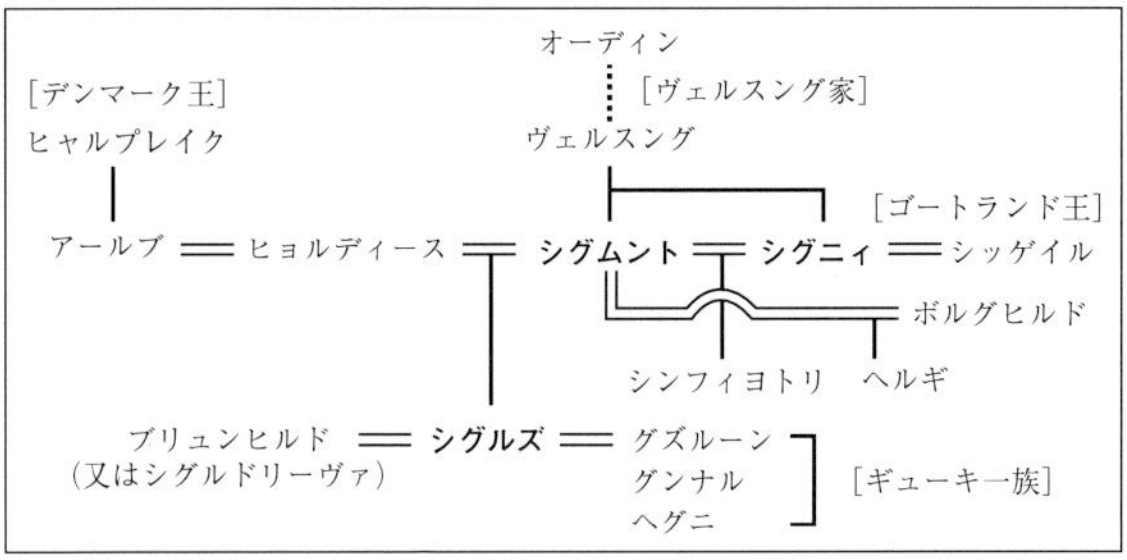

人物関係図

類なく勇敢に成長したシグルズを見て、レギンはこの養い子を騙して竜の兄を殺させた。そのあと兄の仇としてシグルズも殺し、例の呪いの黄金を手に入れようとする「破約④」。だが、殺した竜の心臓を炙《あぶ》ってその血を口に含んだ途端、シグルズは鳥の言葉が解るようになる。

「あそこにレギンは横になって思案しているよ。信じ切っている若者を罠にかけようと思って。……」
「あの老いぼれ賢者（レギンのこと）の首を刎《は》ねて冥府にやってしまったらいいのにな。そうしたら、ファーブニルの守っていた莫大な黄金は全部独り占めすることができるのに」

（「ファーブニルの歌」33、34）

「山の上に一人の戦いの乙女が眠っているのをわたしは知っている。そのまわりには、菩提樹を滅ぼすもの（火）が燃えさかっている。ユッグ（＝オーディン）が茨で刺したのです。彼が望んだのとは別の者を乙女が倒したので」

（同43）

シグルズはレギンを殺し、ファーブニルの莫大な黄金を手に入れる。だが、それと共に恐ろしい呪いをも同時に背負い込んだのだった。フィンダル山で、彼は小鳥の言葉通り、炎に囲まれて眠っていた戦いの乙女ブリュンヒルドを目覚めさせ、愛を誓う。しかし、この愛人こそが、シグルズを破滅させる「破約」の元凶になる。以前、彼が母の弟グリーピルのもとを訪れた時も、未来を見通すこの叔父は言った。

「では、シグルズ、……わたしが決して嘘いつわりを申していないことはとくと信じてもらいたい。ある日、そなたは死ぬさだめなのだ」
「王よ、そなたは他人のごまかしに乗せられる。……」

（「グリーピルの予言」25、33）

道は、ラインの南・フランケンを示していた。「運命には勝てない」と言って、シグルズはその道を進んでいく。

ゲルマン

シグルズの死とギューキ一族の滅亡

――ニーベルングの宝2

シグルズはフランケンの王ギューキの所にやってきた。ところがそこで〈忘れ薬〉を飲まされたため、ブリュンヒルドのことを忘れ、ギューキの娘グズルーンと結婚［破約⑤］、その兄弟グンナルとヘグニに〈血盟兄弟〉の誓いを立ててしまう。更に、魔法を使ってグンナルの姿になり、本人に代わって炎を越え、ブリュンヒルドを得る［破約⑥］。だがブリュンヒルドには指一本触れずに夜をすごした（しかし別の話では、記憶を亡くす前の最初の逢瀬でふたりには娘が生まれている。ワーグナーでの名前はそれぞれギービッヒ、グートルーネ、グンターである。ヘグニに当たる人物はいない。神話ではギューキの王妃が魔法使いで、忘れ薬も姿変えの魔法も彼女の力だが、オペラでは「隠れ頭巾」で姿を変える）。

ブリュンヒルドはシグルズ以外の男がやってきたことに愕然としたが、炎を越えた者を夫とするという自らの誓いを守り、しかたなくグンナルの妻となる。が、ある時、結婚の計略を知らされ騙されたとわかると、シグルズとギューキ一族に猛烈な恨みを抱き、彼女になじられたグンナルも、男の屈辱感と「こうなったのもシグルズのせいだ」という思いから、妹の夫に殺意を抱くのである。

ブリュンヒルド「何の喜びもなく、夫もなく、こうしてわたしは歩いている。この恨みはきっと晴らしてやる」

グンナル「ブズリの娘ブリュンヒルドは、わしにとり、何物にもかえがたい大事な宝だ。……シグルズを欺いて、その宝をとってはくれまいか。ラインの黄金を手におさめ、楽しみながらその財宝を意のままにし、いながらにして幸福を味わうのもよいものだ」

ヘグニ「そのようなことをして、いったん誓った誓い、いったん誓った信義を剣で破るのは、わたしたちにふさわしいことではありません」（「シグルズの短い歌」9、16、17）

シグルズの殺害

グンナルにはもうひとり弟がいて、血盟の誓いを立てていなかったので、この弟にシグルズを殺させてしまう。こうして、豪胆で誠実な勇士は無防備で横になっているところを不意討ちされた［破約⑦］。そしてブリュンヒルドも自殺し、シグルズとともに焼かれたのであった（ワーグナーのオペラはここで終わる)。

古代ゲルマンでは「誓い」を守ることは何よりも重要であった。特に、互いの傷口から流れた血をその足跡に流し込む〈血盟兄弟〉の絆は、実の血族のそれと同等の強固さを持つ(ワーグナーでは、ジークフリートとグンターが互いの血を葡萄酒に混ぜ、それを飲み干して誓いを立てている)。ブリュンヒルド獲得に出発する時、オペラのグンターは〈Wie《ヴィー》 willst《ヴィルスト》 du《ドゥー》 sie《ズィー》 täuschen《トイシェン》?(どうやって彼女をだますのか)〉と言うが、この〈täuschen〉によってシグルズとブリュンヒルドの誓約が破られた時、それが次の破約の母体となってシグルズとグンナルの〈血盟〉の誓いが破られ、破約は破約を生んで、遂にギューキ一族全滅の事態を引き起こすのである。

ブリュンヒルドの兄はアトリと言った。グズルーンは、シグルズの死後、妹の死を恨むアトリとの和解のため彼に嫁がされる。だが、恨みを忘れぬアトリは、シグルズの黄金を手に入れようと企み、妻の兄弟グンナルとヘグニを自分の所におびき寄せて惨殺してしまう〔破約⑧〕。ヘグニは、高笑いしつつ生きながら心臓をえぐり取られた。その血塗れの心臓を目の前に見せつけられながら、蛇牢に入れられたグンナルは、竪琴をかき鳴らしつつ蛇に咬まれて落命する。

「アトリ、お前はわしの宝を見ることはかなわぬ……。
ニブルングの宝は、ヘグニが死んだ今、このわし以外の
すべての者に秘められておるのだ。
ライン河よ、神々の末裔たるニブルング族の遺宝、争い
の因なる黄金をおさめよ」

(「グリーンランドのアトリの歌」26、27)

この時グズルーンは、かつて夫を殺されたものの、やはり血のつながった兄なので彼らを救おうとするがかなわず、アトリに対し、息子の肉を食わせるという恐ろしい復讐をする。

この北欧のアトリとグズルーンは、ドイツの『ニーベルンゲンの歌』ではエッツェルとクリームヒルトとなるが、彼女の残忍さはグズルーンの比ではない。アトリ＝エッツェルは実在の有名なフン族の王アッティラである。ブルグントの王女クリームヒルトがアッティラに嫁ぎ、そこに実家の一族を招くまでは同じだが、クリームヒルトは自ら剣を振るって兄たちを全滅させ、夫ジークフリートの復讐を果たすのである。そして彼女自身も、そのあまりの残忍さゆえに殺されてしまう。

民族大移動期の過酷な史実に古代の英雄伝説が結びついたこの叙事詩には、〈文化的洗練によっても摩滅しない民族性の根元的な力〉(手塚富夫著『ドイツ文学案内』岩波文庫)がある。さまざまな予兆が破滅を示す。登場人物たちはあらゆる予兆を無視し、強い意志と豪放な精神をもって行動する。が、その行為は多分に利己的・策略的で、逆に酸鼻を極める事態を次々と引き起こし、累々たる屍の横たわる悲劇をひたすらに目指すのである。

ゲルマン

運命の力——ヴァルキューレとノルン

　避け難い破滅の運命——これこそがゲルマン神話を貫く基本潮流である。古代ゲルマン文学の構成的特徴は、最後には死ぬということが本人にあらかじめわかっていて、その通りに破滅することである。その運命はさまざまな予兆によって示される。賢者（未来の見える者のこと）や、水の精・小鳥などの予言や不可思議な前兆などで。それなのに人は考えを変えず、行動を止めず、その道を進み、非業の死を遂げる。〈ラグナレーク〉の神々も、シグルズもギューキ一族も、皆そうである。

慈悲と破滅をもたらすヴァルキューレ　このような運命の力を支配するのは、すべて女性である。シグルズを破滅させた愛人ブリュンヒルドは、もとはシグルドリーヴァという〈ヴァルキューレ〉（戦乙女。「戦死者を選ぶ者」の意）である。オーディンに仕え、武装して馬にまたがり、地上の戦死者をヴァルハラに運ぶのがその本来の役目である（ワーグナーの『ヴァルキューレ』第三幕第一場にこの場面がある。山頂に集ったヴァルキューレたちが「あなたが馬の鞍に乗せてきたのは誰？」「ヘーゲリング一門のジントールよ」などと話している。ここでのブリュンヒルデはヴォータンの最愛の娘で、ヴァルキューレ姉妹の長女である）。あるいは、人の首を錘に、人の腸を糸にして、恐ろしい運命の織物を織ることもある（『ニャールのサガ』157）。

　一方、人間の王女もヴァルキューレと呼ばれることがある。この場合は、英雄の恋人となって戦の時に男を守護する存在なのだが、しかし、この種の運命の女との恋は常に悲劇に終わる。なぜなら、ヴァルキューレは愛人を若くして非業のままに死なせ、実家と婚家の一族を戦わせて全滅させる元凶ともなるからである。この意味では、『ニーベルンゲンの歌』のクリームヒルトも立派なヴァルキューレの末裔である。

　この例で最も有名なのは、〈フンディング殺し〉のヘルギの愛人シグルーンであろう。このヘルギはシグルズの異腹の兄で（一〇五頁の人物関係図参照）、十五歳のとき仇敵フンディングを討ち果たし、勇名を轟かす。戦い終わって休んでいると、空から、閃光とともに、武装して馬にまたがったシグ

ヴァルキューレ（ディーリッツ作）

ルーンが現れる。彼女はヘグニ王の娘で、ヘズブロットという男と婚約させられたが、これを嫌い、ヘルギの愛顧を求めてきたのだった。ヘルギは女の願いを受け入れるが、それは、当然、シグルーンの婚約者と親兄弟を敵にまわして戦うことを意味する。そして恐ろしい戦いが起こり、ヘズブロット一族は全滅、シグルーンの身内も、弟のダグひとりを除いて全員が死んだ。

あなたの一族の者はほとんど屍に変り果てて地上に横たわっている。戦になれていないあなただが、王たちの争いの種になるとは、これも運命だな。
元気を出しなさい、シグルーン。……王たちだとて運命には勝てぬ。（「フンディング殺しのヘルギの歌」Ⅱ 28、29）

ヘルギは、このような近親間の争いも運命であって、シグルーンのせいではないと言う。が、この運命はヘルギにも厳しかった。復讐を誓ったダグにオーディンが自分の槍を貸し与え、その槍がヘルギを貫いたのである。オーディンが自分の血を引くヘルギを深く愛し、ヴァルハラに呼んだのだった。シグルーンも悲嘆のあまり間もなく死ぬ。このように、神と人間、愛憎と策謀が因果的に絡み合って血族・姻族が殺し合い、皆死んでいくのが、古代ゲルマンの英雄伝説なのである。

出生時に決められる運命　ヘルギの物語には、〈ノルン〉というもうひとつ別の運命の女神が登場する。

屋敷に夜が訪れると、運命の女神《ノルニル》たちがやってきて、尊い生れの者に、その場で運命を定め、この者が名だたる君主になり、ならびなき王と仰がれるようになるよう決めた。
（「フンディング殺しのヘルギの歌」Ⅰ、2）

ノルン（複数形ノルニル）は、このように人の誕生時に姿を現わし、運命の糸を紡いでその子の一生を決定する。が、その裁決は、ヘルギの最後のように「死の定め」――それも不慮の死、非業の死であるのが普通である。

ノルナゲスト（「ノルンの客」の意）の生まれた時も、三人のノルンがやってきた。最初のふたりはさまざまな良い贈り物をしてくれたが、三番目は、赤子に近づこうとした人たちに突き飛ばされて転んだことに腹を立て、「揺籠のそばで燃えている蝋燭が燃えつきる時、この子も死ぬ」と言った。その蝋燭はすばやく隠され、彼が大きくなって後母親から手渡される。再びそれが燃やされた時、ノルナゲストは三百歳であった。

『古エッダ』では、特にウルズ、ヴェルザンディ、スクルドという三人のノルンが、神々をも越えて宇宙の命運を決する。巨人国ヨツンヘイムに張り出した宇宙樹の根元に〈ウルズの泉〉が湧き出ていて（九六頁の図参照）、この三人の女はそのほとりに住み、樹が枯れないように水を注ぐ。平和なアースガルズに破滅の運命を持ち込むのは、この〈狂暴な巨人の娘ら〉なのである（オペラでは『神々の黄昏』序幕で、三人のノルンが運命の糸を紡いでいる。すでに泉は涸れ、宇宙樹は切り倒されている）。

ゲルマン

幸運の力――フュルギヤとディシール

しかし、こんなひどい運命ばかりではたまらない。幸運を守ってくれる女神もちゃんといて、〈フュルギヤ〉（守護女神。「つき従う者」の意）と言う。

グルームとハルフレッズの前に現れた大女　アイスランドのグルームという男が、山ほどもある大女が海の彼方から彼の所にやってくる夢をみた。ノルウェーにいる祖父が死んで、そのフュルギヤが彼の所に移ってきたのだった。

また、〈気難し屋〉と仇名された詩人ハルフレッズ・オッタルスソンは、ノルウェーからアイスランドへの船旅の途中で病気になった。すると、波の上を鎧を着た大女が歩いてくるのが見えた。詩人はそれが彼のフュルギヤで、まもなく自分が死ぬのを悟る。大女はハルフレッズの息子に「自分を引き受けるか」と尋ね、息子が承知すると姿を消した。

フュルギヤがヴァルキューレやノルンと違うのは、特定の個人の所有物だということである。なぜなら、彼女が保障する「幸運」――〈ハミンギヤ〉という――は、所有者個人の人品骨柄の総体であると考えられていたからで、従って、人柄優れた豪胆な指導者のフュルギヤはたくましい大女である。そしてハルフレッズの場合のように、有力な一門は一族のフュルギヤを持ち、それは代々の当主に相続されていく。

これが、古代北欧人の自負心である。彼らは、人知を越えた深い運命感を抱く一方で、自らの内的資質に基づく「幸運《ハミンギヤ》」と「守護女神《フュルギヤ》」を強く意識し、自己とその一門を誇った。彼らの見せる強烈な意志とエネルギーは、まさしくこの自負心のなせる業であり、自己のゲルマン的発露である。ただ、この「守護女神」が姿を見せるのが所有者の死の時だというのが、いかにも運命論的である。

守護女神に殺されたシズランディ　これら運命の女神は、しばしば〈ディシール〉（女たち）と総称される。本来は安産守護の存在であったが、例えば、〈オーディンのディシール〉と言えば、ヴァルキューレのことである。実際ディシールは、戦闘に介入して、しばしば保護すべきはずの人に不慮の死を与える。ディシールの不実なる裏切りである。

一族の守護女神フュルギヤもディシールと呼ばれる。ところが、このディシールに逆に殺されてしまった若者がいた。アイスランドのある秋の夜更け、寝静まった屋敷のドアを叩

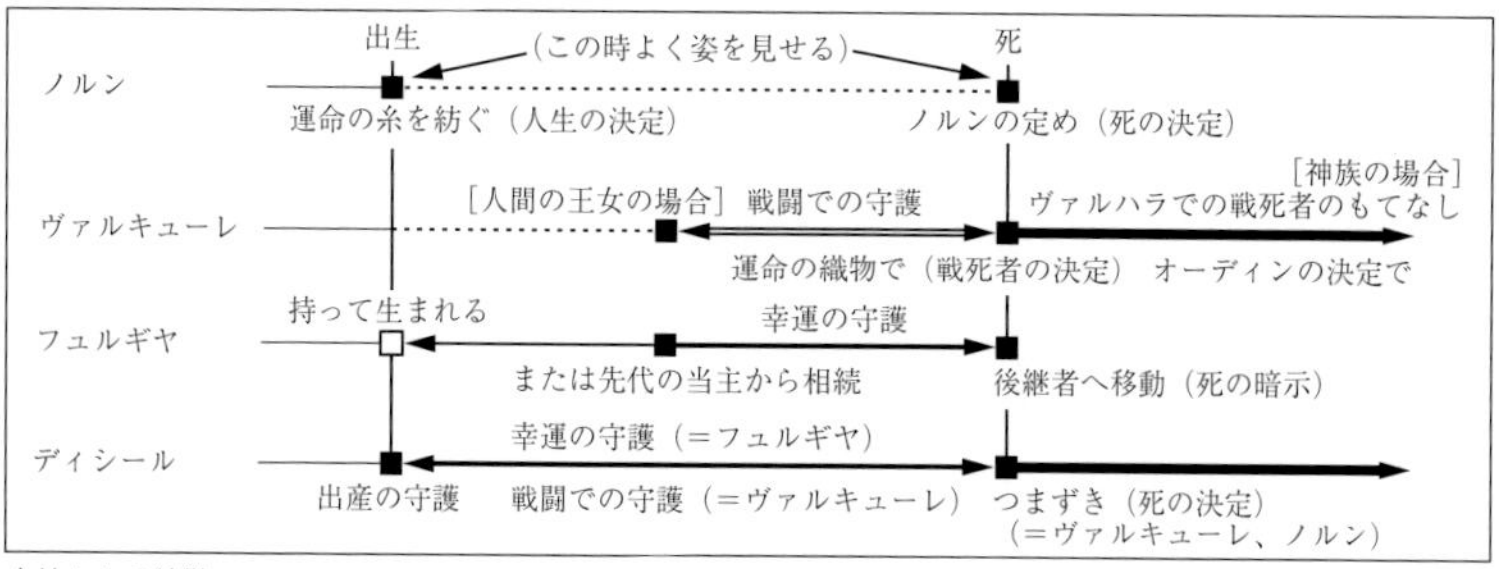

女神たちの特徴

く音がした。この屋敷の息子シズランディが外に出てみると、黒衣の女が九人、反対からは白衣の女がやはり九人、抜き身の剣をかざして馬でやってくる。黒衣の一団はみるみる近づき、シズランディは切りつけられて絶命した。その後まもなくアイスランドにキリスト教がやってきた。この物語の作者は、女たちはシズランディの一族のフュルギヤで、黒は古い習慣の、白は新しい信仰のディシールだったと語っている――。

総じて、これら運命の女たちの力は破滅の方向に向かって働くが、人の子を、あるいは破滅させ、あるいは守護する彼女たちの特徴は何であろうか。まず、彼女たちは数人の集団で現れるが、その場合、しばしば〈姉妹〉だとされる。もちろん、血のつながった実の姉妹ではない。また、ヴァルキューレは男性と愛情関係を結ぶ。これができるのは運命の女の中でもヴァルキューレだけであるが、この時のふたりが〈兄〉〈妹〉と呼ばれるのである。

ギューキ一族のグズルーンを見ればわかるように、古代ゲルマンの兄妹の絆はまことに強い。対する婚姻関係は、妻の実家の一族をだまし討ちにするような信用ならないものである。この〈兄〉〈妹〉という呼び方には、恐らく、身内の兄弟姉妹のようなつき合い――決して裏切られることのない確かな関係が託されているのではないかと思う（古代日本語の「妹《いも》」に似ている）。

同時に、運命の女性は、男にとって〈母〉でもある。ある女性がひとりの男児を自ら養育し、その子が長ずると彼の愛人になって守護するというもので、例えば、デンマークのハディング王は、巨人の娘ハルズグレイプに養育され、やがて彼女を愛人にする。女はどこにでもついて行き、ハディングを守ってやるのである。

言うなれば、運命の女たちは〈姉妹にして母なるもの〉である。出生時に決められるのが運命であるならば、運命とは〈母〉が生むことによって創り出され、人の子に与えられ、〈姉妹〉によって護られるべきものである。女性は、運命の母であり、害する時には非情であるが、護る時には身を賭してそれを行う、運命の守護者なのである。

ゲルマン

ふたりのノルウェー王の物語

古代ノルウェーの王家を〈イングリング家〉という。王家の起源というものは神に由来することが多いが、〈イングリング家〉も初代はオーディン神で、ウプサラに発する。以後、二代イングヴェ・フレイ、三代フィヨルニル……と続き、途中デンマーク人に王位を横取りされたりしながら、九世紀になって、遂にノルウェー全土を統一する王が出る。

ハラルド美髪王　その王がハラルドである。当時のノルウェーは、地方に力ある大農場主が自立していた。王家に属するとは言え、ハラルドの父——黒髪だったため〈黒のハールブダン〉と呼ばれる——の所領も、すでに微々たるものになっていた。冬のある日、宴会に招かれての帰り道、ハールブダンはフィヨルドの氷を渡ろうとして、氷が割れて溺死する。その日は冬にしては暖かく、太陽の熱で氷に穴が開いていたが、その上に深い霧がかかっていて見えなかったのだった。「その治世は今までのどの王よりも実り豊か」と言われた王の、四十歳の不慮の死であった。

こうしてハラルドは、わずか十歳にして王位を継いだ。この幼い田舎大名を潰そうと周囲の実力者は、はさみ討ちを企むなどして戦いをしかけるが、ハラルドは、若年ながらも、叔父の助けもあって、機敏に行動して相手を撃破していく。

青年になった時、ハラルドはハルダンガを領するエイリークの娘ギューザに求婚した。ところが、姫の返事は驚くべきものだった。「私に求婚するのだったら、そんなちっぽけな田舎大名ではなくて、ノルウェー全土の王になってからにして下さいな」。それを聞いてハラルドは誓う。「全土を平定せぬうちは、決して髪を洗いもとかしもするまい。さもなくば死あるのみ」　以後十年、ハラルドは奮闘して連戦連勝する。そして八七二年、ハブルスフィヨルドの海戦の勝利を以て、ついに他の大豪族は彼の前に沈黙したのである。

この間、彼は本当に、そのブロンドの髪を洗いもしなければとかしもしなかった。そのため〈シラミ頭〉だとか〈もじゃもじゃ頭〉だとか仇名されていたが、ここできちんと髪を整え、一転して〈美髪王〉と呼ばれることになる。地方の一

オーラーブ・トリュグヴァソン王と愛犬ビゲ

領主から成り上がって全国を統一したハラルド〈美髪王〉は、まさにノルウェーの織田信長である。

奴隷から国王になったオーラーブ王　九三三年、八十三歳でハラルドが没すると、彼の子供達（男女合わせて三十余人いた）が王位争いを始める。後を継いだ長男〈血斧〉のエイリークを、弟の〈善良王〉ハーコンが追い出し、それをエイリークの遺児〈灰色マント〉のハラルドが取り返した。だが、このハラルド王は、同名の祖父に比べて格段に勢力が弱かった。彼は各地の有力者を策謀によって粛清していく。まるで漢の高祖・劉邦のようである。この時真っ先に殺されたのが、オスロー地方を治める王の従兄弟トリュグベであった。

トリュグベの息子オーラーブ・トリュグヴァソンは、父が殺された時はまだ母の胎内にいた。生まれてからも〈灰色マント〉の追跡を逃れて放浪し、途中奴隷に売られてしまう。が、ロシア宮廷の知遇を得て有力なヴァイキングとなり、ついにノルウェーの王位に着く。二十八歳の時である。

オーラーブはキリスト教徒であった。実に強引なやり方で彼は改宗を迫った。改宗を拒否する者の口にマムシをこじ入れて、その腹を食い破らせたこともある。オーラーブは有能だったけれども、このような強引さが周囲に多くの敵を作った。即位からわずか五年後の西暦一〇〇〇年、同盟を組んだ敵方との決戦の時を迎える。その日の朝まだき、熱烈なキリスト教徒であるオーラーブの軍を鼓舞したのは、彼に付き従う詩人の吟じた異教時代の古い英雄歌謡――『ビャルキの歌』であった。有名なデンマークの王フロールブ・クラキとその戦士たちが、謀られて討たれる様子を歌ったものである。

ヒャルテイ　フロールブ王が、今、倒れられたぞ
フロージの孫なる豪気な王が
さあ、王の戦士は最後の盃を飲み干した
主君に遅れて生き長らえる者など、ひとりもいまいぞ
ビャルキ　すでにわしは、勇士ヒョールトを切り伏せた
奴はこの切れ味鋭い短剣スニルティルの前で倒れた
これこそは、インギャルドの息子アグナルを殺した時、
わしに〈ベズワル〉（熊。「超人的な勇者」の意）の添え名
と戦利品を与えてくれた剣ぞ……
このビャルキはフロールブ王の頭のところに仆れたぞ
さあ、ヒャルティよ、お前は王の足下にこそ倒れよ
この場の戦死者を見た者は、必ずわかるはずだ
腕輪を与えた豪気なかの王の恩義に、我らがどのように
報いたかを
（「ビャルキの歌」筆者訳）

この歌に、皆は奮い立った。王は詩人を誉めた。しかし、この日、スヴォルドの大海戦でオーラーブ王は海に飛び込んで死ぬ。時に三十三歳。そして、歌を吟じた詩人も矢傷を負い、ビャルキとヒャルティのように主君に殉じたのである。

ゲルマン

デンマーク王家の物語

フロージと女巨人の呪い　フロールブ・クラキの家系は、スキョルドを祖とするため〈スキョルドゥンガル〉（スキョルド一門）と呼ばれた。その後裔ハールブダン王の時、ハズバルズ家のフロージに王位を奪われる。しかし、フロージは強力なフュルギヤの持ち主で、外敵をよく退け、その厳しく公正な裁きによって、豊かで平和な時代をデンマークにもたらした。彼の治世は〈フロージの平和〉と呼ばれ、後世にまで長く讃えられた（唐の太宗の「貞観の治」のようなもの）。

ある時フロージは、フェニヤとメニヤという女巨人を捕え、下女にして石臼で粉を挽かせた。くたくたになるまでこき使われて怒った二人は、石臼からフロージの恐ろしい未来を挽き出す。実はこの女巨人は未来が読めたのである。「お前はデンマークの王座も黄金の腕輪もなくすだろう。スキョルド家のハールブダンの子と孫がお前に復讐するのが見えるぞ」

運命はその通りになった。ハールブダン王の遺児フロールブとヘルギを亡き王の親友が匿《かくま》い育て、フロージとその一族は残らず、ふたりの王子に焼き殺されたのである。

フロールブ・クラキとそのベルセルカー　このヘルギの息子が、小柄だったために〈クラキ〉（細枝）と仇名されたフロールブである。名望並びない彼が甥（亡き長兄の息子）にそれを妬まれてだまし討ちにされたのは、すでに語った通りである。

イングランドに攻め入るクヌート大王

彼は、ビャルキとヒャルティを筆頭に、〈フロールブ王のベルセルカー〉と呼ばれる特に勇猛果敢な戦士の一団を持っていたが、彼らが王ともども死にゆく様を歌ったのが『ビャルキの歌』である。その真に北欧的な英雄精神はあまねく人々に記憶され、人々の心を奮い立たせた。それは、キリスト教徒のオーラーブ・トリュグヴァソン王でさえ例外ではなかったのだった。

デンマークのアレクサンダー大王・クヌート　トリュグヴァソン王を敗死させた敵のひとりに、デンマーク王スヴェンがいた。彼は〈老王〉ゴルムの息子であるが、このゴルム王は、ハラルド〈美髪王〉を発奮させた例のギューザ姫が引き合いに出した人物で、デンマークを統一して王国の礎を築いた英主である。後を継いだスヴェンも、偉大な戦士で権勢ある王だった。スヴォルドの戦いの後ノルウェーの三分の一を手に入れると（同盟を組んだ他のふたりと山分けした）、今度はイングランド王エセルレッドと戦う。エセルレッドは逃亡した。

こうして〈イングランド人の仇敵〉と恐れられたスヴェン王だったが、その最後はあっけなかった。ある夜、ベッドの中で突然急死したのである。原因は不明で、神罰だと言われた。この時、息子クヌートはまだ十歳であった（奇しくもハラルド〈美髪王〉が王位を継いだのと同じ年である）。スヴェン王が死んでも配下の者たちはそのままそこに留まっていたが、三年後、クヌートは自らイングランドに向けて出発、リンド島での戦いを皮切りに、住民を大勢殺しつつ南下し、遂に全土を制圧した。

その年の秋、英王エセルレッドが死んだ。周囲は、未亡人になった王妃エンマを娶るようクヌートに勧め、彼はその通りにする（これにより彼のイングランド支配は合法になったわけである）。イングランド王位はエセルレッドとエンマの息子エドムンドが継ぎ、以後、エドムンドとクヌートの戦いが繰り広げられることになる。

イングランド軍とデンマーク軍はスコールステインの平原でぶつかった。エドムンドはデンマーク軍の真只中に乗り込み、義理の父クヌートに剣の一撃を与える。クヌートは盾でかわすが、盾はまっぷたつに割れ、馬が負傷。と、その時デンマーク人が殺到する。エドムンドは戦死したかに見えた。英軍に動揺が走る。無事に姿を現わしたエドムンドが声を限りに叫ぶ——「戦え！」 しかし、もはや無駄であった。

こうして全軍総崩れとなり、破れたエドムンド軍はテームズ河畔の城塞ルンドゥナボルク（＝ロンドン）に逃げ込んだ。エドムンドは三人の兄弟と共にこの城市を防衛する。クヌートはその前に陣をしき、海からは、義兄エイリーク侯が船隊を率いてテームズ河を上ってくる。結局、エドムンド王は殺され、その兄弟は全員イングランドから追放された。

その後ノルウェーも征服して、一〇三五年、クヌートは死んだ。三十七歳の若さであった。十歳で王になって二十七年、そのうち十四年はイングランドの、七年はノルウェーの王でもあった。

クヌートは背が高く、力が強かった。非常な美男子で、少しひしゃげていたけれど鼻筋は通って高く、眼光炯々として、明るい金髪は豊かに波打っていた。物惜しみせぬ気質で、常に勇猛果敢に戦い、勝利に恵まれた偉大な戦士であった。何よりもすべてにおいて〈幸運《ハミンギャ》〉に恵まれていた。ハラルド〈美髪王〉も「ハミンギヤを山ほど持っている」と言われ、これこそは、「軍勢の指揮者」の重要な条件だったのである。

偉大なクヌートの一門は特に〈クニュトリンガル〉と呼ばれる。〈美髪王〉がノルウェーの織田信長なら、クヌートはデンマークのアレクサンダー大王だと言えるであろう。

アングル『オシアンの夢』(部分、アングル美術館蔵)

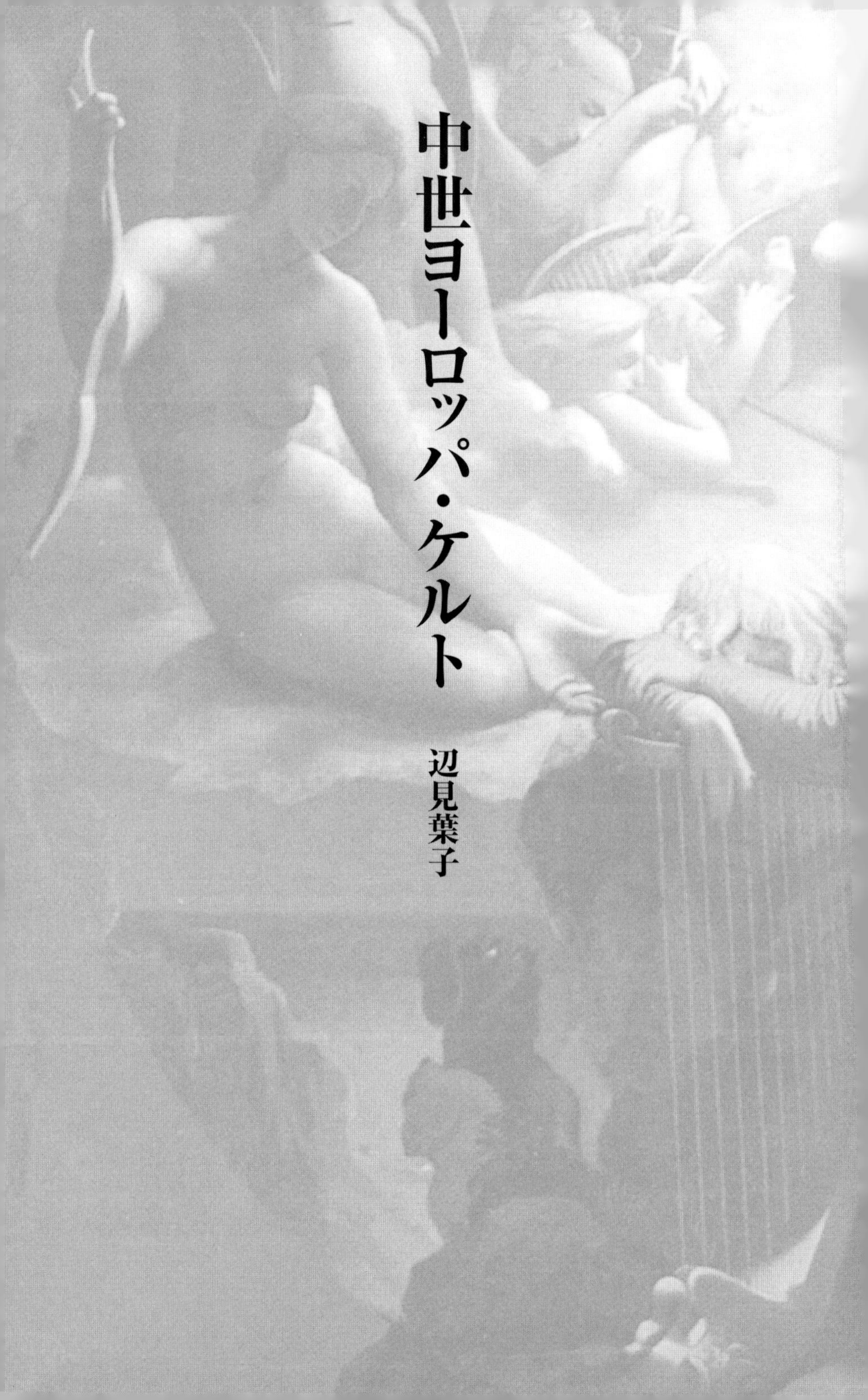

中世ヨーロッパ・ケルト

辺見葉子

中世ヨーロッパ・ケルト

マグ・トゥレドの戦い

トゥアタ・デー・ダナンは、『アイルランド来寇の書』によれば、第五番目にアイルランドに侵攻した種族である。彼らは、北方諸島でドルイドの術や呪術を磨き上げ、四つの都市から四つの宝を携えてアイルランドへ来寇した。ファリアスからは、正当な王位継承者が踏むと叫び声を上げるというファールの石、ゴリアスからは、ルグの所有となる無敵の槍、フィンディアスからは、何人もそれから逃れることのできないヌアダの剣、そしてムリアスからは、あらゆる者を満足させるダグダの大釜がもたらされた。

トゥアタ・デーは、フィル・ヴォルグ（当時アイルランドを支配していた種族）の手からアイルランドを奪うべく、大船隊を率いて到来し、浜辺で直ちに船を燃やしたため、黒雲に包まれて上陸した。こうしてトゥアタ・デーとフィル・ヴォルグの間で、マグ・トゥレド第一の戦いが行われた。フィル・ヴォルグは壊滅したが、トゥアタ・デーの王ヌアダも、戦いで片腕を失ってしまった。このためヌアダは退き、ブレスが王位についた。ブレスの母はトゥアタ・デーのエリ、父親はフォウォレ（海の島に住む神族）の王エロタであった。ある日、エリが穏やかな海を眺めていると、かなたから銀の舟がやって来て、黄金の髪に輝かしい身なりの美しい若者が降り立った。二人はその場に身を横たえた。若者は彼女に黄金の指輪を与え、生まれる子供はエオヒド・ブレス（「美しい」の意）と名づけるように言い、再び海のかなたへ去って行った。こうして誕生したブレスは、目覚ましい成長ぶりを見せ、十四歳でトゥアタ・デーの王となったのである。

ブレスが王位に就くと、フォウォレは、トゥアタ・デーに苛酷な重税を課すようになり、トゥアタ・デーの神々も重労働を強いられた。また王の館では、もはやふんだんに食べ物や酒が振る舞われることもなく、詩人や楽人や芸人が楽しみを供することもなくなってしまった。ある日、トゥアタ・デーの詩人カルブレが訪れ、ブレスの粗末なもてなしを受けると、彼を諷刺する詩をうたった。その時を境にブレスは衰弱し、退位を迫られた。彼は母と共に、フォウォレの援軍を求めて海を渡った。

タラの丘に立つ「ファールの石」

一方、ヌアダは、医術師のディアン・ケーフトに銀製の腕をつけてもらい、王位に復帰した。彼がタラの王宮で盛大な宴を催していると、そこにルグが現われた。ルグはフォウォレの母とトゥアタ・デーの父を持つ。すなわち、母エトネは、「邪眼の」バラルの娘であり、父キアンはディアン・ケーフトの息子である。さて、門番は技芸を持たぬ者は通せないと言い、ルグは次々と彼の能力を数え上げる。その都度、門番はトゥアタ・デーにはすでにその達人がいると答える。最後にルグは、一人でこれらすべての能力を持っている者がいるか、王にたずねよと言う。ルグはこうしてタラに招き入れられた。「銀の腕の」ヌアダは、「万能の」ルグに王座を譲り、フォウォレとの戦いの準備がなされた。トゥアタ・デーの首領たちは、ルグにそれぞれ貢献を約束した。一方ダグダは、サウィン（十一月一日）も間近なある日、川を跨いで両岸に足を掛け体を洗っている女と逢い、そこで彼女と交わった。その女とは女神モリガンで、彼女はダグダに戦いに関する予言と指示を与えた。

戦いが始まるとトゥアタ・デーの戦死者は、ただちに泉に投げ入れられた。泉のまわりでは、ディアン・ケーフトと彼の三人の子供たちが呪文を唱えており、戦士は生き返って泉から出て来た。致命傷を負った者も、彼らの呪文で完治した。やがて、フォウォレとトゥアタ・デーの大決戦となり、壮絶な戦いが繰り広げられた。そしてルグと、彼の母方の祖父である「邪眼の」バラルが向き合った。バラルの邪眼は、戦場でのみ開くが、その目蓋を持ち上げるには四人がかりだった。邪眼の毒は、それを見た者の力をたちまち萎えさせる。バラルの目蓋が持ち上げられた瞬間、ルグは、投石器でその邪眼を射抜いた。石はバラルの頭を貫通し、さらに後ろにいた二十七人のフォウォレの戦士を殺した。

戦いの女神モリガンが来て、トゥアタ・デーの戦士たちを鼓舞し、やがてフォウォレは海へと駆逐された。ブレスも捕らえられた。彼は、命乞いの条件として、アイルランドの牛が常に乳を豊富に出すことを提示するが、斥けられる。次に、四季すべてに収穫を約束するが、これも却下される。結局彼は、耕し方、種の播き方、刈り入れ方に関して知恵を授けることで、釈放された。

戦いが終結すると、女神モリガンが現われ、大いなる勝利を宣言した。

＊

フランスの比較神話学者ジョルジュ・デュメジルは、この物語を、第一機能（「聖」を司る）と第二機能（「力」を司る）を併せ持つトゥアタ・デーと、第三機能（「豊穣」を司る）を体現するフォウォレの対立と分析した。フォウォレのブレスが農耕に関する知識、すなわち大地の豊穣を確約する知恵を提供することによって、第三機能を欠いていたトゥアタ・デーは、完全な支配者となったというのである。

中世ヨーロッパ・ケルト

「ミールの息子たち」の到来

『アイルランド来寇の書』の語るところによれば、アイルランドに最後（六番目）に侵攻したのが、現在のアイルランド人の祖先とされる「ミールの息子たち」、すなわちゲール人である。彼らは、ノアの息子ヤペテの子孫で、スキタイの地を故郷とし、エジプトやスペインでの冒険を経て、アイルランドへ到来した。六十五隻の大船隊を率いたミールの息子たちが港に近づくと、トゥアタ・デー・ダナンの神々は上陸を阻もうと、ドルイドの魔法により、港をまるで豚の背のように見せた。ミールの息子たちは島を三周した後、アイルランド南西部の港に入った。最初にアイルランドの地を踏んだのは、ミールの息子で詩人のアウァルギンだった。彼は右足を岸に置くと、次のような詩をうたった。

われは海をわたる風
われは大洋の波
われは海の怒濤
われは力強き雄牛
われは崖の上の鷹
われは露
われは美しき花
われは猛き猪
われは池の鮭
われは平原の湖
われは巧みなる言葉
われは槍先
われは霊感を与える神
……

上陸したミールの息子たちは、シュリアヴ・ミシュの戦いでトゥアタ・デーを破り、またトゥアタ・デーがドルイドの魔術で送りこんで来た巨人の姿をした怪物とも戦った。タラの王宮へ進軍する途上、彼らは三人の女神――バンヴァ、フォードラ、そしてエール――と出会う。女神たちはそれぞれ、自分の名前を国名にすることを願い、アウァルギンはこれを承諾する。女神エールは、アイルランドは永遠に彼らのものとなるだろうと予言した。ただし、エールに敬意を表さなかった長兄のドンには、彼も彼の子孫もアイルランドの地を享受することはないと予言した。タラの王宮では、三人の王が

三人の女神像

もう三日間の猶予を求め、アウァルギンに裁定が委ねられた。彼の裁定とは、九つの緑の波のかなたまで一旦退却し、再び上陸するというものだった。彼らが船で九つの波のかなたの沖に出ると、トゥアタ・デーのドルイドや詩人たちが呪文を唱えて魔法の風を起こし、船はアイルランドからはるか遠くへ流されてしまった。しかしアウァルギンは次のようにうたった。

　われはアイルランドの地に祈る
　豊かな海は流れ
　並ぶ高地は豊かに
　驟雨にけぶる森が並び
　瀑布の流れがしぶきをあげる
　………
　背高き船アイルランド
　アイルランド、聳え立ち緑深き
　………
　われはアイルランドの地を求む

　すると風は凪ぎ、海は静まった。しかしドンが、「さあ、これでアイルランドにいる者すべてを槍と剣の刃にかけてやる」と言うと、ドンの一行が乗っていた船に向かって風が吹き、船は転覆し、彼らは溺れ死んだ。ミールの息子たちは再びアイルランドの地に侵攻した。タルティウの戦いで、トゥアタ・デーの三人の王と三人の王妃が没し、こうしてミールの息子たちがアイルランドを掌握したのである。

＊

『アイルランド来寇の書』は、聖書の枠組みを与えられた、神話的擬似歴史書であるが、キリスト教以前の伝承を豊富に取り込んでいる。

　アウァルギンが、アイルランドの地に初めて右足を置いた時にうたった詩は、ケルトの原型的な詩人の姿を映し出している。「私はすべてのものである」とうたうアウァルギンの詩は、「私はすべての場所にいた」とうたう、ウェールズの原型的な詩人タリエシンによる「変身詩」を彷彿とさせる。ケルト世界において詩人ないしドルイドの社会的地位が高かったことは、古代ケルトに関するギリシア・ローマ人の記述にも見られることだが、アウァルギンやタリエシンの詩は、言葉の呪力そしてそれを掌握する詩人とはいかなる存在かを伝えるものである。

　また、アウァルギンがアイルランドの国土を体現する三相の女神と出会い、彼女たちの名前を国土に冠することを約束するというエピソードも重要である。国土そのものである女神の承諾を得たアウァルギンが、アイルランドの地に直接うたいかけると、風は凪ぎ、国土の支配を許され、反対にドンは拒絶される。国土・大地、およびその豊穣を具現する女神は、国の統治権の象徴でもあり、女神という伴侶ないしその合意を得てこそ、王の支配権は確立しうるのである。

中世ヨーロッパ・ケルト

コンラの冒険

ある日、百戦のコン王の息子コンラが、父王とウシュネフの丘にいると、見なれぬ服装の女が現われた。コンラがどこから来たのかと尋ねると、女は答えた。「私は生者の国から来ました。そこには死も罪もなく、宴がいつまでも続き、争いがなく、私たちは平和を享受しています。すばらしいシー（妖精の丘）が私たちの住処。私たちはシーの民なのです」。「一体誰と話しているのだ」とコンは息子に聞いた。その女の姿は、コンラにしか見えなかったのである。「コンラが話しているのは、若くて美しい、気高い生まれの女、死とも老年とも無縁の女。私はずっとコンラを愛していました。喜び《マゲ》の平原《メル》へ彼を招くために来たのです。そこは涙も悲しみも知らぬ不死の王、ボオダハが治める国。さあ、私と一緒に来てください、バラ色の輝く首をしたコンラよ。私と共に来てくれるなら、その姿は若さと美しさを失うことはないでしょう、最後の審判の日までも」と彼女は言った。

彼女の姿は目に見えなかったが、その言葉を聞いたコン王は、ドルイドのコラーンに助けを求めた。ドルイドは、女の声に向かって魔法の呪文を唱えたので、誰も彼女の声が聞こえなくなり、コンラにも、彼女の姿は見えなくなった。しかし彼女は、ドルイドの強力な呪いに退散する前に、コンラにリンゴを投げてよこした。

コンラは、それからの一ヵ月というもの、そのリンゴのほかは、飲み物も食べ物もとらなかった。そのリンゴは食べても、少しも減らないのである。

コンラのその女への想いは、募るばかりだった。一ヵ月経ったころ、コンラが父と共にいると、再び彼女がやって来るのが見えた。彼女はコンラに向かって次のように言った。「コンラは、暗澹たる死を待つ、生気のない人間たちの間に座っています。永遠の生命を持つ者たちがあなたを呼んでいるのです。あなたはその英雄となるでしょう」。

コン王は女の声を聞くと、ドルイドを呼んだ。すると女は言った。「百戦のコンよ、ドルイドの術になど頼るなかれ！価値がないものなのですから。まもなく正しき者（聖パトリック）が、裁きを下しにこの地へやって来ます。彼の権威は

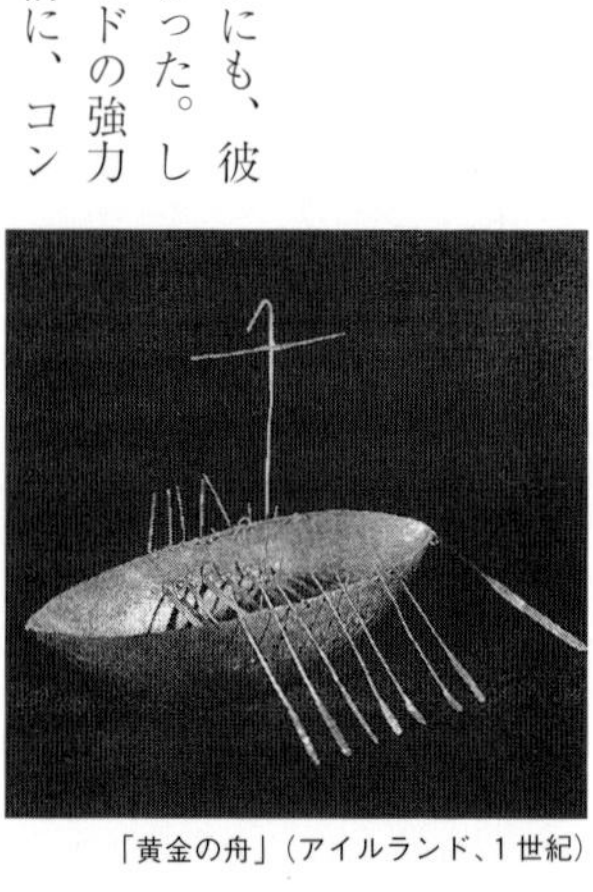
「黄金の舟」（アイルランド、1世紀）

あなたのもとにも届くでしょう。彼はドルイドの偽りを滅ぼすでしょう、黒き魔術を司る悪魔の面前で」。

　コンは、なぜコンラは、女がひと月前に来て以来、誰にも返事をしないのか、いぶかしく思った。「あの女の言ったことの意味がわかったのか、コンラよ」とコンは尋ねた。するとコンラは、「私もつらいのです、この国の人々を愛していますから。しかし彼女への想いが私を囚えてしまったのです」。すると女が言った。

あなたは闘っています
私のこの水晶の舟に乗って
彼らから去って行きたいという願望の高まりと
ボアダハ王の妖精の丘へ行きたいと
その国へ、私たちが着けるようにと願う気持ちと

もう一つ別の国があるのです
そこを訪れるのは悪くない
さあ、日が沈むのが見えます
そこは遠いけれど
夜までには着きましょう

その国へ行く者すべての
心を歓喜させる国
そこにいるのは
女と乙女のみ

　女が話し終わると、コンラは、女の水晶の舟に飛び乗った。人々は彼が遠ざかっていくのを見た。海を渡っていくコンラと乙女の姿は、もうほとんど見えなくなってしまった。その日以来、彼らを見た者はいない。

*

　ケルトの異界は、「女の国」、「永遠の若さの国」、「約束の地」、そして『コンラの冒険』で使われている「生者の国」、「喜びの平原」などと呼ばれている。豊穣なイメージ、不老不死の国、悲しみや争いのない国といった特徴は、古今東西の楽園描写に普遍的なものである。

『コンラの冒険』では、不老不死の国を体現する女と、現世や死すべき運命を象徴する異教のドルイドが対比されている。シーと呼ばれる不老不死の異界の楽園に、明らかにキリスト教的な永遠の生命の教義が重ね合わされ、人間を異界へと連れ去る妖精は、同時にキリスト教の信仰への導き手として描かれている。妖精が人間を異界へ連れ去る物語は数多いが、これらは本来、若者の不慮の死など、理不尽にもこの世から連れ去られてしまった人間の「死」を、永遠の生命をもつ妖精の国での「生」として語ったものであろう。

『コンラの冒険』もこうした物語の枠組みを取ってはいるが、妖精の国での永遠の「生」が、キリスト教の信仰によって与えられる永遠の「生」へと読み替えられる仕掛けを持っている。

中世ヨーロッパ・ケルト

エーダインへの求婚

トゥアタ・デー・ダナンの王ミディルは、養い子であるオイングスの館を訪ねた折りに負傷し、その償いとしてアイルランドで最も美しい乙女、すなわちアリルの娘エーダインを要求した。オイングスは実父ダグダの助力を得て、アリルの課した難題を成し遂げ、エーダインをミディルの花嫁として連れ帰った。しかしミディルには、ファムナハという妻がすでにいた。彼女はドルイドのブレサルに育てられ、魔術に精通していた。ファムナハは、ミディルがエーダインを伴って帰宅すると、エーダインを真紅の杖で打ち、一たまりの水に変えてしまった。やがて一たまりの水は毛虫となり、ついには美しい紫色の蝶となった。それは人の頭の大きさほどもあり、芳香に包まれていた。蝶となったエーダインは、片時も離れずミディルに寄り添っていた。

しばらくしてファムナハは、紫色の蝶がエーダインに他ならないことを嗅ぎ付け、魔法の風を起こして、彼女をミディルの館から吹き飛ばしてしまった。エーダインは、七年の間さまよった後、オイングスの胸元に舞い降りた。

ファムナハの耳に、エーダインがオイングスに愛されているという知らせが届いた。彼女は策をめぐらし、エーダインを再び魔法の風で吹き飛ばしてしまった。

エーダインは、風にあおられ哀れにも弱り切って、とうとうアルスターの戦士エーダルの妻の盃の中に落ちた。そして飲み物と共に飲み込まれ、子宮に宿って生まれ変わり、エーダルの娘エーダインとなったのである。アリルの娘エーダインとして生まれてから、一〇一二年もの年月が流れていた。

さて、エオヒド・アレウ王は、アイルランド全土の王として即位し、エーダルの娘エーダインを王妃として迎えた。エオヒド王にはアリルという弟がいたが、彼はエーダインを見るなり恋に落ちてしまった。しかし誰にも明かさず、一人苦しむうちにやつれ、死期も間近かと思われた。折しもエオヒド王は巡幸の旅に出かけ、エーダインに後を頼んでいった。エーダインは毎日アリルを訪れたが、ある日ついにアリルは想いを告白した。エーダインの介抱で回復したアリルは、残された最後の望みを叶えてほしいと言う。エーダインは、宮殿の外の丘で彼

白鳥模様の皿

と逢う約束をした。しかし、約束の時間になると、アリルは睡魔に襲われ、朝まで眠ってしまう。一方エーダインのもとにはアリルに似た男が来るのだが、病ゆえの衰弱を嘆き、エーダインは帰宅する。同じことが次の日も、またその翌日も繰り返された。三日目、エーダインが、そのアリルに似た男に一体誰なのかと尋ねると、千年以上も昔、彼女がアリルの娘エーダインであった時の夫であるミディルだと言う。アリルを恋の病でやつれさせたのも自分であり、彼を眠らせて彼女の名誉が傷つかぬようにしたのも自分だと言う。しかしエーダインは、見知らぬ者のために、アイルランド王である夫を捨てようとはしなかった。帰宅してみると、ミディルの言ったとおり、アリルの病は癒えており、巡幸から帰ったエオヒドは、彼の留守中にエーダインがしてくれたことに感謝したのだった。

一年ほどしたある美しい夏の朝、タラの丘にミディルが姿を現わした。エオヒド王とチェスの試合をしに来たのだという。最初の三回はエオヒドが勝ち、ミディルは賭けの約束を果たした。二人はもう一度チェスをすることになり、今度は事前に賭けを定めず、勝った者が決めることにした。試合に勝ったのは、ミディルだった。彼が要求したのは「エーダインを腕に抱き、キスすること」だった。エオヒドは、一ヵ月後に来るようにと言った。

約束の日、タラの王宮は厳重な警戒が敷かれたが、ミディルは突然、広間に姿を現わした。ミディルは、いつにも増して美しかった。彼は約束どおり、エーダインに腕を回した。そしてそのまま、館の天窓から飛び去ってしまったのである。タラの周りを二羽の白鳥が飛んで行くのが見えた。エオヒドは、ミディルの館のあるブリー・レトの丘《シー》を掘った。長い間掘りつづけたが、いつも翌日には丘は元どおりに戻ってしまう。しかし執拗な攻撃についにミディルが姿を現わし、それ以上の攻撃を止めることを条件に、エーダインを翌朝返すと約束した。そして翌朝、エオヒドの前にエーダインそっくりの五十人の女が並べられた。エオヒドは、エーダインがアイルランドの誰よりも酒の酌が上手いことから、飲み物をつがせて見分けることに決め、一人を選びタラへ連れて帰った。

それからしばらくしたある日、ミディルがタラに現われ、エーダインは、ミディルが連れ去った時すでに妊娠しており、エオヒドが連れ帰ったのは、エーダインが産んだ娘であることを明かした。エオヒドは、自分の娘を妻にしてしまったことを悲しんだ。しかも彼女は身籠っていたのである。やがて娘が生まれると、エオヒドは言った。「私と、私の娘の娘とが顔を合わすことはないだろう」。二人の家来が、荒野のただ中にある牧夫の家の犬小屋に、赤ん坊を放り込んだ。赤ん坊は牧夫の夫婦のもとで美しい娘に成長し、やがてエダルシュケール王の妻となる。こうして彼女は、悲劇の王コナレ・モールの母となった。コナレ・モール王の物語『ダ・デルガの館の崩壊』は、エーダインの話を枕にして展開される。

中世ヨーロッパ・ケルト

ブリクリウの饗宴

「毒舌の」ブリクリウは、コンホヴァル王とアルスターの人人を招待すべく、壮麗で贅を尽くした館を建設し、一年間かけて盛大な饗宴を用意した。ブリクリウはあらかじめ、ロイガレ、コナル、クー・フリンの三人を一人ずつ訪ね、それぞれに、「あなたこそ、宴会で出される肉の最上の部分、『クラドウィール』を手に入れるに値する真の勇者だ」と言って、彼らの名誉心と闘争心を焚き付けた。饗宴が始まり、肉が供される段になると、たちまち争いが始まった。しかし詩人のシェンハの裁量により、その夜は「クラドウィール」を出席者全員で分けることになった。

　ブリクリウは、次に三人それぞれの妻たちに、「あなたこそ宴会の広間に最初に足を踏み入れるに値する人である。それによって、全女性に君臨するあなたの女王としての地位は永遠のものとなるだろう」と唆《そそのか》した。彼女たちの馬車は、最初に広間に到着しようとして大変な揉み合いを演じ、そのすさまじい騒音に、広間の戦士たちは剣を抜き、互いに殺し合いを始めそうになった。シェンハは扉を閉めさせ、女たちを舌戦で戦わせた。

　三人は、アリルとメーヴの裁定を求めに行った。メーヴ女王は、ロイガレには青銅の盃を、コナルには白色青銅の盃を、そしてクー・フリンには純金の盃を与えた。アルスターの人々は、「クラドウィール」はクー・フリンに与えられたものと認めたが、ロイガレとコナルは、クー・フリンはアリルとメーヴを買収したのだと言い、譲らなかった。

　そこで三人は、クー・ロイの判断を仰ぐことになった。クー・ロイはスキタイに遠征に出かけて留守だったが、クー・ロイの妻は、三人に、夫が帰ってくるまで毎晩交代で要塞の見張りをするように頼んだ。クー・ロイは、地上のどこにいようと、毎晩要塞に呪文をかけ、要塞を石臼のように回転させたので、日没後、入り口は決して見つからないのであった。最初の晩はロイガレ、次の晩はコナルが見張りに立ったが、二人とも、西の海から現われた天つくような巨人に掴まれ、要塞の外に投げ出されてしまった。三日目の晩は最年少のクー・フリンの番だった。彼はまず襲撃してきた敵や湖の怪物

青銅製のイノシシ

を退治しなければならなかったが、巨人が現われると、これも降参させ、三つの願いを叶えることを約束させた。すなわち、アイルランドの英雄の中での最高の地位、「クラドウィール」、妻のエウェルのアルスターの全貴婦人たちへの優越である。巨人はこれらを約束すると、かき消えてしまった。帰宅したクー・ロイは、クー・フリンこそ「クラドウィール」を手にするにふさわしいとの裁断を下した。

三人はエウィン・ワハに戻ったが、「クラドウィール」はなおもクー・フリンには与えられず、この問題は未解決のままとなった。そしてある日、コンホヴァル王の「赤枝の館」の広間に、醜く恐ろしい巨人が入って来た。獣の皮を纏ったその野人の頭上には、巨大な木の枝が広がっていた。その黄色い目は飼い葉桶の倍ほどの大きさ、指は手首ほどの太さがあり、左手には大きな台木、右手には重い斧を持っていた。彼がアルスターの戦士たちに突き付けた挑戦とは、最初に彼が誰かの首を斬り落とし、翌日には彼が首を斬られるというものだったが、ロイガレもコナルもクー・フリンもその場に居合わせなかったため、その条件で挑戦を受ける者はいなかった。そこで、まず誰かがその野人の首を最初に斬り、翌日野人が相手の首を斬るという条件で、ムンレウィルが挑戦を受けた。彼が台木の上の野人の首を斬ると、頭は転がり、館は血だらけになった。野人は即座に立ち上がると、頭と台木と斧を抱えて、まだ首から血を流しながら立ち去った。翌日、野人が戻って来ると、ムンレウィルは逃げ、その後挑戦を受けて立ったロイガレとコナルも同様に、いざ野人に首を斬られる段になると逃げてしまった。一方クー・フリンは、挑戦を受けると野人の首を斬り、それを垂木に投げつけ、さらに斧で打ち砕いた。野人は立ち上がって去った。

翌日、クー・フリンは逃げることなく野人を迎え、台木の上にのせた首を、野人が斬りやすいように一杯に伸ばした。野人は両手で斧を屋根まで届くほど高く振り上げると、クー・フリンの首めがけて降り下ろしたが、それは峰打ちだった。「立ち上がれ、クー・フリンよ」と野人は言った。「アイルランドで武勇、勇気、誠実さにおいて、お前に匹敵する者はいない。英雄たちの中での最高の地位、『クラドウィール』、宴会の広間におけるお前の妻のアルスターの女たちの中での優先権が、確約されるだろう」と宣言して、野人は消えた。野人とは、実はクー・ロイであり、彼は、クー・フリンとの約束を果たすためにその姿でやって来たのだった。

＊

クー・ロイが斧を持った巨人の姿で宮廷に現われ、そこに集う戦士たちに「首斬りゲーム」の挑戦をつきつけるという挿話は、十四世紀の中英語によるアーサー王ロマンス、『サー・ガウェインと緑の騎士』との関係で注目されている。また、「クラドウィール」をめぐる争いは、紀元前一世紀のポシドニウスによる、古代ケルト人に関しての記述と符合する。

中世ヨーロッパ・ケルト

デァドリウ——ウシュリウの息子たちの追放

　アルスター王コンホヴァルの館でのにぎやかな酒宴がお開きになる頃のこと、王の語り部であるフェドリウィドの妻の臨月の腹の中の子が、突然、館中に響き渡るような凄まじい悲鳴を上げた。ドルイドのカトヴァドは予言した。彼女の腹の中に宿っているのは、類いまれな美女であり、彼女のためにアルスターの戦士たちは互いに争うことになるだろう、そしてその子はデァドリウと名づけられ、悪しき運命をもたらすだろうと。女の子が生まれると、カトヴァドはさらに、デァドリウによって引き起こされる悲劇の数々を予言したので、戦士たちは口々に「子供を殺せ！」と言った。しかしコンホヴァル王は、自分が女の子を引き取り育てると宣言した。彼女は、王のベッドに迎え入れられる用意ができるまで、養い親とレヴォルハムという老女の他には、誰の目にも触れないよう隔離されて育てられた。ある冬の日、養父が雪の上で小牛の皮を剥いでいた。デァドリウは、雪にしたたる血を飲むカラスを見て、レヴォルハムに言った。「あの三つの色を持ち合わせた男の人が欲しいものだわ。あのカラスのような髪、あの血のような頬、そしてあの雪のような体」。レヴォルハムは、それなら近くにいる、それはウシュリウの息子のノイシウだと言った。

　ある日、このノイシウは、エウィン・ウァハに近い要塞の城壁で、一人歌を口ずさんでいた。デァドリウは家を急いで抜け出して彼のところへ行くと、まるで彼に気づかないかのように、彼の前を通り過ぎる振りをした。「これはすばらしい雌牛だ」と彼が言うと、彼女は「そうでしょうとも。雄牛がいないと、雌牛は大きくなりますから」と言った。「あなたには、アルスター王という、この国一番の雄牛がいるじゃないか」「二頭を比べたら、私はあなたのような若い雄牛を選ぶでしょう」「それは無理だ。カトヴァドの予言があるのだから」「あなたは私を拒絶するのですか」「その通り」。すると彼女は彼のところへ駆け寄り、彼の両耳を掴んだ。「私を連れて行かないなら、この二つの耳は恥と嘲笑に晒されるでしょう」「お願いだ、放っておいてくれ！」「言った通りにするのです」と彼女は彼を締め付けながら言った。ノイシウが鋭い叫び声を上げたので、何事かと彼の二人の兄弟が駆け

アイルランド（1〜5世紀）

つけた。ノイシウがわけを話すと、恥辱を受けて生きるよりは、彼女を連れて逃げようと申し出た。

彼らは、コンホヴァルの追っ手をかわしながらアイルランドを転々とし、ついにスコットランドへと逃れた。しかしここでもデァドリウの美しさが災いを生み、スコットランド全軍を敵にまわすことになり、海の島へと逃れた。この知らせはアルスターに届き、人々は、王に彼らを赦して呼び戻すよう嘆願し、王も承諾した。ウシュリウの息子たちも、フェルグス・マク・ロイヒが安全を保証してくれることを条件に、これに同意した。こうして彼らはアイルランドに帰ってきたのだが、コンホヴァルの策略により、フェルグスと引き離されてしまった。エウィンの平原では、コンホヴァルから彼らを殺すことを任じられたエオガン・マク・ドゥルタハトが待ち受けていた。ノイシウはエオガンの槍に貫かれて死んだ。平原では大殺戮が繰り広げられた。後ろ手に縛られたデァドリウは、コンホヴァルの前に引き出された。

コンホヴァルの裏切りを知ったフェルグスらは、復讐にコンホヴァルの息子や娘を殺し、こうしてコンホヴァルとフェルグスの間に戦いが始まり、多くのアルスターの戦士が命を落とした。フェルグスらはエウィンを焼き討ちし、三千人にものぼるアルスター人を引き連れてコナハトのアリルとメーヴのもとへ亡命した。

デァドリウは、一年間コンホヴァルのもとに置かれたが、一度たりとも笑顔を見せず、睡眠も食事もおろそかに、膝に埋めた顔を上げようともしなかった。コンホヴァルが、一番憎いのは何かと尋ねると、彼女は「あなたとエオガン・マク・ドゥルタハトです！」と答えた。彼は「それならエオガンと一年間暮らすがよい」と言った。翌日、デァドリウは、コンホヴァルとエオガンに挟まれて、馬車で出かけた。コンホヴァルはデァドリウに言った。「これはいい。私とエオガンの間に挟まれて、お前は二頭の雄羊に色目を使っている雌羊というところだ」。彼女の目の前に、大きな岩が見えた。彼女は馬車から身を躍らせると、自ら岩に頭を叩き付け、岩を粉々にし、そして死んだのだった。

＊

『デァドラ』として広く知られるこの悲劇の物語は、中世アイルランド文学の最高峰である『クアルンゲの牛捕り』に組み入れられている。ここに見られる、主従関係にある二人の男と一人の美女をめぐる三角関係のモチーフは、アイルランドのフィアナ物語群の『ディアルミドとグラーネ』、そしてブリテンのアーサー王伝説におけるランスロットとグウィネヴィア、そしてトリスタンとイゾルデの物語と比較される。ノイシウと彼の二人の兄弟が成すトライアドや、デァドリウの誕生時の予言の存在などは、登場人物たちの神話的様相を示唆している。イエイツやシングをはじめ、アイルランド文芸復興に関わった作家のほとんどが、この作品を取り上げている。

中世ヨーロッパ・ケルト

フィンの少年時代の功業

かつて、アイルランドのフィアナ戦士団の首領の地位をめぐる反目から、クヌハの戦いが起った。クウィルは、モルナの息子ゴルによって殺され、こうしてフィンとモルナの息子たちの間の因縁の宿根が生じたのである。

クウィルの妻「白き首の」ムルネは、夫の死後生まれた男の子を、デウネと名づけた。フィアカルと二人の女戦士が彼を連れ出し、山奥の森の中で密かに育てた。

男の子はある日、要塞の草地でハーリング（アイルランド式ホッケー）をしている少年たちをことごとく打ち負かしてしまった。彼らが要塞に帰って、デウネのことを「色白《フィン》の」少年だと話したので、デウネはフィンと呼ばれることになった。翌日彼は、一斉にハーリングのスティックを投げつけてきた少年たち七人を殴り倒した。翌週には、湖で泳いでいた九人の少年を溺れさせた。

フィンが二人の女戦士のために定期的に狩りをするようになると、二人は言った。「ここを去りなさい。モルナの息子たちが、お前を殺そうと狙っているから」。そこでフィンは、素性を隠して二人の王に仕えたが、どちらの場合もその抜きん出た資質のために、クウィルの息子であることが自ずと知れてしまった。

次にフィンは、鍛冶屋のローハーンの所へ行き、彼の美しい娘の愛を受け入れ、彼女と結ばれた。フィンは、ローハーンに二本の槍を造ってもらい、その槍でマンスター地方を荒らしていた雌豚を退治し、その頭を鍛冶屋に持ち帰った。

それからフィンは、父の弟クリウァルを捜す旅に出たが、その途上で、クヌハの戦いで父のクウィルに最初に傷を負わせた男と戦い、殺した。男は、父の「宝袋」（鶴に姿を変えられたアイフェの皮膚で作られた袋）を持っていた。フィンはコナハトの森で、年老いたクリウァルと、かつて父のもとにいた戦士たちを見つけた。フィンは、クリウァルに「宝袋」を見せ、ことの始終を語って聞かせた。

フィンは叔父に別れを告げると、ボイン川にいた詩人フィンのもとで詩を学ぶために出かけた。詩人フィンは、七年の間、ボイン川でフェックの池の鮭（知恵の鮭）を待ち受けて

青銅製の雄鹿

いた。もし彼がこの鮭を食べれば、全知の存在になれると予言されていたからである。詩人は鮭を捕まえると、決して口にしてはならないと命じた上で、デウネに料理を任せた。彼が料理した鮭を詩人に運ぶと、「鮭を食べたか」と詩人はたずねた。「いいえ、でも親指をやけどしたので、指を口に入れました」と若者は答えた。「名前は何というのか」と詩人はたずねた。「デウネです」と若者。「フィンがお前の名前だ。この鮭は、お前に食べられるべく、もたらされたのだ。お前こそ真のフィンである」と詩人は言った。こうしてフィンは知恵を手に入れた。親指を口に入れ、予言の呪文を唱えると、知らなかったことが分かるようになったのである。

その後、フィンはさらに、フィンタンの息子ケテルンのもとに詩を学びに行った。当時、エーレという妖精の丘（シー）に住む美女がいて、アイルランド中の男が彼女を争っていた。彼女に求愛できるのは、一年に一回、シーが開かれるサウィンの日（十一月一日）だったが、彼女に求婚した者は皆、仲間を何者かに殺されてしまう。詩人ケテルンも他の男と同様に、その娘に求婚しに行き、同じ運命に見舞われた。

フィンは、養父フィアカルの指示を仰ぎ、サウィンの夜、「アヌの両乳房」と呼ばれる丘の間にある、二つのシーの間で野営した。すると魔法の霧が晴れて、二つのシーが開き、中の大きな篝火が見えた。フィンが見ていると、一つのシーから男が出て来た。彼が持っているこね桶には、料理された豚と仔牛、一束のニンニクが載せられていた。男は、フィンの前を通り過ぎてもう一方のシーに向かった。フィンは、男にフィアカルの槍を投げつけた。途端にシーから嘆き悲しむ声が上がった。「フィアカルの槍に、フィダハの息子アイドは斃れた。彼を殺めたのはフィン」。フィンは、シーから出て来た女を人質として捕らえ、女に槍の返却を約束させた上で、彼女をシーに返した。すると槍が投げ返されてきた。フィンがこの槍をフィアカルのところへ持ち帰ると、フィアカルは言った。「素晴らしい勲しを成し遂げたこの槍は、お前のものだ。お前が殺したのは、シーの娘に求婚しに来た男をことごとく殺した男だった。彼はその娘を愛していたのだ」

（写本テクストは未完）。

＊

フィン・マク・クウィルは、「フィアナ物語群」と称されるアイルランドの伝説群の英雄である。上の物語では、二人の女戦士によるフィンの養育、戦士・狩人としての認知、詩人・予言者としての霊感・知恵の獲得、異界との交渉などが扱われている。「白き者」フィンは、「輝ける者」ルグとの関連も示唆される神性を備えた英雄で、ブリテンのアーサー王との類似が指摘されている。また、フィンの息子オシーン（オシアン）の伝説は、十八世紀スコットランドのマクファーソンによる『オシアン』の出版によりヨーロッパを熱狂させ、ロマン主義、民族主義の潮流に多大な影響を及ぼした。

中世ヨーロッパ・ケルト

グウィオン・バハとタリエシンの物語

アーサー王の治世の初め、テギド・フォエルという貴族とその妻ケリドウェンの間に、モルヴラン（「大ガラス」の意）という名前の息子がいた。彼は顔も体つきも身のこなしも、並外れて醜悪だったので、アヴァグズ（「真っ暗闇」の意）と呼ばれた。母親のケリドウェンは、息子の将来を案じ、息子に予言能力を身につけさせようと考えた。彼女は魔女で呪術と魔法に通じており、その方法を突き止めた。ある特定の日の特定の時間に摘んだ数種類の薬草を、大釜の水に入れて火にかけ、一年と一日の間沸騰させ続け、絶えずかき混ぜる。すると最後に薬草の効能を凝縮した三滴の雫が抽出される。この雫を受け止め得た者には、様々な技能と予言能力が身につくのである。しかしこの三滴以外は猛毒で、大釜を破裂させ、毒を国中に流すことになる。大釜は盲の老人がかき混ぜ、グウィオン・バハという若者が火を焚き、ケリドウェンが大釜一杯の水と薬草を入れ、こうして一年と一日の間、三人がつきっきりで薬草は煮続けられた。そしていよいよ最後の日が来ると、ケリドウェンは、息子のモルヴランを大釜のそばの、ちょうど雫を受け止めるのにいい場所に陣取らせた。そして自分は腰を下ろして休んだのだが、大釜からその驚異の雫が飛び出して来たちょうどその時、彼女は居眠りをしていた。雫はグウィオン・バハの上に落ちた。モルヴランを突き飛ばし、自分で雫を受け止めたからである。その瞬間、大釜は叫び声を上げ、毒で破裂した。ケリドウェンは、目を覚ますと、半狂乱でグウィオン・バハを見た。彼は今や知恵に満たされていたので、彼女が真相を知ったら必ずや彼を殺すだろうということが予見できた。そこで彼は逃げ出した。

ケリドウェンは、息子から事情を聞き出すと、怒り狂って家を飛び出し、グウィオン・バハを追った。彼が野ウサギの姿になって逃げていたので、彼女は黒い猟犬の姿になって追いかけた。こうして二人は様々な姿に変身しながら、長い間逃げつ追われつしたが、とうとうケリドウェンがグウィオン・バハを追い詰め、彼は納屋に逃げ込んだ。ここにはふるいにかけた小麦がうず高く積まれており、彼も小麦の粒に姿を変えた。ケリドウェンは、すかさず黒いメンドリになり、小麦の粒になった彼を飲み込んだのである。九ヵ月の間、彼女は

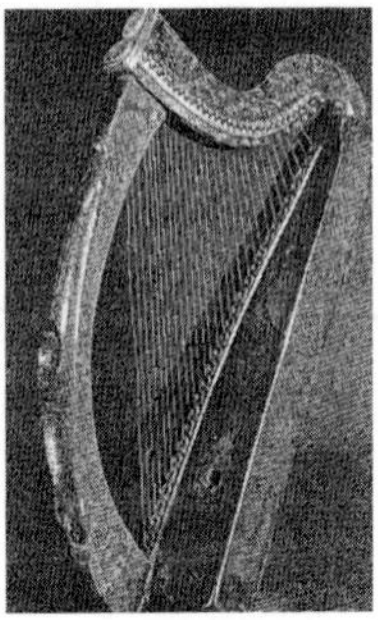

ケルティック・ハープ

彼を腹の中で育て、月満ちて彼を産み落とした。いざ生まれてみると、ケリドウェンは、自分ではもちろんのこと、他人であれ、その子に手を下すことなど堪え難くなった。そこで彼女は、赤ん坊を獣の皮で覆った網代舟にそっと寝かせ、居心地良くしてやり、海に流したのだった。

＊

マエルグン・グウィネズ王（六世紀の実在の王）の宮廷に、エルフィンという若者が仕えていた。エルフィンの父のグウィズノは、コンウェイ川の海に注ぐあたりに梁を持っていた。ハロウィーンの夜、エルフィンが召し使いを連れて、いつもなら鮭で一杯になっている梁を見に行くと、鮭は一匹も見当たらなかったが、獣の皮ですっぽりと覆われた網代舟が見つかった。彼は急いでナイフを取り出し、皮に切れ目を入れた。すると人間の額が現われたのである。

その額を見た途端、エルフィンは「この輝く額（*tal iesin*）を見よ」と言った。すると網代舟の子供がこれに答えて、「なるほど私はタリエシン」と言ったのだ。人々は、これはグウィオン・バハの生まれ変わりだろうと言った。彼が袋の中で海を漂っていたのは、アーサー王の治世の始めからマエルグン王の治世の初めまで、四十年間ほどの年月だった。エルフィンの妻は、タリエシンを可愛がって大事に育てた。

その日から、エルフィンの運は上向いた。しかしクリスマスのこと、人々が王妃や王お抱えの詩人たちを褒めそやすのを聞いて、エルフィンは思わず、自分の妻は王国中の誰よりも貞節だし、自分のところの詩人は、王の宮廷にいる詩人たちよりも優れていると口をすべらせてしまった。そしてそれを証明するまで、牢に入れられてしまった。

タリエシンは、主人の窮地を救った。まず、台所女中を奥方の姿そっくりに変えることで、奥方の貞節を試すために送り込まれた王の息子フリンを、見事出し抜いた。また、王の詩人たちが、タリエシンがやった通りに口をすぼめ、唇でブルラム、ブルラムと妙な音をたてることしか出来なくしてしまった。こうして彼は、彼自身の知恵が王の詩人に優っていることも証明して見せたのである。

この後、タリエシンは、過去、未来にわたる、彼の知識を披露し、「自分はあらゆる場所にいた」とうたった。

＊

タリエシンという詩人は、六世紀末のウェールズに実在した詩人として名前があげられているが、彼には、変身に関する伝説をもつ詩人／予言者としての伝承もある。この話では、タリエシンがどうやって詩的霊感／予言能力を得たかが物語られている。詩的霊感を得るということは、ケルトの伝統では、魔術的な意味あいがあり、予言の能力と切り離せない。詩人は、予言者であり、また「賢者」でもある。アイルランドのフィン・マク・クウィルも、アーサー王伝説に登場する賢者マーリンも、詩人で予言者であった。

中世ヨーロッパ・ケルト

ダヴェドの王プイス――『マビノギ』第一話

ダヴェドの王プイスは、狩りに出た森の中で、異界（アヌヴン）の王アラウンと出会った。アラウンの猟犬（輝く白い体に輝く赤い耳をしている）が殺した雄鹿を、自分の猟犬に食べさせるという無礼を働いたプイスは、その償いとして、アラウンの敵と戦い、これを倒すこととなった。アラウンがお互いを相手の姿に変身させ、一年間それぞれ相手の国を治めたのだ。プイスは以降、プイス・ペン・アヌヴン（アヌヴンのかしらプイス）と呼ばれるようになった。

プイスの王宮のあるアルベレスには、不思議な丘があった。その頂に座った者は、必ず怪我をするか、驚異に遭遇するという。プイスが丘の頂に座ってみると、白馬に乗り、輝く金色の絹織物を纏った美しい貴婦人が、ゆっくりと通り過ぎて行った。ところが、プイスの家来が一番足の速い馬で全速力で追っても、追いつけない。翌日も同じことが繰り返された。三日目、自分で追いかけることにしたプイスだが、ゆっくりとした足並みにしか見えない彼女の馬に、やはりどうしても追いつけない。しかし彼が声をかけて頼むとすぐに止まった。彼女はハヴァイズ・ヘンの娘フリアノンだと名乗り、プイスのことを愛しているのに、他の男と婚約させられたので、プイスの意向を尋ねに来たのだと言った。プイスが喜んで彼女と結婚すると言ったので、彼女は、一年後に彼女の館で結婚の宴を用意しておくと約束して立ち去った。

馬の女神エポーナ像

一年後、ハヴァイズ・ヘンの館での食後の余興が始まった頃、一人の立派な身なりの貴族が入って来て、プイスに頼みがあると言った。プイスは無防備にも、自分の手に入れられるものなら、何でも与えようと言ってしまった。その男とは、フリアノンの意に染まぬ婚約者グウァウルで、彼はフリアノンを要求した。フリアノンとグウァウルの結婚の宴は、一年後に催されることになった。しかし一年後、プイスは、フリアノンの指示どおり、彼女の魔法の袋を使い策を弄してグウァウルを陥れ、降伏させたのである。

こうしてプイスはフリアノンと結婚したが、三年経っても世継ぎが生まれないと、人々は、別の妻を娶《めと》るようにプイスに迫った。しかしプイスは、もう一年待ってくれるようにと言った。

　一年経たないうちに、男の子が生まれた。ところがその夜が明けると、赤ん坊の姿が消えていた。見張りをしていた侍女たちは、罰を怖れるあまり、フリアノンが自分の息子を殺したのだと言い張った。人々はプイスに、フリアノンを離縁するよう迫ったが、彼は「彼女を離縁する理由は、子供を産んだ以上ないはずだ。罪を犯したのなら、償いをさせれば済むことだ」と言った。彼女に課された償いとは、七年の間毎日、アルベレスの宮殿の門の外にある、乗馬用の石の踏み台のところに座り、彼女の話を知らない人に話して聞かせ、客人や旅人を宮殿まで背負って運ぶというものだった。

*

　その頃、隣国の領主は、テイルノン・トゥルヴ・リアントだった。彼の所有する素晴らしい雌馬は、毎年五月一日の前夜に子馬を産むのだが、きまって子馬は消えてしまう。テイルノンは、五月一日の前夜が巡ってくると、今年こそは原因を突き止めようと決心し、雌馬を館の中に入れ、武装して寝ずの番をした。夜になると雌馬は大きな美しい子馬を産んだ。すると轟音と共に、巨大な鉤爪が窓を突き破ってくると、子馬の鬣《たてがみ》を掴んだ。テイルノンは、剣を抜くと、巨大な腕の肘を斬りつけた。腕と子馬はどさっとその場に落ちた。外で恐ろしい唸り声と嘆き声がしたので追ったが、夜の闇で何も見えない。ドアを開け放してきたことを思い出し引き返すと、なんと敷き居のところに、絹織物のマントに包まれた男の子がいるではないか。テイルノン夫婦には子供がいなかったので、自分たちの間に生まれた子供だと言って育てた。

　やがて、テイルノンの耳に、フリアノンの苦境の噂が届いた。男の子がプイス・ペン・アヌヴンに生き写しだということに気づいたテイルノン夫婦は、男の子を返すことにした。アルベレスの城に近づくと、フリアノンが乗馬用の石の踏み台の傍に座っており、彼らを一人ずつ背負って宮殿まで運ぶと申し出た。彼らはとんでもないことだと断った。

　宮殿に着き、食事が終わると、テイルノンは、皆に「雌馬と男の子の物語」をして聞かせ、そこにいるのが、プイスの息子なのだと明かした。「これで私は、プラデル（「不安」の意）から解放されました」とフリアノンは言った。そこで、男の子はプラデリと名づけられたのである。

*

『マビノギ』は、ウェールズ中世文学の最高傑作であり、四つの「枝」と呼ばれる話から成っている。登場人物は、明らかに神話的な面影を強く残し、物語は神話的な要素に満ちている。フリアノンは、アイルランドのマハや、大陸で広く信仰されたエポーナに相当する、馬の女神だと思われる。豊穣を確約すべき馬の女神フリアノンは、子供を失ったために、荷馬におとしめられるが、息子と子馬が返されると、また王妃の地位を回復するのである。

中世ヨーロッパ・ケルト

マソヌウィの息子マース――『マビノギ』第四話

マソヌウィの息子マースは、ウェールズ北部グウィネズの王で、一方プイスの息子プラデリは、南部を治めていた。マースは、戦いの時以外はいつでも、ゴーエウィンという処女の膝に足を休ませていた。マースには、ギルヴァエスイとグウィディオンという二人の甥がいた。ゴーエウィンへの叶わぬ恋に憔悴したギルヴァエスイを見て、グウィディオンは、ゴーエウィンからマースを引き離すために、プラデリとの戦争を画策した。アヌヴン（異界）の王アラウンからの贈り物だったプラデリの豚を魔法で騙し取ったのである。戦いが始まると、グウィディオンとギルヴァエスイは宮殿に戻り、その夜、ギルヴァエスイはゴーエウィンをマースのベッドで凌辱した。プラデリはグウィディオンとの一騎討ちで殺された。

　戦いから戻ったマースは、甥たちの暴挙を知ると、二人を魔法の杖で打って、三年間、鹿、豚、狼の姿に変えた。二人はそれぞれ一年ごとに雌と雄になり、互いに交わって仔を産み、マースのもとに連れて来た。マースはその都度、仔を杖で打って人間に変えた。三年後、二人は許され、マースによってまた人間の姿に戻された。ゴーエウィンの替わりの処女として、グウィディオンの薦めで、ドーンの娘でマースの姪にあたるアランフロドが呼ばれ、マースの魔法の杖を跨ぐよう言われた。杖を跨いだ途端、彼女は金髪の大きな美しい男の子を落とした。彼女が出て行く際、何かもう一つ小さなものを落としたが、これをグウィディオンはすばやく拾い上げ、隠しておいた。金髪の男の子の方は、マースがディランという名前をつけ、洗礼を施すやいなや、海に向かい、どんな魚よりも巧みに泳ぎ出した。

　グウィディオンが隠しておいたものは、ある日、泣き声を上げた。見ると小さな男の子だった。グウィディオンは、男の子を連れてアランフロドの要塞へ出かけ、彼女の子供だと言うと、彼女は怒って、男の子に三回にわたって呪いをかけた。まず、彼女自身が名づけないかぎり、名前を持てない、次に彼女自身が武具を与えないかぎり、武具を持てない、そして三つ目の呪いは、彼はこの世にいる種族の妻を持てないというものだった。グウィディオンは魔法を駆使して、男の子のためにセイ・サウ・ガフェスという名前、そして武具を

青銅製のワシ

手に入れる。三つ目の呪いに関しては、マースとグウィディオンの魔法で、花からこの世で最も美しい乙女ブロデイウェズをつくり出した。

ブロデイウェズは、セイの留守中に、グロヌ・ペビルと出会う。二人はたちまち恋に落ち、その日の夜には結ばれた。二人は、邪魔なセイを殺す策略を練った。セイが帰ってくると、ブロデイウェズは、いかにも彼のことを心配しているふりを装い、彼がどうしたら死ぬのかを聞き出した。彼を殺す武器は、人々が日曜日に祈っている時に、一年かけて鋳造された槍でなければならず、しかも彼は、家の中でも外でも、また馬に乗っていても徒歩でも殺されない。それではどうしたら殺されるのかといえば、川岸に浴槽を置き、それに屋根をかける。そして雄ヤギを浴槽の横に立たせ、片足を雄ヤギの背に置き、もう片方の足は浴槽の縁にかける。その姿勢を取った時にのみ、彼を殺すことができるのだという。これを聞いたブロデイウェズは、さっそくグロヌに知らせて槍を一年かけて鋳造させ、セイから教わった通りに川岸に浴槽と雄ヤギを用意し、セイにどんなふうに立つのか見せてほしいと言う。セイが片足を浴槽の縁に、もう片足を雄ヤギの背にのせて立つと、グロヌが丘から毒を塗った槍を投げて、セイの脇腹を貫いた。セイは叫ぶとワシに変身して飛び去った。

グウィディオンは、ワシになって木の上にいるセイを捜し出し、魔法の杖で打つと、セイは人間の姿に戻った。一年してセイが衰弱から回復すると、復讐のためかつてのセイの城へと進軍した。

ブロデイウェズは、グウィディオンによって梟に変えられた。梟は今でも「花の顔（ブロデイウェズ *blodeu wedd*）」と呼ばれている。グロヌは、セイが殺された場所で、セイが投げる槍を受けることになった。グロヌは、川岸にある石を盾にすることを許されたが、セイの槍は石を貫き、彼の背をも貫き、こうしてグロヌは死んだ。穴の開いたこの石は、今でもグロヌの石と呼ばれている。

＊

この第四ブランチは、ウェールズの女神ドーンの家系を扱っている。ドーンは、アイルランドでは、トゥアタ・デー・ダナンが母神としているダヌ／ドヌに相当する。またヨーロッパ大陸では、ドイツのドナウ、ロシアのドンなどの河川名として名前が残っている。変身の魔術を自在に操る魔術師マースと甥のグウィディオンは、強力な魔術を駆使するトゥアタ・デー・ダナンを彷彿とさせる。実際、鳥を打ち落とす鮮やかな腕前からサウ・ガフェス（「巧みな手」の意）と名づけられたセイ（Lleu）は、「万能の」という徒名を持つルグ（Lugh）と呼応する。またさらに、カエサルが「メルクリウス」と呼び、古代ケルト人の信仰を一番に集めていたと記している、技芸を司る神ルグスにも連なるものであろう。

「マハーバーラタ」クルクシェートラの戦いの図（部分、大英博物館蔵）

インド・イラン

松村一男

インド・イラン

ヴェーダの神話

　インドラ神の出生と成長は特別だ。父母の名はどちらも述べられていない。彼は母親の胎内に千月という非常に長い期間留まって、普通に生まれることを望まなかったので脇腹から生まれた。生まれたばかりでもインドラは天地両界を満たすほど巨大だった。しかし出産後、母親はこうした異常な出産を恥じてか、あるいは神々の嫉妬から息子を護るためか、彼を捨てて去ってしまう。インドラは工巧神トゥヴァシュトリ（祖父らしい）の家で育つが、牝牛百頭に匹敵するほど高価な神酒ソーマを飲んでしまう。そして父親を殺してしまう。これについては、インドラの父親も他の神々と同様に彼に敵意を持っていたので、自衛のために殺したのだという見方もある。しかしこのためインドラは神々の同情を失い、困苦の中に放浪する（『リグ・ヴェーダ』4・18）。

　この時、ヴィシュヌ神が彼に同情を示して友人となり、また鷲が霊草ソーマをもたらして元気づけ、そのおかげでインドラに開運がもたらされた。こうして英雄神、雷神、大気神としてのインドラの活躍が始まる。彼は髪やヒゲをはじめ全身が茶褐色をした男性的な風貌の神であり、若者の姿の暴風雨神である戦士群マルトを従えて、二頭の馬の牽《ひ》く戦車に乗って空中を駆けめぐった。そして電撃を象徴する武器で、工巧神トゥヴァシュトリが造ったとされるヴァジュラ（金剛杵）を投げつけて、敵を退治する。

　インドラの最初の武勲は蛇（＝アヒ）と呼ばれるヴリトラの殺害である。ヴリトラとは「障害」の意味で、山の中に水を隠して旱魃や悪天候を引き起こして人々を悩ませていた。ヴリトラが殺されると、水は解放された（1・32）。また魔神アスラたちは不死の飲料アムリタを持っていて、それを神々（デーヴァ）に奪われないようにとシュシュナが口の中に隠していた。インドラはアムリタを奪うため蜜の塊に変身して横たわった。シュシュナが通りかかり、蜜を食べようとして口を開けた途端、インドラは不死のアムリタを奪うと、鷲の姿になって飛び去り、アムリタを神々の元にもたらしたという（1・11）。インドラはこの際シュシュナを殺したともされる（3・31）。

インドラ。右手に金剛杵（ヴァジュラ）を持つ。南インドの木像

かつてインドラと並んで重要であったらしい神がヴァルナである。インドラは武勇によって秩序を維持するが、ヴァルナは掟を保持し、「幻力」(マーヤー)という魔術的な力を行使して秩序を維持するとされる。両神は強い結びつきを示す「双数」形で表現されることもある(7・83)。ヴァルナは天上の水の中にいて、天地の一切を支配するとされ、背く者は縄で縛り、水腫病で罰する(1・25)。そして他の神々と異なり、デーヴァではなくアスラに属するとされる。このヴァルナとやはり不可分の関係にあるとされる神がミトラであり、この両神の場合も双数形が用いられることがある。ミトラは「契約」の意味であり、好意と友情を強調しつつ、人間同士の契約の遵守を監視する神であり、ヴァルナが宇宙的・魔術的であるのに対して、人間的・法律的な秩序維持の神である(3・59)。

＊

インドのカースト制の基本はバラモン(司祭)、クシャトリア(王侯・武士)、ヴァイシャ(庶民)、シュードラ(隷属民)の四種姓である。こうした区分は古代インドにさかのぼるらしく、最古の宗教はバラモンが独占していたので、バラモン教と呼ばれる。このバラモン教の聖典はヴェーダ(「知識」の意)と呼ばれたので、バラモン教はヴェーダ宗教とも称される。数多いヴェーダの中でも最古の文献が『リグ・ヴェーダ』であり、紀元前千二百から千年頃の間に成立したと考えられている。リグは「讃歌」を意味し、インド神話の重要な資料となっている。その全体の四分の一近くと圧倒的な讃歌を捧げられている神がインドラである。ただし讃歌という性格上、神話への言及は断片的であり、神話の全体像はつかみにくい。

インドラの怪物退治はヴリトラばかりでなくシュシュナについても語られ、水の解放だけでなく不死の飲料アムリタももたらしたとされる。しかしこの水はソーマとも呼ばれ、またソーマがアムリタと称されることもあり、両者は似通う。武器のヴァジュラが雷であること、付き従うマルト神群が暴風とされていることなど、インドラ神話の描写には自然の要素が色濃い。したがって天上の水の解放によって秩序を回復するという宇宙論的な側面の他に、季節ごとの降雨という周期的な側面も考えられる。またインドラの名称はイランのゾロアスター教の悪魔にも見られるので、その起源はインド・イラン期にさかのぼる。さらに雷撃を神話化した武器による怪物退治、赤っぽい容貌、ソーマを鯨飲する食欲などは北欧神話の英雄神トールと酷似しており、おそらくインド・ヨーロッパ語族に共通の英雄神話に由来すると思われるし、インドラに率いられた若者たちマルト神群とは、現実の戦士集団の姿を反映するものかも知れない。

英雄神・戦闘神インドラと世界の秩序を維持するミトラ・ヴァルナはデュメジルによれば、インド・ヨーロッパ語族の第二機能と第一機能を代表する神々である。

インド・イラン

ヒンドゥー教の神話

ヴィシュヌ神はラクシュミー（またはシュリー）を妻とし、霊鳥ガルダを乗り物としている。彼には四本の手があり、それぞれホラ貝、円盤、棍棒、蓮華を持っている。彼は妻とともに蓮華の上あるいはナーガ（蛇）あるいはガルダの上に座ったり横たわったりしている姿で表現される。

彼は世界を救うためさまざまに化身（アヴァターラ、権化）する。次の十の化身が最も有名である。(1)マツヤ（魚）。人間の始祖マヌが祖霊に祭儀を行っていると、水の中に魚が出現した。飼っていると次第に大きくなり、大洪水が来るので船を準備するように予言した。その言葉に従ったので、マヌは生き残った。(2)クールマ（亀）。デーヴァとアスラは協力して乳海を攪拌し、不死の霊薬アムリタを取り出そうとした。この時ヴィシュヌは亀の姿となって海の底に潜り、乳海攪拌を可能にした。(3)ヴァラーハ（野猪）。ヒラニヤークシャというアスラが手で大地をつかみ上げて、水の中に投げ入れた。大地は長い間水中にあった。神々はヴィシュヌに大地を取り戻してくれるよう頼んだ。ヴィシュヌは野猪の姿になって水中に潜り、牙の上に大地を支えて持ち上げてきた。(4)ヌリシンハ（人獅子）。アスラのヒラニヤカシプの息子プラフラーダはヴィシュヌを熱心に信仰し、ヴィシュヌは遍在し、広間の柱にもいると語った。父は立腹して柱を蹴った。するとライオンの頭、人の身体のヴィシュヌが現れて、ヒラニヤカシプを八つ裂きにした。(5)ヴァアーマナ（小人）。王バリは苦行によって神々をしのぐ力を身につけ、三界を支配した。そこでヴィシュヌは小人の姿になってバリのもとを訪れ、願いを叶えるよう求めた。それが許されると三歩歩けるだけの土地を要求した。そしてそれが許されると、ヴィシュヌは突然巨大な姿となり、二歩で天地二界を跨ぎ、第三歩でバリの頭を踏んで地下界に閉じこめた。(6)パラシュラーマ（斧を持つラーマ）。かつてクシャトリアが世界を支配した時、ヴィシュヌは神々、バラモンを護るため、ヴェーダの聖者ブリグの一族の聖仙ジャマダグニの子として生まれた。父はクシャトリアの王カールタヴィーリヤをもてなしたが、王が強欲に駆られて彼の父を殺したので、ラーマは斧を

ヴィシュヌの10の化身（アヴァターラ）。18世紀の作品

ふるって王を殺し、父の仇をとった。(7)ラーマ。以下に述べる叙事詩『ラーマーヤナ』の主人公。(8)クリシュナ。「黒い神」という意味。叙事詩『マハーバーラタ』で、ヴィシュヌの生まれ変わりとしてパーンダヴァ五王子に味方する英雄。その神的出自を示すような幼年期についての伝承が多い。彼は兄のバララーマとともに牧人の子として育てられるが、怪力ぶりを発揮したり、牧女たちが沐浴している間にその衣服を盗み、木に登って牧女たちの様子を眺めたりした。成人して美しい若者となったクリシュナは多くの牧女たちに慕われ、彼女たちとともに笛を吹いたり踊り戯れたりした。(9)ブッダ(仏陀)。(10)カルキ。最後の化身。四つの世界周期(ユガ)のうち最後で最悪のカリ・ユガに現れて、悪を滅ぼして正義(ダルマ)を復興するとされる。

ヴィシュヌと並ぶ大神がシヴァである。その名は「吉祥」を意味し、ヴェーダの時代には暴風神ルドラの尊称であった。シヴァは山の神であり、ヒマラーヤ山で苦行をしていた。このため彼はマハータパス「偉大な苦行者」という尊称をもち、苦行者のような長い巻き上げた髪をし、獣の皮だけをまとい、髑髏を首にかけ、蛇を首飾りとした恐ろしい姿で描かれることが多い。『リンガ・プラーナ』によると、神々はアスラのターラカに苦しめられていた。神々はシヴァの子供しかターラカを倒せないと知ると、シヴァに苦行を止めて、パールヴァティー(「山の娘」の意)との間に子供を儲けさせようとして、愛の神カーマデーヴァを遣わした。カーマはシヴァに愛の矢を放とうとしたが、苦行を邪魔されたシヴァは怒り、額の第三の目から炎を放ってカーマを焼き殺した。しかしその後、シヴァはパールヴァティーとの間に息子を儲け、この息子がターラカを退治して、世界に平和が再び訪れたという。

＊

ヒンドゥー教では世界は創造、持続、破壊を繰り返すと考えられ、創造を司るのはブラフマー、維持するのはヴィシュヌ、そして世界期(ユガ)の最後に世界を破壊するのはシヴァとされる。このためシヴァはハラ「万物を破壊する者」とか、死を司るカーラ「時」と呼ばれる。しかし破壊は再生につながる。シヴァの生殖・生産の側面はリンガ(男性器)の形で崇拝される。またシヴァはパシュパティ「家畜の主」とかシャンカラ「恩恵を与える者」などとも称される。ユガの終わりの時に水底で眠っていたヴィシュヌのもとにブラフマーが現れ、両者はいずれがより偉大かを言い争っていた。すると突然そこに火炎を放つ巨大なリンガが出現した。両神がその偉大さを認めて讃歌を唱えると、それに満足して千手千足で三つの目を持つシヴァがリンガの中から出現したという(『リンガ・プラーナ』)。

シヴァの破壊と創造の性格を表現するのが宇宙的な舞踏の観念であり、シヴァはナタラージャ「踊りの主」と称され、踊るシヴァ像がよく見られる。

インド・イラン

『マハーバーラタ』——叙事詩の神話1

『マハーバーラタ』は本文十八編、十万の詩句（シュローカ）の世界最大の長編叙事詩。「バラタ族の戦いの大叙事詩」という意味で、パーンダヴァ五兄弟と従兄弟であるクルの百兄弟の間で、クルクシェートラ（「クル族の地」の意）で戦われた十八日間におよぶ大戦争をクライマックスとする。

バラタ王の子孫のクル族には、ドリタラーシュトラとパーンドゥという二人の王子がいた。兄のドリタラーシュトラは生まれつき盲目だったので、弟のパーンドゥが王位に就いた。パーンドゥは妻と交わると死ぬという呪いをかけられ、二人の妻は神々によって五人の息子をもうけた。ダルマ神を父として生まれたのが長男ユディシュティラで、次男ビーマの父は風神ヴァーユ、三男アルジュナの父は英雄神インドラ、そして四男ナクラと五男サハデーヴァの父は双子神アシュヴィンである。彼らはパーンドゥ王の子とされ、パーンダヴァ（「パーンドゥ王の子たち」）とよばれたが、王は呪いを忘れて妻と交わり、死んでしまう。そこで兄のドリタラーシュトラが王位に就き、五人兄弟はドリタラーシュトラに引き取られ、彼の子カウラヴァ（「クル族の子孫」の意）百人兄弟と共に育つ。しかし五王子がすべての学芸や武術に卓越していたので、次第に百王子との仲は険悪となる。

ドリタラーシュトラ王は後継者として五人兄弟の長男ユディシュティラを指名したが、百人兄弟の長男ドゥリヨーダナはこれを喜ばず、陰謀によって五王子を都から追放させた。五王子は諸国をさまようが、パンチャーラ国で王女ドラウパディーの婿選びに遭遇し、アルジュナが卓越した弓矢の腕前によって勝者となり、ドラウパディーを妻とする資格をえた。しかし些細な行き違いから彼女は五兄弟全員に共通の妻となる。ドゥリヨーダナはさらに五兄弟への恨みを募らせ、ユディシュティラの賭博好きを利用して、財産はもとより彼らの妻であるドラウパディーまでも賭金として巻き上げようとする。ユディシュティラは賭ですべてを失うが、幸い老王ドリタラーシュトラの介入のおかげで奴隷になるのだけは免れ、五兄弟とドラウパディーは追放されて流浪の身となる。ただしこれには、十二年の間森で生活し、十三年目は人に知られ

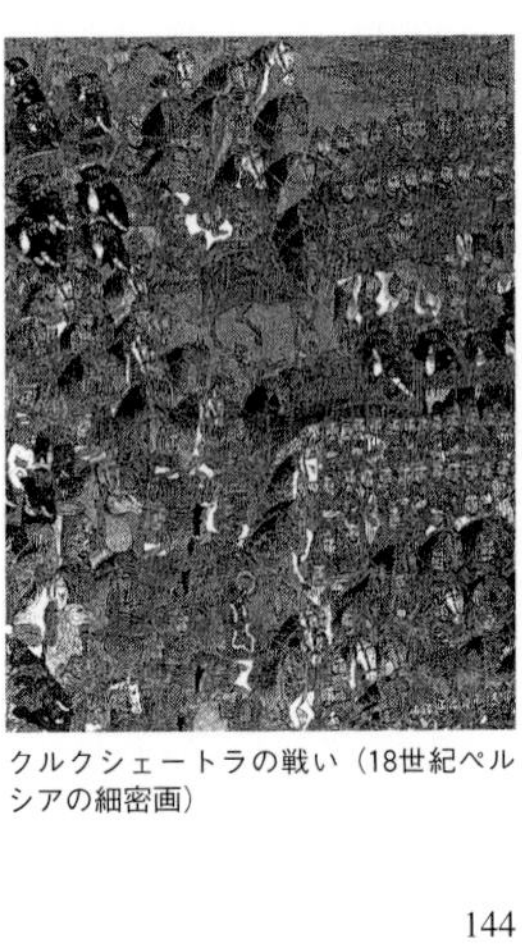
クルクシェートラの戦い（18世紀ペルシアの細密画）

ず過ごすという条件がついていた。

　十三年が経ち、五兄弟は王国の返還を申し入れるが拒否されたので、クル族はパーンダヴァ五王子の陣営とカウラヴァ百王子の二陣営に分かれて、同族が殺し合う大戦争を始めた（クルクシェートラの戦い）。この時、五王子の軍にはヤーダヴァ族の英雄クリシュナが味方した。彼は五王子の三男アルジュナのために戦車の御者を務めるが、アルジュナが同族で殺し合うことの罪悪感に苦しめられていると、ダルマ（正義）のためには戦わねばならないと説き、やがてヴィシュヌ神としての本来の姿を現す。このクリシュナとアルジュナの対話の部分は『バガバッド・ギーター』と呼ばれ、ヒンドゥー教の最高の聖典となっている。

　大戦争はパーンダヴァ軍の勝利に終わり、カウラヴァ軍は全滅する。五王子の長男ユディシュティラは殺し合いの罪を浄めるために馬祀祭（アシュヴァメーダ）を行い、王位に即位した。歳月が過ぎ、ユディシュティラは王位をアルジュナの子に委譲する。そし五兄弟とドラウパディーは神々の世界を目指してヒマラーヤに登る最後の旅に出る。彼らは途上で一人ずつ倒れていく。そして彼らの魂が天上に昇っていく。

＊

『マハーバーラタ』の主人公である五王子の父とされるのは、法と正義の神ダルマ、風神ヴァーユ、英雄神インドラ、そしてアシュヴィン双神である。これらの神々はヴェーダに見られるインド・ヨーロッパ語族の伝統を引くと思われる三機能の代表神、すなわちミトラ＝ヴァルナ、インドラ、アシュヴィン双神と同じ伝統に属すると考えられている。ただミトラ＝ヴァルナの対はミトラの後代の姿であるダルマのみとなっており、逆にインドラの代表する第二機能は、荒々しいヴァーユと騎士的なインドラという二極化で表現されている。さらに五王子共通の妻ドラウパディーの姿は、男神それぞれが代表する三機能すべてを統合するような、ヴェーダにおける女神サラスヴァティーと同様の位置づけをされているからこそ、現実にはありえないような五王子共通の妻として描かれていると説明できる。こうしてみると、『マハーバーラタ』はヴェーダとは独立した、しかし同じ意味をもつ神話伝承を骨組みとして構想されていると考えてよいだろう。そしてこうしたヴェーダとも共通する古い神話構造が『マハーバーラタ』に保存されているという事実は、インドに限定されない神話研究全般を考える上でも大きな示唆を与える。つまり神話は神話という形態に限定されずに伝わる場合があるのであり、神話学者は叙事詩にも注意を払う必要があるということである。

『マハーバーラタ』には『バガバッド・ギーター』の他にも、若い美男美女の恋を語る「ナラ王物語」、貞淑な妻についての「サーヴィトリー物語」、歌舞伎十八番の一つ「鳴神《なるかみ》」の原型といわれる「一角仙人物語」など多くの有名な挿話がある。

インド・イラン

『ラーマーヤナ』——叙事詩の神話2

アヨーディヤーを都とするコーサラ国はガンジス河中流に位置する。王ダシャラタには三人の王妃がいたが、後継者となる王子がいなかった。そこで王は王子の誕生を願って馬祀祭（アシュヴァメーダ）をおこなった。すると三人の王妃から四人の王子が生まれた。カウサリヤーからはラーマが、カイケーイーからはバラタが、そしてスミトラーからはラクシュマナとシャトルグナという双子が生まれた。四人の王子の中でラーマが文武両道に秀でていた。実はその頃天上世界の神々は、ラークシャサと呼ばれる悪魔の一団（仏典は羅刹と音写）の王であるラーヴァナの乱暴に悩んでいた。そこで神々は、ヴィシュヌ神が人間世界に生まれ、ラーヴァナを殺すように求めた。ラーマこそヴィシュヌ神の化身であった。

ラーマはヴィデーハ国の王ジャナカの娘で美貌の誉れ高いシーターの婿選びの競技会（スヴァヤンヴァラ）に出場し、並みいる求婚者たちに勝る武術の腕前を披露し、見事シーターを妻とした。ダシャラタ王は長男ラーマを継承者と定めるが、継母カイケーイーはこれを妬み、かつて国王が彼女の願いを必ず叶えると約束したことを楯にとって、長男であるラーマではなく、自分の子の次男バラタを王位に就けさせ、ラーマを十四年間追放させる。忠実な弟ラクシュマナもラーマに従って王宮を出た。バラタはこれを深く悲しみ、ラーマが不在の間、王座には就かず帰国を待った。こうした事態にダシャラタ王は悲しみを堪えきれず、亡くなってしまう。

ラーマはシーターとラクシュマナとともに森に入り、悪鬼たちを退治した。ラークシャサ（羅刹）の王ラーヴァナはラーマを憎み、またシーターの美貌に魅惑され、罠によってラーマとラクシュマナを誘い出し、そのすきにシーターを誘拐してランカー島（現在のスリランカ）の彼の王宮に幽閉する。

ラーマはシーターを探す旅に出るが、その途上で、猿の王スグリーヴァと出会い、その窮地を救い、同盟を結ぶ。そして猿の勇士ハヌマーンが海を飛び越えてランカー島に渡り、偵察をして、シーターが囚われているのを発見する。猿軍は彼らの将軍ナラの指導のもとランカー島に橋を架け、それを

ラーマとシータの婚姻の場面。17世紀の作品

渡って攻め込み、ラーヴァナをはじめとする悪鬼たちと戦う。ラーマ、ラクシュマナをはじめ、ラーマ軍の勇士の多くは戦いで重傷を負う。ハヌマーンはカイラーサ山に飛んでいき、薬草を採ってこようとしたが、隠されていて発見できなかったので山頂全部を戦場に持ってきて勇士たちの傷を治療し、再び山頂を持ち帰って元の場所に戻した。こうしてラーマ軍はラーヴァナ軍を退治して、シーターを取り戻した。

ラーマはシーターを伴って凱旋し、王位に就く。しかし民衆の間にはシーターの貞節を疑う者もあった。それを知ったラーマはシーターを捨ててしまう。やがてラーマはシーターの生んだ双子のクシャとラヴァそしてシーターとも再会するが、シーターは母なる大地に抱かれて地上から姿を消す。

＊

『ラーマーヤナ』は「ラーマ王行状記」の意味で、『マハーバーラタ』と並ぶ古代インドの大叙事詩である。全七編で二万四千詩句（シュローカ）からなる。作者は詩聖と呼ばれたヴァールミーキとされる。ラーマ王の伝説が集成されたのは紀元前の数世紀であるが、その後も増補が行われ、最終的に現存のかたちになったのは紀元後二世紀頃と推測されている。ラーマがヴィシュヌ神の化身とされているので、ヒンドゥー教のヴィシュヌ派の聖典となった。翻訳されてインドばかりでなく東南アジアにも広まり、インドネシアのワヤン（影絵芝居）など芸能にも影響を与えた。中国や日本にも『六度集経』などの漢訳仏典中の説話として伝わった。日本では平安時代末、平康頼の『宝物集』に紹介されている。

『マハーバーラタ』の場合と同様に、『ラーマーヤナ』についても神話的背景が推定されている。ラーマがラーヴァナを退治して囚われのシーターを解放するという構図は、ヴェーダ神話においてインドラがヴリトラを退治して、堰き止められていた水（牝牛）を解放するという構図と同一である。ラーマはヴィシュヌの化身とされているが、それは後代になってヴィシュヌ神信仰が高まってからの変化と考えられる。さてラーマの姿がインドラ神に、そして敵のラーヴァナがヴリトラに、そしてシーターが豊饒を象徴する雌牛ないしは水に対応するように配置されているなら、他の登場人物やその行動も、ヴェーダ神話から説明できるはずである。猿の勇士ハヌマーンは風神の息子とされ、だからこそランカー島まで飛んでいき、またカイラーサ山の峰を持ち去るという怪力を有する。『ラーマーヤナ』では風神はパヴァナと呼ばれているが、ヴェーダや『マハーバーラタ』ではヴァーユ（別名ヴァータ）である。そしてヴァーユはインドラの朋友神と称され、インドラと並んで敵を駆逐する英雄神である。さらに、ヴァーユは医療神ともされているが、これもハヌマーンが勇士たちの傷を薬草によって治療したという箇所と見事に符合する。この他、猿軍はインドラに付き従うとされるマルト神群を反映していると思われる。

インド・イラン

ゾロアスター教神話

原古、光が上方に、闇は下方にあった。光は善で神であり、闇は悪で悪神だった。悪神は暗黒をさまよっていたが光を認め、破壊の衝動に駆られて攻撃した。善神アフラ・マズダーは悪の活動によって世界が分裂し破滅にいたると考えた。そこでアフラ・マズダーは悪神アングラ・マインユに対して、光と闇の戦闘に三千年ずつの三つの期間を設けることを提案し、アングラ・マインユもこれに同意して闇の世界に戻った。この提案がなされたとき、宇宙の開闢から三千年が経過していた。つまり世界の始まりから終末、そして最後の審判、復活までは、三千年の期間が四期で都合一万二千年になる。

この取り決めがなされると、アフラ・マズダーは光の世界に創造物を置くため、自らの聖なる霊スプンタ・マインユを通して六柱の下位の神格を出現させた。（1）ウォフ・マナフ「良き意図」、（2）アシャ・ワヒシュタ「最上の正義」、（3）スプンタ・アールマティ「聖なる信心」、（4）フシャスラ・ワイルヤ「望ましい王国」、（5・6）ハウルワタートとアムルタート「健康」と「長寿」。そして彼らは一団としてはアムシャ・スプンタ「聖なる不死者」と呼ばれ、それぞれが創造物を担当した。まずフシャスラは光り輝く金属あるいは石のような固い物質を用いて天空を創造し、ついで十二宮や東西南北を司る星々、悪神との戦いに備えた六八〇万の星々を創った。ついでハウルワタートによって水が創造され、宇宙の大海ウォルカシャとなった。ついでアールマティーの手でウォルカシャ海の中に大地が創られた。そして四番目にはアムルタートによって植物が創られた。被造物はすべて理想の状態であり、木に棘はなく、苦い実はなかった。第五にはウォフ・マナフによって善き動物が創られた。最初の動物は月のように白く輝く牛だった。そして最後にアフラ・マズダーによって人間が創造された。人間は太陽のように輝き、何も食べず、動かず、老いや衰えを知らなかった。創造は一年にわたって行われた。この三千年の間、アングラ・マインユは闇の底で眠っていた。

三千年が経つとアングラ・マインユが目覚め、活動を始め、平和な時は終わった。闇の世界のすべての悪魔たちが集めら

ゾロアスターの生涯を描いたパルシー教徒（現代のゾロアスター教徒）の本のさし絵▲

れ、悪の軍勢が世界を覆い、大地は激震する。太陽、月、星星は天空に固定されていたが、悪の力の活動によって動き回るようになる。貪欲、病気、飢餓、無気力が発生して、人間と牛を苦しめ、秩序が混沌に、真実が虚偽に破れ、アングラ・マインユと悪の軍勢が勝利を収めて、闇が光を覆い尽くすかに思われた。しかし勝利した悪の軍勢が闇の世界に戻ろうとしていた時、精霊の軍勢が行く手を遮り、透明で硬質の円蓋をかぶせた。悪の軍勢はこの円蓋から出ることができなくなった。このおかげで再び生命が蘇る。死んだ原牛の死骸からは穀物と薬草が生じ、原人の精液からは大黄草が芽生えた。互いに絡み合って成長するこの草は人間の兄妹であり、彼らの交わりから人類は増殖していく。この第三の三千年期の間、善と悪は抗争を続ける。

そしてゾロアスターが生まれて、第四の三千年期となる。ゾロアスターの死後、千年ごとに救世主が生まれる。最後の救世主は処女懐胎によって生まれる。病気と死は終わりを告げ、死者は復活し、最後の審判を受ける。善のために戦った者は天国に行き、悪を行った者は地獄に堕ちる。アングラ・マインユは地獄に逃げ去り、かつて彼がこの世界に来るために穿った穴は塞がれる。人間の魂と肉体は統一され、世界は悪が侵入してくる以前の完全な状態に戻る。

＊

ゾロアスター（ザラスシュトラ）はイラン北東部（現アフガニスタンのシースターン地方）で紀元前七世紀から六世紀（ただし前二千年紀中頃とする説もあり、定説はない）にかけて生きた予言者、宗教改革者であり、それまでの多神教を改革して、アフラ・マズダーを唯一の神とする一神教を興した。ゾロアスターの言葉や思想をまとめた聖典は『アヴェスター』と呼ばれ、イラン語派最古の文献である。その中でもゾロアスター自身の言葉とされる部分が『ガーサー』である。インド語派最古の文献『ヴェーダ』と『アヴェスター』を比較すると、両者の類似は著しい。インド・イラン語派の人々はアーリア（高貴な者）と自称していたが、イランの国名もこれに由来している。

『アヴェスター』はインドの『ヴェーダ』と同様に口承で伝えられ、紀元後のササン朝ペルシア時代（二二四―六五一）に最終的に文字化された。しかし強固なバラモン階級によってほとんど損なわれることなく伝承された『ヴェーダ』とは異なり、『アヴェスター』のかなりの部分は失われ、またゾロアスター教内部でも神話や教義の変化もあった。したがってここに紹介した神話はササン朝ペルシアの時代に体系化されたものである。またこの時代に用いられていた言語は中世ペルシア語（パフラヴィー語とも）なので、『アヴェスター』とはほとんどの場合に呼び方が異なっている。たとえばアフラ・マスダーはオフルマズド、アングラ・マインユはアフリマンとなる。

インド・イラン

イランの英雄神話

イラン第四代の王ジャムシードは全世界の支配者のしるしとして神から黄金の指輪と短剣を授けられ、黄金時代を築いた。彼の治世は「ジャムの千年紀」と呼ばれ、適度な風が吹き、いかなる病気もなくて、人々は不老不死だった。そして繁栄の結果として生物の数が増えすぎて、住む場所が足りなくなった。その度に王は神の助力によって大地を広げた。また神は王に、すべての生物を滅ぼす大洪水が来ると警告した。そこで王はワラという巨大な洞穴を作り、すべての種を保存し、大洪水の後に再び生物が繁殖するようにさせた。しかしジャムシード王は晩年になると神の恩を忘れて尊大となった。このため神から授かっていた王者のしるしである光輪（フワルナ）は、三羽の鳥の姿で飛び去ってしまう。このため王の力は衰え、国は侵略者である蛇王ザーハックのものとなった。

こうして「ザーハックの千年紀」となった。彼は悪魔の誘いに乗って父王を殺害して王位に就いたため、両肩から二頭の蛇が生えてくる。そしてこの蛇には毎日人間の脳を与えねばならなかった。ザーハックは千年在位するが、その間毎夜二人の若者が蛇の餌として殺された。このザーハックに父を殺され、母と輝く牝牛に育てられたのが、ファリードゥーンである。若者となった彼は父の仇を討とうとする。他方、鍛冶屋カーヴェは十七人の息子を蛇の餌食として殺され、ザーハックの宮殿に乗り込み十八人目の息子を救い出すと、皮の前掛けを「カーヴェの旗」としてファリードゥーンのもとにはせ参じて、協力して蛇王を倒した。

ファリードゥーンは即位し、五百年統治した。彼には三人の息子がいたが、誰が次の王にふさわしいか試験した結果、末弟イラージがイランを継承し、長男には小アジア、次男にはトルキスタンが与えられることになる。しかし不満を持つ二人は末弟を殺害し、その首を父王に送りつけた。しかしやがてイラージの遺児マヌーチェフルが成長し、二人の叔父を倒して、父の仇を討ち、祖父の後を受けて王となって、百二十年統治する。

マヌーチェフル王の時代に、勇者サームがいた。長い間彼

『王書』（シャー・ナーメ）写本。中央はザーハック。両肩に蛇が生えている

には世継ぎが生まれなかった。そしてやっと子供が生まれた。しかしこの子は白髪であったので、サームは恥じて絶望し、子供をエルブルズ山脈に捨てさせてしまう。しかし霊鳥スィームルグが置き去りにされた嬰児を見つけて巣に連れていき、雛鳥とともに育てた。サームは夢で子供が成長したのを知って迎えに行き、子をザールと名づけた。ザールはアフガニスタンのカブールのメヘラーブ王の宮殿で、王の娘で絶世の美女であるルーダーベ姫を見初め、二人は結婚する。

やがてルーダーベ姫は妊娠するが、子供は大き過ぎて、ルーダーベは出産時に息絶えそうになる。そこでザールが育ての親である霊鳥スィームルグの助けを借りて、帝王切開によって母子ともに無事にロスタムが生まれた。

ロスタムは十人の乳母が乳を与え、五人前の離乳食を与えねばならないほど大食漢だった。子供時代には荒れ狂う白象を一撃で倒した。青年期には名馬ラクシュを与えられ、さらに活躍した。このころ、イランの宿敵であるトゥーラーンのアフラースィヤーブ王が侵入し、王を殺したのでイランは危機に陥る。そして跡を継いだ王たちも亡くなり、王位は空となる。そこでロスタムが父ザールの命令でエルブルズ山に行き、ファリードゥーン王の血統を引くカイ・コバードを連れてきて王位に就けた。ここに新王朝カヤーニー朝が始まった。

ロスタムはサマルカンドを訪れ、同地の王女タハミーネと一夜の交わりを結ぶ。翌日ロスタムは立ち去るが、王女は身ごもってソフラーブという男児を生む。ソフラーブは成長し父に会うためイランに向かう。そして父と子とは互いを知らずに一騎打ちになる。戦いは勝負がつかず、三日に及ぶ。最後にはロスタムがかろうじて勝つが、ソフラーブは死の間際に父であるロスタムに会うためにイランに来たことを告げる。我が子を倒したと知ったロスタムは嘆き悲しむが、息子は父の腕の中で死ぬ。

＊

ここに紹介したのはイランの国民詩人フィルドゥスィー（九三四―一〇二〇／一〇二五？）の『王書』（シャー・ナーメ）の一部である。同書は宇宙創造からアラブ軍によるサーサーン朝ペルシアの崩壊に至るまでの四王朝の歴代五十人の王たちの歴史である。また内容的には神話時代、英雄時代、歴史時代の三部分から構成されているといえる。

フィルドゥスィーの時代のイランはすでに唯一神アッラーを信じるイスラム教国であったが、『王書』の基本思想はむしろゾロアスター教的で、善と悪との二元論的な戦いが基本構造である。わけても神話時代の部分は、ゾロアスター教神話の歴史化された姿ともいえる。たとえば第四代のジャムシード王はイマ（インド神話のヤマ）に対応する。また蛇王ザッハークは『アヴェスター』ではアジ・ダハーカという名前で、悪神アフリマンが善を滅ぼすために遣わした魔物とされている。

インド・イラン

スキタイ神話

スキタイ人の神話によれば、彼らは自分たちを世界中でもっとも歴史の新しい民族であると考えていたらしい。当時無人であったその地に最初に生まれたのは、ゼウスとポリュテネス河の娘との子タルギタオスであった。そしてタルギタオスからはリポクサイス、アルポクサイス、コラクサイスの三人兄弟が生まれた。彼ら三人が支配していた時代に、黄金製の鋤とくびき、戦斧、盃が天から降ってきた。長男が最初に見つけて近づいたところ、黄金が燃えだした。そこで長男が離れると、今度は次男が近づこうとしたが、やはり黄金は燃えだして、近づけなかった。最後に末っ子の三男がそばに行くと火は消え、三男は黄金の品々を家に持ち帰ることができた。そこで二人の兄は弟に王権を譲ることに同意したという。

長男リポクサイスからはアウカタイと呼ばれる氏族が生じ、次男アルポクサイスからはカティアロイ、トラスピエスの二氏族が生じ、そして三男コラクサイスからはパララタイと呼ばれる王族が生じた。歴代の王たちは黄金製の品々を何よりも大切に保管し、年ごとに盛大な生け贄を捧げて神のごとく敬い祀った。祭礼の際に黄金の祭器を保持している者が居眠りをすると、その者は一年以内に死ぬという言い伝えがあった。そのためこの役目の者には騎馬で一日の間に乗り回すことができる土地が与えられたという。初代の王コラクサイスは広大なスキタイの領土を三つの王国に分割して息子たちに分け与えたが、一つの国を他の国よりも大きくし、黄金の祭器はこの国に保管させたという。

スキタイの王国の起源については別の伝承もある。英雄ヘラクレスは西の果ての島でゲリュオネウスを退治し、戻る途上でスキタイの地を通りかかったが、寝ている間に馬車の馬を奪われてしまった。そして探索していて、洞窟の中で上半身は娘の姿だが、下半身は蛇の蛇女を見つけた。この蛇女は馬を奪ったのは自分で、彼が自分と交わるなら返すといった。ヘラクレスは蛇女と交わって馬を返してもらった。そして彼女は、この交わりによって三人の子を身ごもった。彼女が子供たちが成人したらどうしたらよいのか、とヘラクレスに尋ねると、彼は自分の弓と帯を渡した。そして、その弓を引き

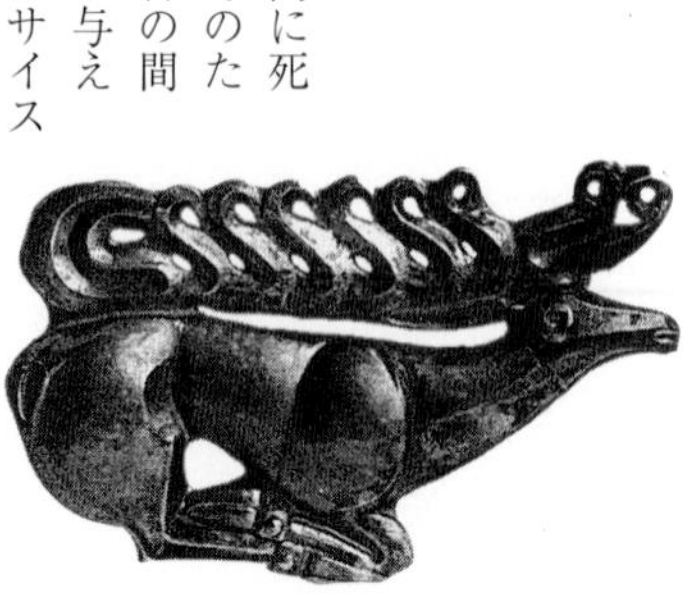
南ロシアのスキタイ人墳墓出土の黄金製のシカ像（前７～６世紀）

絞ることができ、また帯を締めることができた者をこの国の王にするがよいと教えた。帯には結び目の端に金の盃がついていた。

やがて蛇女は三人の息子を生み、彼らが成人すると、長男にはアガテュルソス、次男にはゲロノス、三男にはスキュテスと名前をつけた。三人のうち長男と次男は父の課した試練を果たせず、母親に追われて国を去った。そして末っ子のスキュテスが試練を果たしたので、国に留まった。スキタイの代々の王はこのヘラクレスの子スキュテスの後裔であり、また盃の故事にちなんで、今もなお帯に盃を着けているという。

*

イラン系の遊牧民族または半遊牧民族としてはスキタイ人、マッサゲタイ人、キンメリア人、サルマティア人、アラン人などが知られている。このうち最も有名であるスキタイ人は、紀元前八～七世紀に黒海、アゾフ海周辺の地域に姿を現し、馬上で弓を用いる攻撃法によって南ロシア黒海北方の肥沃なステップ地域に支配権を確立した。その結果、その地方まで植民のために進出してきていたギリシア人と密接な交渉をもつようになった。

騎馬民族であったスキタイ人は、文字による記録を残さなかったので、上に紹介したような二つのスキタイ人の起源についての神話は、前五世紀にギリシア人歴史家ヘロドトスがその著書『歴史』（4・5と4・8-10）の中で紹介しているものである。ギリシア神話でないのにゼウスやヘラクレスが登場するのはそのためである。

前者の神話において天上から降ってきた黄金の器物のうち、鋤とくびきは農具である。二つの単語は一語の合成語になっている。鋤とそれを取り付けるための木の柄の付属したくびきが全体として一つの農具と考えられているのである。そして次の戦斧は明らかに武器である。三番目の盃は祭具であったらしい。なぜなら、イラン系の多神教ではハオマ（インド神話のソーマと同一）と呼ばれた、植物の茎の絞り汁から作られたらしい飲料を神々に捧げる儀式が非常に重要であり、盃は最も重要な祭具であったはずだからである。

もう一つの神話にも三兄弟が登場する。両神話では兄弟の名前は異なるし、前者では王にならなかった上の二人もスキタイの地に留まるが、後者では試練に失敗した上の二人はスキタイの地から去るという違いもある。さらに後者には三区分的な品々も登場していない。しかし、三兄弟の末子が王になること、そして黄金の盃が王のしるしとされたことは、両神話に共通している。二つの神話は無関係ではないし、同じ王権の観念を表明しているといえるだろう。

このようにスキタイの神話においても、社会が祭司、戦士、生産者という三つの階層から成り立つというインド・イラン語族的そしてさらにはインド・ヨーロッパ語族的な三区分世界観が認められる。

オセット神話

英雄ナルトたちは三つの大家族に分かれていた。ボリアテ家は家畜に富み、アレガテ家は知恵に優れ、エクセルテンカテ家は勇敢で猛々しかった。ナルトの英雄たちはアレガテ家において荘厳な酒宴を催すが、そこでは「ナルトの顕わし手」と呼ばれる魔法の盃による数々の奇跡が起きる。しかし英雄たちを輩出するのは、エクセルテンカテ家の方である。この家系は英雄エクセルテグと黒海に住む水界の支配者の娘ゼラセが結婚して、ウリュズメグとヘミュツという双子の息子を生むことから始まる。

やがてゼラセは死んで墓に葬られるが、彼女に恋していた悪精霊ワステュルジはゼラセを死姦する。そして死体からサタナが生まれた。サタナは兄のウリュズメグによって発見されて養育される。彼女は奇跡的な早さで成長し、たぐいまれな美女となる。そして躊躇するウリュズメグを強引に説得して、タブーである近親結婚によって兄の妻となる。

ある時サタナが河で洗濯をしていると、向こう岸にいた羊飼いがサタナの太股を見て欲情して、自慰をして精液を漏らし、それが石にかかって石の中に胎児が生じた。この胎児は月満ちるとサタナによって取り出されて、ソスランと名づけられて彼女の子として育てられた。彼の身体は鋼鉄でできていて、不死身だった。

20世紀初期のオセット人の村。伝統的で古風な鎧がなお用いられていた

ある日、ソスランは叔父で義父でもあるウリュズメグから不思議な黄金の鹿に出会って追いかけたが見失ってしまったという話を聞かされた。そこで翌日ソスランは自分もその鹿を探しに出かけ、追跡しているうちに岩屋に入り込んだ。そこには城があり、黄金の鹿とは太陽神の娘で絶世の美女であるアチュルフスが変身していたのだと教えられる。彼女はソスランが来たと知ると、彼こそが自分が結婚する定めになっている相手だと述べる。ただしこれには条件があった。城の主は結婚の条件として、海岸に黒い鉄の城を建てること、その四隅にアザの木の葉を植えること、そして鹿、野生の山羊、あらゆる種類の獣それぞれ百頭ずつ合わせて三百頭を要求したのである。

この難題には母親のサタナが手助けしてくれた。しかしアザの木の葉は死者の国にしかなく、それを手に入れるためソスランは死んで冥界にいる前妻のベドゥハの元を訪れて、助力を依頼しなければならなかった。バネの蹄を持つ愛馬に乗ったソスランは、長い旅の末に死者の国に到着し、前妻に会い、その手助けを得て、アザの木の葉を入手するのに成功する。しかし彼は帰路に、前妻の忠告を聞かずに落ちている古ぼけた帽子を拾ってしまう。しかし実はそれはソスランを憎む狡猾なシュルドンが姿を変えていたのだった。そしてシュルドンは、ソスランとその愛馬それぞれが隠していた唯一の急所の秘密を聞き出し、すぐに地獄に行って悪魔の王にそのことを話して射手の軍勢を借り受けて、まず馬に致命傷を与えて殺す。しかし瀕死の馬はソスランに皮を剥いで中に藁を詰めれば、それに乗って家までたどり着けると告げる。シュルドンはこの言葉も聞き逃さず、火矢を放って藁入りの馬皮を燃やしてしまう。こうして馬を失ったソスランは徒歩でなんとか家にたどり着く。そして結婚のための難題をすべて満たして、無事に太陽神の娘アチュルフスと結婚した。

しかし幸福は長続きしなかった。ある日ソスランは狩りの最中に獲物に近づこうと腹這いになった時、シュルドンから急所を教えられたバルセグの車輪によって不意を襲われて、膝から下を切り落とされて死んでしまう。埋葬される前、ソスランはナルトたちにバルセグの車輪を退治して仇を討ってほしいと言い残す。そこでソスランの甥が車輪と戦って退治し、その輪縁を二つに切断して、二つの半片をソスランの亡骸の枕元と足下に当たる場所に立てて、墓の飾りとした。

＊

ロシアのコーカサス（カフカズ）地方に住むオセット人は、スキタイ系のアラン人の後裔で、「ナルト叙事詩」を伝承している。ここにもインド・ヨーロッパ、スキタイから伝承された神話素を認めることができる。まず主要な三家族はインド・ヨーロッパの三機能体系に沿って特徴づけられている。知恵に優れて魔術的な盃を有するアレガテ家は第一機能、勇敢で猛々しく、英雄を輩出するエクセルテンカテ家は第二機能を象徴する。なおその始祖エクセルテグの名前の元になっている名詞「エクサル（ト）」はインドで戦士階級を意味するクシャトリアと同語源であるとされている。また家畜に富むボリアテ家は生産機能の第三機能にふさわしい。そしてオセット族とスキタイ人との関連は、ヘロドトスの伝えるスキタイの埋葬儀礼からうかがえる（『歴史』4・72）。これによると、王の埋葬は死後一年して行われるが、亡き王の侍臣五十人と駿馬五十頭が絞殺される。そして臓腑を取り出してから藁を詰めて縫い合わせるという。また車輪の輪縁を半分に切断したものをたくさん作って墓の周囲の地面に固定して、それに馬の死骸を乗せて、さらにその馬に侍臣の死体を乗せて、一同は立ち去るという。これはソスランの死、その仇討ち、そして埋葬の場面での描写と驚くほど類似している。

上「神話中の帝王たち」右から神農、黄帝、顓頊、帝嚳、堯、舜、禹。画像石に描かれている(山東省・武氏祠)
下「伏羲と女媧 」人身蛇尾の男女の創造神(山東・武氏祠)

中国

君島久子／新島 翠

中国

盤古天地を闢《ひら》く（漢族）

大昔、天地はいまだ開けず、宇宙は混沌として暗く、巨大な卵のようであった。その卵の中に巨人盤古《ばんこ》が眠っていた。盤古は眠りつづけ、成長をつづけた。

こうしておよそ一万八千年。

巨人盤古は、長い眠りからさめた。両の眼を見ひらきあたりを見まわしたが、なにひとつ見えない。

ただ、どろどろとしたまっくらな闇の世界である。この息のつまりそうなうっとうしさ。かぎりない憂鬱さ。とうとう巨人は我慢できず、巨大な手のひらを開き、腕をふるって目前の混沌と暗黒を、力いっぱい切り裂いた。とたんに、大音響がとどろき、巨大な卵が破裂した。何万年もの間、凝り固まって動かなかった混沌と暗黒が動き出した。

その中の軽く澄んだものは、しだいに上へ上へとのぼっていき、どこまでもひろがって、まっ青な「天」となった。

また、重く濁ったものは、下へ下へと沈んでいって、厚くたまって「地」となった。こうして混沌たる宇宙は、はじめて天と地にわかれたのである。

天と地ができると、盤古は両腕をかかげて天を支え、両足でしっかと地をふまえて、天と地の間にすっくと立った。天と地が再び合わさってしまわないようにするためである。

盤古

盤古は天を支えながら、毎日一丈ずつ背丈がのびていき、そのたびに天も、毎日一丈ずつ高くなった。盤古が重くなるたびに、地もふみ固められ、厚さを一丈ずつましていった。

こうして、およそ一万八千年が過ぎた。

天はこれ以上高くなれぬほど高くなり、地もこれ以上厚くなれぬほど厚くなった。

盤古は、もうこれ以上大きくなれぬほど成長した。

天と地の間にそびえ立つこの巨人は、巨大な柱のように、いつまでも力の限り天を支えつづけていた。

それからまた、どれほどの年月が過ぎたであろうか。天と地はしっかりと形成され、もう二度と合わさる心配はなくなった。世界最初の神である巨人盤古の仕事は、終わったのだ。

盤古は、この天地を分ける大事業のなかで、もうとっくに疲れきっていた。精も根も尽きはててしまったのだ。そしてある日、枯れ木の朽ちはてるように、倒れて死んだ。

けれどもこの巨人は、天地をわけたあと、美しい世界を創造しようと夢みていたのである。その証拠には、彼の死後、天地だけの世界にとつじょ変化がおこったのだ。

盤古が死ぬまぎわに、ほーっと吐き出した息は、万物を育てる春風と、天空中の雲や霧に変わり、その声はひびきわたる雷鳴となった。

左の眼は、光り輝く太陽となり、右の眼は美しい月になった。髪の毛とひげは、天井の数限りない星に変わってまたたいた。

地に倒れた体と手足は、四方の山々に変わり、血は川になって流れた。その肉は肥沃な田畑に変わり、筋は道となって四方に走った。

その骨と歯は、真っ白な玉石や、金属や、鉱物となって、豊かに地下に埋蔵された。そして、皮膚に生えたうぶ毛は、木や草花となって繁茂し、汗は万物をうるおす雨や露になったのである。

天地を分けた巨人盤古、彼は死してのちも、こうしてその身のすべてをささげて、新しい世界を創造したのであった。

＊

中国は全人口の九二パーセントを占める漢民族と、チワン族、チベット族、蒙古族など五五の少数民族からなる多民族国家である。五六の民族はそれぞれ歴史の興亡を繰り返しながら、神話伝説を豊かに伝えてきた。およそ四千年の文字文化をもつ漢民族に比べて、少数民族の多くは固有の文字を持たなかった。そのためむしろ口頭伝承による神話伝説が多彩に語り伝えられてきた。漢民族の断片的な神話に対して少数民族の場合は、一大叙事詩を構成しているものもある。

ここでは中国諸民族の言語分類に従って、各語族の代表的な神話を紹介することにした。まず漢語文献によるもの二篇、盤古、女媧《じょか》。壮《チワン》・侗《トン》語族からトン族の洪水神話。苗《ミャオ》・瑶《ヤオ》語族からヤオ族の犬祖神話。チベット・ビルマ語族からペー族とナシ族の創世神話。モンクメール語族からプーラン族のグミヤー。ツングース語族からオロチョン族の熊の話を選んだ。

盤古の天地開闢神話は、文献的には漢以後の三世紀に入った三国時代、呉の徐整《じょせい》の『三五暦記《さんごれきき》』に初めて記されている。盤古の死体化生の話はさらに下って、梁の任昉撰《じんぼうせん》『述異記《じゅついき》』などの文献にある。呉も梁も共に地域的には南方の国々であるところから、この話はもともと南の非漢民族の伝承で、当時ようやく南方へ関心を寄せ始めた漢族の筆になるものと思われる。後述するプーラン族の「巨人グミヤー」や、イ族の「ニジガロ」など、現在口承による天地創造神話が少なからず採録されているが、いずれも西南少数民族である。インドのプルシャ神話なども死体化生型としては酷似しており、この神話の広がりが注目される。

（君島）

中国

人間をつくった女神（漢族）

女媧人間をつくる

遥か昔、「女媧《じょか》」というひとりの女神が出現した。彼女は神通広大、万物を創造する能力があった。眼前に展開する荒涼たる風景を眺めやって、たとえようのない孤独を感じた。そこで、自分と同じ姿の生きものを造ろうと思いたった。

女媧は、黄土をほりおこし、水をくんで土をこねあげた。それから、小さくちぎってまるめ、形づくっていった。こうして、最初のひとつができあがった。女媧はこの愛する小さな生きものを「人間」と呼び、自ら造形したこの作品に対して満足した。そこで彼女は、またつづけてこの人間を造る仕事に没頭した。この生きものたちが、広い大地に満つるよう、ひたすら願いながら。

しかし、大地はあまりにも広すぎた。いかに努力してみても、じぶんの夢はとうていかないそうもない。それに、彼女自身、すでにつかれはてていたのだ。

最後に女媧は、ある人間創造の方法を思いついた。

彼女は、長い一本の縄を泥の中にたらして泥土をかきまわし、地面の上に振った。ポタポタとはねとんだ泥は、たちまち人間になった。この方法は実に手間がはぶけ能率的だ。縄をぶるんとひと振りしさえすれば、そうとうな数の人間が出現するのだから。こうして大地の上は、さほどたたないうちに人間で満たされた。

そういうわけで、豊かに富み栄えているものは、女媧が黄土をこねて造った人間の子孫であり、心の貧しく賤しいものは縄からしたたり落ちた、泥の人間の子孫なのである。

その後女媧は人間たちに、女と男の性別をつけることを思いついた。そして、女性と男性を配合させることによって、かれら自身に子孫を創造させることにした。後世女媧が子授けの神として祀られたのもそのためである。

こうして、人間の子孫は、絶えることなく繁栄をつづけることができた。

女媧補天

女媧が人類を創造してから、しばらくは平穏な時が流れた。

女媧

ところがある年のこと、この宇宙に一大変動が発生した。突如四本の天柱が倒れ、天空はなかば崩れ落ちて方々に大穴があき、地面はいたる所裂け、地割れが縦横に走った。山林は燃えだし、えんえんと燃え広がり、洪水は地底から噴出し、大地を海のようにした。人類はすでに生きるすべを失い、森の生き物たちも絶滅しようとしていた。

女媧はこのありさまを見て心をいため、いかなる犠牲をはらってもこの大災害をくい止めようとした。彼女はまず五色の石を選び、火で熔かして錬りあげ、天空にあいた破れ目を補修していった。天が元のようになると、今度は大亀を捕らえてその足を切り、大地の四方へ立てて天柱の替わりとした。

そのころ冀州一帯では、凶悪な黒龍が人々に害をあたえ苦しめていた。女媧はすぐさま行って黒龍を殺し、冀州を救い、人類が再びその害にあわないようにした。残るは地面から噴き出す洪水である。彼女は川辺の蘆を焼いて灰となし、それを集め積み上げて、噴き出す場所を埋め塞ぎ、洪水を止めた。

こうして大災害による天地破壊は、女媧の手によってひとまず補修が完了し、蒼天は補われ、洪水は治まった。季節のうえにも春、夏、秋、冬の四季が生まれ、順序正しく訪れるようになり、人間にも生き物たちにも平和が戻った。

さて、破壊された天地は、こうして女媧の力によって補修されたが、しかし、完全に元の状態に復元するまでには至らなかったという。だからこの時以来、天空は西北にやや傾いたままなので、当然太陽や月や星はみなその方へ向かって移り、西天へと落ちてゆく。一方大地は西北が高く、東南が低くなったので、川の水はみな自然に東南へ向かって流れるようになったと言われている。

だが、この中国の地形を説明する話は、女媧の補天とはかかわりなく、共工《きょうこう》という腕力の強い神が、高辛《こうしん》なる神と帝位を争い、力余って不周山に触れたため天柱が折れて、天は西北に傾き、地は東南に向かって傾斜し、川も東南に向かって流れるようになったという話がある。

*

女媧は、中国古文献中に記された女神の中では最大級の存在であるが、一般的には人面蛇身、伏羲《ふくぎ》の妻としての神話や蛇尾をからませた図柄で知られている。しかしそれ以前、紀元前の文献には、むしろ独り神としての面目躍如たる神話がある。すなわち『淮南子《えなんじ》』覧冥訓《らんめいくん》によると、天変地異により破壊された天地を立て直し、洪水を治めるという大事業をなしとげたことが記され、また『風俗通』には、女媧が黄土をまるめて人類の創生を行ったことが記されている。『楚辞《そじ》』にも女媧造人の故事を裏付ける表現がある。現在少数民族の伝承には天地・人類創世の女神（たとえばチワン族のムロチャ、トン族のサテンパなど）の存在が明らかになっているが、これもまた、女媧が偉大なる造物主であったことの傍証となろう。

（君島）

中国

雷公を捕らえる（トン族）

　はるか昔、四人の兄弟がいた。長男は手長、次男は足長、三男は早耳、四男は千里眼である。ある時、年老いた母が病気になってしまった。雷公《らいこう》の肝が薬になると聞いて、四人は雷公を捕まえることにした。早耳が耳をすませると、誰かが、「竈神《かまどかみ》が地上の善悪を天王に報告し、穀物を粗末にした者には雷公を遣わして罰するのだ」と話していた。早耳から話を聞いた長男と次男は、屋根の上に特別な木の皮を張り巡らせ水を撒いておいた。こうしておくと、ぬめりのある樹液が出るのである。それからわざと穀物を粗末に扱った。

　果たして竈神は天王に報告し、すぐさま雷公に命が下った。雷公は罰を与えるために兄弟の家の屋根に降りたとたん、足を滑らせて落下してしまった。待っていた兄弟は、雷公を捕まえて鉄の籠の中に閉じこめると、疲れて眠ってしまった。そこへ通りかかった姜良《チャンリャン》と姜妹《チャンメイ》の兄妹は、籠の中の雷公が水をほしがるので少し与えた。雷公はふくべの種を一粒兄妹に渡して蒔くように教え、水を口に含み、ぷっと吹いた。たちまち籠は炸裂し、雷公は天へ帰っていった。報告を聞いた天王は、四兄弟をこらしめるため雷公に水を与え、

「水の半分だけを撒け。半分は残すのだぞ。さもないと、人類は滅んでしまう」

　と言ったが、雷公はわざと水をすべて撒いてしまった。

　姜良、姜妹の兄妹は、雷公にもらった種をまいた。すると、見たこともないほど大きなふくべが実った。ちょうどその頃、地上は雷公のおこした洪水に見舞われ、あらゆるものが水に流されたが、兄妹だけはふくべに穴を開けてその中に潜み、難を逃れることができた。

　一方早耳は、洪水が来ると聞いて、手長、足長に筏を作らせ、それに乗って漂ううちに南天門に到着した。四兄弟を見て驚いた雷公は、天王の後ろに隠れたが、兄弟は雷公を見つけて追いかけ回した。その音が雷の音である。

　天王は洪水では四兄弟を滅ぼせないと知って、水を引かせたが、地面は水浸しのままだった。そこで、十二の太陽を出して、地上を乾かすことにした。

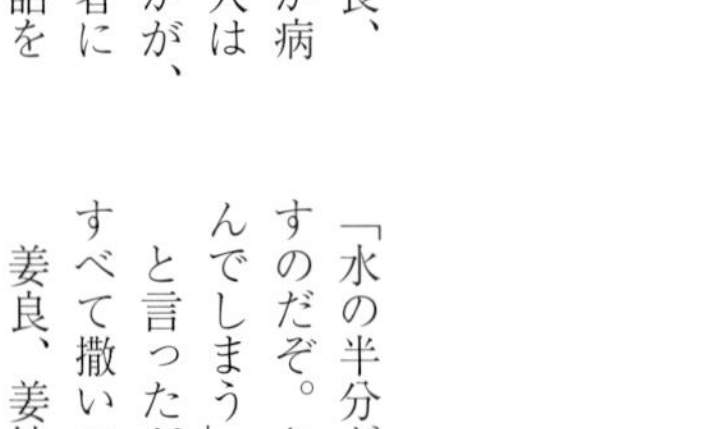

トン族

十二の太陽はまるで火の玉のように、日夜照らし続けた。あまりの暑さに耐えられず、姜良と姜妹は竹で弓矢を作り、兄が大木に登って十の太陽を射ち落した。妹は、
「兄さんもう十分よ、一つは残しましょう」
と言った。実はもう一つ、小さな太陽が葉の下に隠れていたのだが、それは月となった。

地上はようやく涼しくなり、昼と夜もできた。しかし、洪水ですべてが流され、何一つ残っていない。兄妹は家を作り地を開墾して、瓜、豆、綿、穀物を育てた。あとは伴侶をさがすだけである。二人は三年六ヵ月かけて歩きまわったが、どこにも人影を見つけることはできなかった。最後に兄はどうしたものかと竹に聞いた。竹は、兄妹が結婚すればよいと答えた。松にも石にも聞いてみたが答えは同じであった。

兄は妹に、子孫を残すため結婚しようと言った。妹は考えたあげく、三度占いをしてほしい、一つは、東と西に別れてたき火をして、その煙が一つになるかどうか。二つは、嶺南と嶺北の川が一つに合流するかどうか。三つは、石臼の上下を分け、東山と西山から片方ずつ落とした時、ふもとで合わさって元の石臼になるかどうか。すべてが実現したら、その時は結婚すると答えた。

兄は占いがどう出るか心配でならなかった。そこで亀に相談すると、望みの結果を出す方法を教えてくれた。その通りにして、二人はついに結婚することができた。しかし、三年後妹が生んだのは肉の塊であった。頭も脳みそも何もない、まるで冬瓜のような姿をしていた。二人は悲しくなって、また亀に相談すると、
「よく切れる刀でそれを切りなさい。骨と肉は分けて捨てるのです。内臓もそれぞれ分けて投げ捨てなさい」

言われたとおりにした翌日、あちこちに人間の姿があるではないか。骨から変化したのは漢族、肉が変わったのは瑶《ヤオ》族である。このように我々はみな一人の母から生まれたのだ。

＊

トン（侗）族は貴州省東部を中心に、湖南、広西にまたがって居住しているが、そこは沅江《ユアンジャン》、黔江《チェンジャン》の上流にあたる。彼らは山麓に村を築き、豊かな水源と豊富な雨量を利用して稲を作り杉を植林して暮らしている。侗語は壮《チワン》・侗《トン》語族に属す。

ここで紹介したように、洪水のあと生き残った兄妹（あるいは姉弟）が始祖となる話は、トン族の他にミャオ族、チワン族など中国西南の少数民族が伝えているが、タイ、ベトナムからインド中部に及ぶ広い地域にも流伝しているという。

華南諸民族の伝承では、雷公と兄妹の父との葛藤が発端で洪水が起きることが多いが、トン族では父は登場せず、母のために息子が雷公を捕まえる。別伝では雷公ではなく雷婆となっている。また、兄妹の間に生まれた肉塊を切ると人間になるというモチーフは、あたかも根栽農耕作物の栽培法を思わせる。

（新島）

中国

龍犬盤瓠王となる（ヤオ族）

昔高辛《こうしん》王の時のことである。王には美しい三人の王女があり掌中の玉の如く愛しんでいた。王宮にはまだらの龍犬《りゅうけん》が飼われていた。龍犬は賢いうえに、まるで兵士のごとく昼も夜も王を警護したので、王は常に身辺に置いて可愛がっていた。

ある年のこと、番王が国境を侵して攻め込んできた。高辛王は恐れおののき、すぐさま告示を出した。

「番王を滅ぼした者には、褒美として金銀財宝を与え、王女の一人を嫁《とつ》がせる」

すると、龍犬が告示をくわえてやってきた。自分が番王の首を取りに行くというのである。王は吉日を選んで宴を催し、龍犬を送り出してやった。

龍犬は風のように走って海に着くと、さっと飛び込んで、蛟龍《こうりゅう》のごとく泳ぎだした。七日七晩泳ぐと番王の領地である。まっしぐらに番王の王宮を目指した。いつも高辛王の傍らにいる龍犬がやってきたのを見た番王は、いぶかしく思い、

「お前は高辛王に影のように付き添っていたのに、なぜ主人のもとを離れたのだ。あの愚かな王に見切りをつけたのか」

と尋ねると、龍犬は三度うなずいた。

喜んだ番王は龍犬を横に侍らせて祝宴を開き、したたかに酒をのんだ。その晩、龍犬は王の寝込みを襲うつもりで寝所に入ったが護衛の兵士がいたので、やむなく兵士の手をなめてじぶんの部屋へ引きあげた。

そこで翌朝、龍犬は番王が厠に行こうとしているところへついていき、あたりに兵士の姿がないのを見とどけると、いまだとばかり、番王におそいかかり、のどに噛みついた。声もなく倒れた王の首をかみ切ると、その首をくわえて龍のようにすばやく海を泳いで帰ってきた。

龍犬の手柄に高辛王はこの上なく喜び、目の前に金銀財宝を並べた。しかし龍犬は目もくれない、静かに頭を横に振るだけである。王妃はそっと王に耳うちした。

「龍犬は娘を望んでいるのでは」

それを聞くと王は後悔して、

ヤオ族

「犬になどやれるか」

と声を荒げた。上の王女、次の王女もいやな顔をしていたが、末の王女だけは違っていた。

「父上、王たるものが約束を違えては、人々の信頼を失います。今後国難があったとき、誰も馳せ参じてはくれないでしょう」

言われて王は思い悩んだ。そして、信頼を失うべきではないと思い直し、龍犬に嫁を選ばせることにした。犬が選んだのは末の王女である。婚礼が盛大に行われた。

王と王妃は末娘が不憫でならなかったが、二人の姉は犬を夫にした妹をあざ笑っていた。しかし、龍犬と結婚した末の王女は、幸せな毎日を送っていた。なぜなら、昼は犬の姿をしていても、夜はりりしい若者になるからであった。それと知った姉たちは、歯がみして悔しがった。

国王は、龍犬が人に変われるなら、南京の王に封じようと言った。龍犬は喜び、妻の王女に、蒸籠《せいろ》の中で七日七晩蒸しあげれば、体の毛が抜け落ちて人になれると教えた。言われたとおり、夫を蒸籠に入れて蒸した。六日六晩たったころ、王女は夫が死んでいるのではと、急に心配になった。ふたを開けてのぞくと、龍犬は果たして人に変わっているではないか。だが、蒸す時間が足りなかったために、頭と脇とすねに毛が残ってしまった。

龍犬は南京十宝殿の盤瓠《ばんこ》王となり、六男六女をもうけた。子供たちが逞しく育つよう、狩りと機織りを教えることにした。高辛王はそれを聞いて感激し、すぐさまお墨付きを与えた。そこには、盤瓠王の子女に瑶《ヤオ》家十二姓を賜い、山地に居住と開墾の自由を与え、一切の賦役を免除することが記されていた。これが瑶の人々が代々伝えている過山榜《グオシャンバン》である。

*

ヤオ（瑶）族は広西壮族自治区の大瑶山一帯を中心として、湖南省、広東省、雲南省などにも一部居住している。長沙《ちょうさ》武陵蛮《ぶりょうばん》の子孫といわれ、古来、華中、華南の山地で、狩猟や焼畑耕作を行いながら遷徙移動（その一部は東南アジアに至っている）した民族であり、游耕の民ともよばれる。彼らの話す言葉は、苗瑶《ミャオヤオ》語族に属すが、一部壮《チワン》・侗《トン》語族に属している。

この神話の古い記録は『後漢書・南蛮伝』や『捜神記《そうしんき》』にあり、租税免除の特許状「過山榜」にも記されている。また民間伝承も流伝しているので、ここでは伝承に拠り文献記載までの内容を紹介した。伝承では続きがあり、盤瓠の死後子孫は千家峒《せんけどう》等の理想郷を建て繁栄したが、朝廷の軍に追放され、各地を遷徙移動することになったと伝えている。

この話はヤオ族の信奉する始祖盤瓠（槃瓠、盤護とも書く）の神話だが、シェー族にも同様の神話があり、後者は三男一女が生まれ始祖となる。どちらも祖先祭祀と共に語られているが、一部のミャオ族やリー族にも伝承しており、沖縄の宮古島にも類話がある。

（君島）

中国

ラオタイとラオクー（ペー族）

その昔、この世には人類も万物もなく、天と地が連なる混沌の闇の世界であった。天と地の間には果て知れぬ大海原がひろがり、海水がまるで煮えたぎっているかのように沸き立って、天にぶつかり、地を揺るがしていた。

ある日、海水がまっすぐに立ち昇り、天に大きな穴を開けた。潮が引くと、穴から大小二つの太陽が姿を現わし、あたりを駆けめぐりながらぶつかりあい、火花を飛ばした。

いくどもぶつかるうちに、小さな太陽の殻が破れて抜け落ち、天に釘付けされた。それが月である。飛び散った火花は星になった。

二つの太陽はますます激しくぶつかり、やがて天をも揺るがす音がしたかと思うと、小さな太陽は海の中へ落ちていった。海水は巨大な波しぶきをあげ、天を高々と押し上げ、地をより引き下げた。こうして天と地は分離したのである。

太陽が落ちたために海水は沸騰し、海底で眠っていた大金《きん》龍《りゅう》を目覚めさせてしまった。金龍は何事がおきたかと、海の中を泳ぎ回っていたが、波間を漂う大きな火の玉を見つけて、そのまま飲み込んだ。

太陽は腹の中で燃えさかり、熱くてたまらない。吐き出そうとしたとき、のどに詰まってしまった。苦し紛れに金龍は頭を振り回し、頭が大山にぶつかった。とたんに、太陽は大きな肉塊となって龍のえらから飛び出し、螺峰山《ルオファンシャン》に当たって炸裂した。飛び散った無数の肉片は、雲になり、鳥になり、草花になり、獣になった。

ペー族

肉塊の真ん中の部分は、螺峰山の中腹の螺眼洞《ルオイエンドン》の中にころがり落ち、洞の土に触れたとたん二つに割れた。先に地面に落ちた左半分が女になり、後の右半分は男になった。こうして人類がこの世に現れたのである。女の名はラオタイ、男はラオクーと言った。

三年が過ぎてラオタイは身ごもり、娘十人、息子十人を生んだ。大鹿が来て乳を飲ませ、ミツバチは蜜を与え、一年経たぬうちに子供たちは成人した。

二十二人の大家族では、食べ物をさがすだけでも大変である。たちまち山にあるものは食べ尽くしてしまった。おまけに外では雪が降り始めた。このままでは飢え死を待つばかりである。

皆で相談し、子供たちは二人ずつ洞の外へ出て、暮らしに役立つ物をさがすことになった。出がけに、父は息子一人一人に木の枝を与え、母は娘に小石を一つずつ与えて、道中の護身用とした。

さて、洞を出た長女と長男は、深い谷へとやってきた。そこに住む猿たちが狩りの名手と知って、石刀や石弓の作り方、矢の削り方、罠のかけ方、獲物の食べ方など教えてもらった。

次女と次男は、深い森の中で道を見失い、大木の下で休むことにした。ふと見ると、足に蔓を絡ませた鳳凰が、今にも死にそうに横たわっているではないか。哀れに思った二人が助けてやると、鳳凰はお礼にと羽を一本落として飛び去った。地に舞い落ちた羽は、大きなたいまつになって、あたりを明るく照らし出した。

こうして姉妹兄弟は、さまざまな技と知恵を身につけて、両親の待つ螺峰山の洞穴へと帰っていった。戻ってきた子供たちを見て両親はたいそう喜び、子供たちに互いに夫婦となることをすすめた。それから千年の月日が流れた時、螺峰山とその周辺には十の大きな村ができていた。それがペー族の村である。

人々はラオタイとラオクーを天地開闢の始祖として祀っている。その子たちも、長女と長男は狩の神、次女次男は火の神、次は木の神、織物の神、魚の神、農業の神、花の神、竈の神、薬の神、歌の神として人々から祀られている。毎年中秋節に、美しく着飾った白族の人々は、螺峰山の螺眼洞にやってきて、収穫したばかりの穀物を始祖に捧げるのである。

*

ペー（白）族は雲南省の中央よりやや西北、大理石の産地として有名な大理白族自治州を中心に居住している。言語はチベット・ビルマ語族に属している。自治州の中心には洱海《アルハイ》という大きな湖があり、湖に沿って細長くひらけた大理盆地は、豊かな水稲耕作地帯である。この洱海地区は、唐代に南詔国、宋代には大理国がおこり、長きにわたって雲南の政治、経済、文化の中心であった。

ペー族の神話には、漢族の「盤古神話」に似た天地創造神話、「九隆《きゅうりゅう》神話」と同系列の南詔《なんしょう》の建国神話などがあるが、ラオクー、ラオタイを始祖とするこの創世神話は、これまで紹介されたことがなく、複雑ではあるが、非常に面白い内容を持っているのでここに挙げた。

冒頭の天地開闢で海が重要な位置を占めているが、人々の生活と深く関わっている洱海を念頭に置いていると思われる。また、太陽が肉塊に変じて金龍から飛び出し、それが人間になるモチーフは、苗《ミャオ》・瑶《ヤオ》系民族の洪水神話で、兄妹が結婚して肉塊を生み、切り刻まれて民族の祖となるというモチーフに通じるものがあると思う。

（新島）

中国

天女の子孫（ナシ族）

　天地がまだ開闢していないころ、声と気が化して三滴の白露ができた。この白露が変化して、人類の始祖ができたのである。それから数えて九代目のツォゼルウの時代に、洪水が地を覆った。ツォゼルウだけは天神の教えにより、白いヤクの皮で作った革袋の中に潜んで洪水を逃れることができた。

　七ヵ月続いた洪水が去ってみると、生き残った人類はツォゼルウただ一人であった。彼がうなだれていると、やってきたネズミが、

「崖下の泉に天女が麻糸を洗いにやってくる。一人は竪目で美しい。もう一人は横目で性格がいい。横目の天女の翼を切り取れば、伴侶になってくれるでしょう」

　と教えた。ところが、ツォゼルウは美しさにひかれて、竪目の天女の翼を切り取ってしまった。二人の間に生まれたのは、猪、熊、蛙、蛇といったものばかりである。後悔したツォゼルウは、再びネズミのもとを訪ねた。ネズミが言うには、

「今夜横目の天女が川へ水浴びにくる。翼を川岸に置くから、わたしが翼をかみ切ってあげよう。天女はあなたを見つけて、翼をつないでほしいと頼むから、助けてやるといい。ただし、あなたを連れて天に帰ることを条件にです」

　天女には父の定めた婚約者がいた。何とか一人で天へ帰ろうと試みたが、ネズミから策を授けられているツォゼルウを騙すことはできなかった。天女も次第にツォゼルウに心を傾け、ついには二人で天に帰って結婚することを承諾した。

　ツォゼルウを翼の下に潜ませて天に戻った天女は、頃合いを見て父とツォゼルウを対面させた。父は難題を出して婿の力量を試すことにした。

　最初の難題は、一日で九つの森の木を切り倒すことである。天女は方法を教えた。翌朝、ツォゼルウは言われたとおり、九つの斧を九つの森に置き、「黒い蟻よ手伝ってくれ、白い蝶よ手伝ってくれ、来て私を手伝ってくれ」とつぶやいてから、山の斜面で昼寝をした。夕方目覚めると、九つの森の木はすべて切り倒されていたのである。

　喜び勇んで帰り、父親に「娘さんを妻にください」と頼む

ナシ族

と、第二の難題が出された。九つの森の切り倒した木を、一日で焼き払えというのである。これもなしとげると、第三の難題は、九つの焼き払った地に一日で種をまくこと。第四は、九つの焼いた土地の穀物を一日で収穫せよ。第五の難題は、足りない穀物一粒半をさがすことである。天女の助力によって、すべて解決することができた。

次に父親は、崖羊を捕まえに行こうと誘ってきた。ツォゼルウを崖から蹴落とす算段だった。その次は湖に魚をとりに行こうと言った。湖に落として、溺れさせるつもりだったのだ。これらも天女の助けで切り抜けることができた。

最後の難題は、虎の乳を三滴絞ってくることである。ツォゼルウはふと考えた。天に来てからというもの、すべて天女の力を借りて難題をこなしてきた。今度は自分一人の力で解決してみよう。思いついて、狐の乳を父親に渡した。しかし父親は鋭く見抜いてしまった。やはり天女の助けを借りて、ようやく虎の乳を搾ることができた。

父親は今度は結納金を要求した。ツォゼルウは、これまでの働きは結納金として十分であると反論して、ついに天女を妻にすることの同意を取りつけることができた。

ツォゼルウは天女をつれて、ンジュナシロ神山の頂から人間界へ降りて、人類の祖先となった。二人の間には三人の子供が生まれたが、成長しても言葉を話すことができなかった。そこで、巫師トンバを招いて、祭天の儀礼をとり行った。

ある日、子供たちが畑で遊んでいると、馬が畑のかぶらを食べはじめた。それを見た長男が、チベット語で、「馬がかぶらを食べた」と叫んだ。そこで長男はチベット人の始祖となって、ラサへ馬に乗って駆け去った。末息子は白《ペー》語で、「馬がかぶらを食べた」と叫んだ。そして、ペー族の始祖となって大理のあたりに住み着いた。次男は摩梭《モソ》語で「馬がかぶらを食べた」と叫び、モソ人（現在のナシ族）の始祖となって、天地の中央に住み、子孫はこよなく繁栄したのである。

＊

ナシ（納西）族は、雲南省の西北部にある麗江や、四川省との境に近い永寧などを中心に居住している。言語はチベット・ビルマ語族に属す。東巴《トンバ》文字といわれる固有の文字を持っているが、巫師東巴が儀礼を行う際朗誦する経文を、独特の絵文字で描いたものである。ここに紹介した神話は、麗江《れいこう》ナシ族が祭天儀礼の経文として、絵文字で記録したものの一部である。「洪水神話」「人類遷徙記《じんるいせんしき》」とも呼ばれ、口頭伝承も含め数種の類話がある。

この話の中には、我が国の羽衣説話によく似た、天女の羽衣を隠すというモチーフが、天女の翼を切り取る、あるいは噛み切ると言う形で極めて明確に示されている。さらに、主人公が天女の父から難題を出されるが、その内容は、焼畑耕作の一連の作業および狩猟、漁労など、ナシ族の生業形態を表わしている。

（新島）

中国

巨人グミヤー（プーラン族）

大昔、天もなく地もなく、獣や人間もいなかった。何処もかしこも黒々としずみ、雲霧の如く漂っていた。これをみた巨人グミヤーと十二人の息子は、天地を分離し、万物を創造しようと思いたち、材料をさがしはじめた。

当時、犀に似た巨大な獣が現れ、空中を浮遊していた。グミヤーはさっそくその獣の皮をはいで、天をつくった。犀の二つの目をとって星をつくり、天にちりばめた。二つの大きな星は明るく、しかもまばたいていた。

さて次には犀の肉で地をつくり、骨で石をつくった。血で水を、毛で草花や木を、そして最後に犀の脳みそで人間をつくり、骨の髄で鳥や獣や、虫や魚などをつくった。

天は空に懸かっているが、支えるものがない。地は下側が空洞で土台になるものがなく不安定だ。そこでグミヤーは犀の四本の足で柱をつくり、東西南北の四隅に立てて天を支えた。また大海亀を捕らえて、地面の下を支えた。しかし海亀は逃げだそうと動くので、金鶏に見張りをさせたが、鶏がつかれて目をとじると動きだし、地上は大地震となるのだ。

天地は定まり、生き物が楽しげに活動するさまをみて、グミヤーは満足した。

しかしこの幸せな世界は、太陽と月の妬みをかい、彼らはこの天地を破壊しようと、いっせいに燃える光をなげつけてきた。九つの太陽と十個の月の強烈な光の下に、地は干上がり、あらゆる生き物は苦しみあえいだ。

これをみてグミヤーは激怒し、弓矢で太陽と月を射おとしてくれようと、地上最高の山頂に登り、弓矢をかまえて、たけり狂う太陽どもを次々に射落とした。最後に残った太陽と月は、あわててかくれようとしたが、グミヤーの矢が月をすれすれにかすめたため、月は驚いて全身が冷たくなり、それまでのように燃えて光を放つことができなくなった。

月と太陽は身をかくした。世界はにわかに暗く寒くなり、人も生き物も困りはてた。グミヤーはもう一度月と太陽を呼び出すほかはないと、そのかくれ家をつばめにさがさせた。

「東方の天地の果ての洞穴に太陽と月がかくれています」との報告に、グミヤーは地上のあらゆる鳥や獣たちを集めて、

プーラン族

迎えに行かせることにした。

　太陽と月が岩屋の中にかくれていると、外から鳥や獣たちのさわぎたてる声が聞こえてきた。太陽をむかえる行列が岩屋の入口に到着したのだ。動物たちは口々に呼びかけたが、中からは何の応答もない。岩屋の中では、太陽と月が奥の隅にかくれて息をひそめている。

　雄鶏が太陽と月を呼び出そうとやさしく歌いかけた。「明るい太陽、美しい月よ、どうか姿を現して我らに光をあたえてほしい」これを聞くと太陽と月もいくらか心なごみ、「ここで飢え死にしようとも、グミヤーに射られるよりはまし」と答えた。皆は「二人を迎えにきたことは、グミヤー様のご命令。二度と弓矢はむけません」と歌った。

　しかし、太陽と月は出てこようとはしなかった。やはり信じられない。そこで雄鶏は「自分が呼び出した時は安全である」といって、プーランのしきたりに従い誓いを立てた。この時から雄鶏は、太陽を呼び出す役目をひきうけたのである。

　グミヤーの娘海姫も、朝太陽が出る時と夕方沈む時に、金色のスープを、月には銀色のスープを飲ませることにした。

　最後に皆は、太陽と月に昼と夜とに別れて、出てほしいと頼んだ。太陽と月は相談をした。「夜はこわいからいや」と太陽がいった。月は男らしく夜を引き受けた。

　太陽と月が出てくることになった。ところが出口を大きな岩がふさいでいて出ることができない。外の獣たちは力を合わせて開けようとしたが、押せども引けども大岩はびくともしない。すると力持ちの猪が、「みんなどいてくれ！　わしがやってみせるぜえ」といって、離れたところから凄い勢いで猛進してきて、どかんと岩に体当たりした。岩は半分われて、そこから太陽と月が出てきた。

　地上は光明をとりもどした。昼と夜の区別もできた。巨人グミヤーのつくった天地は、またもとのように喜びと希望にあふれた。

＊

　プーラン（布朗）族は、中国雲南省の最南端、ビルマと国境を接したシプソンパンナの山岳地帯に住んでいる。諸民族のなかでも最も古い民族の一つと言われ、昔からの狩猟と採集の生活をしてきたが、現在は焼畑耕作を行っている。彼らの話すプーラン語は、モンクメール語族に属しており、文字はない。そのかわり、口承の神話伝説が豊かに語り継がれている。中でもこの「グミヤー」の話は最も人気がある。

　太陽と月を射落とす射日神話は、中国では古文献に記された「羿《げい》十日を射る」をはじめ、イ族の「ニジガロ」、ヤオ族の「太陽を射る」など、西南少数民族を中心に東北のアムール川周辺にまで分布している。しかし、岩屋に隠れた太陽に対して、雄鶏が鳴き、さらに力持ちが岩戸を開けて導き出すという、日本神話に類似のモチーフも存在する点で、このプーラン族の話は注目に値する。

（君島）

中国

オロチョンと熊の物語（オロチョン族）

昔、クーアルビン川の上流に、ひとりの娘が住んでいた。娘は奥山へ行き、密林に迷いこんで、二度と帰ってこなかった。それから数年が過ぎた。

ある日狩人が、獲物を追ってその密林に入りこみ、熊の足跡を見つけた。あたりを見まわすと、はるか前方の切り株に、長い毛皮を着た人が、むこうを向いて坐っている。「もう、狩りにきている人がいるのだ、邪魔をしないでおこう」と狩人が引き返そうとしたとき、突然その人が立ち上がった。黒い鼻、とがった牙、毛むくじゃらの手足。狩人ははっきりと見た。それは人間ではなく、一頭の雌熊だったのである。

驚いた狩人は弓をとりなおし、心を落ちつけて弓をひきしぼり、矢を放った。が、矢は熊のうしろの幹につき刺さった。矢のかすめる音をきくと、熊は振り向いた。それから、ゆったりと二本足で立って歩き、前足で光をさえぎり、あたりを見まわした。

熊は狩人を見つけた。その瞬間矢が飛んできて、あげていた前足に命中した。熊は怒って矢を引き抜くと、二つに折り、狩人めがけて襲いかかった。

狩人は、あわてて松の木のうしろにかくれた。熊は二度、三度と松の木に体当たりして、ついに松の木を倒してしまった。狩人は逃げようとしたが、倒れた木の下に片方の足をはさまれ、どうあがいても引き抜くことができない。「もうだめだ」と、眼をつむっていると、ふしぎなことに熊は襲ってはこないのだ。それどころか、熊は狩人のようすをじっと見守っている。それからゆっくりと狩人のまわりを巡り、そしてしゃがみこむと、尻で松の木をぐいぐいと動かし、狩人を救い出したのである。

狩人は足にけがをしていたので、立つことも動くこともできない。すると熊は、人間のように狩人をおぶって、大木のところまで運んだ。その木には大きなうろがあり、中には草が敷きつめてあって、かっこうな寝床になっていた。熊は狩人をそこに休ませると、薬草や草の根をくわえてきてかみくだき、けがをした狩人の足にぬってやった。熊はまた、森の果実や蜂蜜をとってきては、狩人に食べさせた。

オロチョン族

こうして日一日とたつうちに、狩人のけがも快方に向かい、いつしか狩人と熊はいっしょに暮らすようになった。

やがてこの雌熊は、子どもを産んだ。子どもは半分は熊、半分は人間の姿をしていた。熊は子どもをつれて食べ物をさがしにゆき、狩人は一日じゅううろの中で養生をして、母子の帰りを待つという、まるで仲のいい家族であった。

平和な日々が続いた。熊は出かけるときには、必ず大石でうろの入り口をふさぎ、狩人が猛獣におそわれないように心をくだいた。しかし狩人は、故郷のことが忘れられず、いつも残してきた自分の家族のことを思い出していた。

ある日のこと、熊の母子が食べ物をさがしにいった留守に、狩人はうろの入り口をふさいでいる石をおしのけ、外にはい出し、立ちあがって、足の具合を試してみた。「よし、歩ける、もとどおりだ」狩人はすばやく弓矢をとると、太陽が昇る方向めざしてかけだした。森を出て林をぬけ、川のほとりにきたとき、おりよく通りかかった筏に飛び乗った。

熊の母子がもどってきた。狩人の姿が無い。弓矢も無くなっている。敷草を調べると、まだ暖かみが残っている。狩人はそう遠くへはいくまい、雌熊は子どもをつれて追いかけた。狩人の足跡を追って、森を出て林をぬけ、川のほとりまできてみると、すでに狩人は筏に乗り移り、川の真ん中まで漕ぎ出していたあとで、とうてい追いかけるすべはなかった。

雌熊は怒り狂い、吠えながら川に沿って追いかけたが、狩人は振り向きもしなかった。それをみて熊は、やにわに子どもを掴むと、まっ二つに引き裂き、半分を男の方へむけて投げつけた。残った半分の子どもを抱きしめると、岸辺の岩に坐りこんで、悲しげに大声で泣いた。熊はひとしきり泣いたあと、半分の子供を抱いて、淋しげに森へもどっていった。

そののち、この母熊によって二つにひき裂かれた子どもは、別々の地方で育った。母熊に抱かれて山へ帰った方は、「熊」になって母親とくらし、父親の狩人とともに筏で下っていった方が、オロチョン族の祖先になったということである。

＊

オロチョン（鄂伦春）族は、中国東北部、黒竜江省の大《だい》小興安嶺《しょうこうあんれい》一帯に住み、言語はアルタイ系ツングース語族に属している。長い間狩猟生活を送ってきたため、動物に対する愛情や崇拝の念が強く、特に熊に対しては自分たちの祖先と考え、殺すことを禁止してきた。熊に襲われ、やむなく殺した場合は、丁重に風葬を行い、熊の許しを願った。

このような熊と人々との深い関わりは、神話伝説の中にも色濃く反映されており、この神話の類話も多数存在するだけでなく、アムール川中流の同じツングース系諸族にも顕著に見られ、また古朝鮮神話の檀君の母も熊女である。雌熊を妻にする話（子供が始祖になるか、別離になるかの二者）の分布はシベリアまでたどれるが、大林太良氏によれば、北アメリカ、西ヨーロッパにまで及ぶという。

（君島）

檀君神話の画像と考えられているレリーフ（部分、武氏祠堂・後石室第二石第二層）

韓半島

松原孝俊

韓半島

檀君神話

(1)「今から二千年前、檀君王倹《タングンワンコム》が都を阿斯達《アサダル》に立て、国を開いて朝鮮と名付けた。これは中国の尭と同じ時である」

（『魏書』）

(2)「昔、恒因《ファンイン》の庶子である恒雄《ファヌン》は天から降下して、人の世に行きたいと願った。父は子の願いを聞き入れて、地上に送り、人々を弘益させようとして、天符印三個を授与した。恒雄は徒三千を率いて太伯山《テベクサン》の山頂にある神檀《シンダン》の樹木の下に降り立った。そこは神市《シンシ》と言うが、その場所で、恒雄天王と称された恒雄は風伯・雨伯・雲師を率いて、穀物や生命、病気、刑罰など人間にとって重要な三百六十余りのことを管轄し、世の中を統治した。

地上には一匹の熊と一匹の虎が同じ穴に住み、いつも神様にお祈りしては、人間になりたいと願っていた。あるとき神様は霊なるヨモギとニンニクを与えて、おまえたちがこれを食べ、百日間、日光を見なかったならば、人の形にしてやろうと言った。熊と虎はそれを食べたが、熊が二十一日間忌みこもって女の姿に変身できたのに対して、虎は忌むことができなかったので、人間の姿になれなかった。熊女は神檀樹の下で結婚相手を探していたところ、天から降臨してきた恒雄と結婚し、彼の子をはらみ、檀君王倹を生んだ。

唐の尭《ぎょう》の即位五十年の庚寅《かのえとら》に平壌城《ピョンヤンソン》を都として、初めて朝鮮と称した」

（『古記』）

北朝鮮の檀君陵にある「檀君像」

＊

檀君神話には、謎が多い。では、何が謎か。

まず第一の謎は、檀君神話を伝える現存最古の資料が、一二八〇年代刊行の『三国遺事《サムグッユサ》』と『帝王韻記』（一二八四年）に残された記事であるだけに、檀君を主人公とする神話が古代神話かどうかである。最近の韓国の歴史教科書では、檀君神話は紀元前一〇〇〇年前後の青銅器文化を背景とする時代（古朝鮮）の所産であるとして、一点の疑う余地もない古代神話であると教えられている。しかしながら常識的に考えても、高麗時代に編纂された『三国遺事』などに定着するまでの約二千数百年間、誰が、どのようにこの檀君神話を保管し、語り伝えてきたかの説明を抜きにした議論に、容易に従えないだろう。したがって一方では、檀君神話は高麗時代の仁宗代から高宗代ごろに作られたもので、当時モンゴルからの侵略に苦しんでいた時代的背景の上に、「檀君の尊号を奉りて、中華の聖帝尭と時を同じうして箕子《キジャ》以前に朝鮮を開創せりとなせる者は、実に時代の要求に適中せり」と論ずる仮説も提出されるわけである（今西龍「檀君考」『朝鮮古史の研究』一九二九年など）。もっともこの説にしても、状況証拠を積み上げているに過ぎず、決め手を欠く憶測であるという批判を受けているが、高句麗や新羅・百済にしても、一度たりとも檀君を民族の建国王としての取り扱いをしておらず、むげに古代神話否定論を葬り去ることもできない。

第二の謎は、『三国遺事』の編者である曹渓宗の僧侶普覚国尊一然（一二〇六―一二八九）が、『魏書』からこの檀君神話を引用していることである。『魏書』といえば、周知の通り北斉の天保年間に魏収が編纂した書であるが、その本には檀君神話に関する記事を見出させないのである。つまり現存する『魏書』は不完全な書であると考えるべきなのか、それとも同名異書が存在したのか、あるいは仮託された書であるともう一歩推論を重ねるべきなのか、現状ではこの謎も簡単に解けそうにない。興味深いのは、檀君神話が中国の歴史書にも記述されていたと伝え、中国でも認定された神話伝承であると主張している点である。

檀君神話を前にして、誰が、どのような史実を探ろうとしても、そこには「決め手」を欠く恨みが残り、決定的な論議ができないが、その半面、神話学的に見ると面白いデータを集めることができる。

まず次のように要約してみてはどうだろうか。

「天界の支配者恒因の指示を受けた恒雄が、レガリアである天符印三個を携帯し、太伯山の山頂に風伯・雨伯・雲師を率いて降臨した後、無秩序状態にあった地上の掌握に努め、熊女と結婚し、始祖王の檀君王倹をもうける」

この中で特徴的なモチーフの一つである、三点の神宝で王権を象徴する「天符印三個」は、三というシンボリカルな数字からして、誰しもすぐに、日本天皇家の「三種の神器」を思い浮かべるはずである。また、人間の男と熊女との結婚モチーフにしても、すでに大林太良が論じたように、華北・アムールランドのツングース諸族・朝鮮と言う地域に連続的に分布しており、決して朝鮮に孤立して伝えられているわけではない。そして恒雄の天降シーンは日本古代神話の根幹をなす天孫降臨神話とよく類似する。要するに、日朝間の神話においては、天界の支配者自身が降下するのではなく、彼の指示であることを明示する神宝を保持した代理者がその随行者と共に降下し、地上の女と結婚することで、天界と地上界との結合・融和がなされるばかりでなく、その子孫である建国王が地上の正統な支配者であることを権威付け、国内外に広く承認を求める点まで、よく似ているのである。

高句麗神話

天帝が太子を扶餘《プヨ》王の古都に降臨させた。太子の名は、解《ヘ》慕漱《モス》。彼は天上界で五竜車に乗り、白鵠に乗った従者百余人を従えて、まず熊心山上に止まり、十余日を経てから地上に降りたった。解慕漱の姿は、首に鳥の冠を巻き、腰には竜光の剣を差していた。彼は朝に地上界の諸事を処理し、夕方には天に戻った。世間では、彼を天王郎と名付けた。

さて城北の青河の神に三人の娘がおり、河から出て熊心淵《ウンシムヨン》で水遊びをしていた。その姿は艶麗であったので、天王郎は「その娘を妃として、子供を得よう」と決意したが、彼を見て、娘は水の中に入ってしまった。そこで天王郎が馬の鞭で地面に描くと、たちまち空中に壮麗な銅室が出現した。その部屋に娘たちを招き、宴を開き、酒を飲み交わした。天王郎が出口をふさいだ時、娘たちは酒に酔ってしまい、すぐに逃げ出せなかった。逃げ遅れたのが、長女の柳花《ユファ》であった。

そこで天王郎と柳花は五竜車に乗って、彼女の父神に会いに行ったが、父の河伯《ハベク》から天王郎の身分確認のために変身争いをすることになる。河伯が鯉に変身すると、天王郎は獺《かわうそ》になり、鯉を捕獲した。河伯が鹿に変身すると、天王郎は豺（ヤマイヌ）になり、鹿を捕獲するなどして、天王郎が天帝の子であることを明らかにした。

二人は結婚するが、天王郎のみが天上界に昇り、柳花は地上に取り残された。怒った河伯は柳花の口を縛り、その唇の長さを三尺ほどにして、優渤水《ウバルス》に追放した。漁師の網で救い出された柳花は扶餘の金蛙《キムワ》王のもとに連れて行かれるが、女の唇が長すぎて、言葉にならず、ついには女の唇を三度切り落とされた。やっと女と言葉が交わせたので、女が天帝の子供の妃であると王は知った。王は別宮に女を置いたところ、その女は窓から入ってきた太陽の光で妊娠し、神雀四年夏四月に朱蒙《チュモン》を生んだ。

最初柳花は左腋から五升ほどの卵を産み落としたので、王は不祥に思い、それを深山に捨てた。百獣がそれを守ったり、卵の上に常に日光が当たっていたので、王は不思議に思い、女に育てさせた。朱蒙は弓の名人であった。

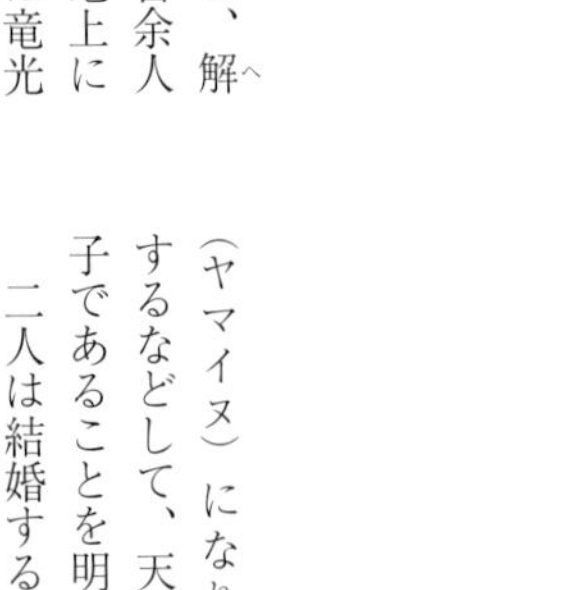
高句麗第十九代王の頌徳碑「広開土王碑」

*

今ここに紹介した高句麗神話は、十一世紀初めに完成したと推定される『旧三国史』（李相国編『東明王編』所引）に収録されたものである。この本は早くに亡失しており、一部の記事だけが残っているに過ぎず、高句麗時代の当代資料をどこまで反映しているのか不安であるが、幸いにも高句麗時代の最盛期に君臨した広開土王《クワンゲトワン》の功績を称える『広開土王碑』（AD四一四年建立）と、彼とほぼ同時代に生きた臣下・牟頭婁の墓誌、そして魏収の『魏書』巻一〇〇・高句麗伝（魏の四三五年ごろ、中国に伝来か）などを照らし合わせることで、何が高句麗神話の基本的フレームワークであるかを推測できる。

なかでも『広開土王碑』を見ると、その全文一四四〇字余りの碑文の冒頭に、「惟《こ》れ、昔、始祖鄒牟王の創基せるなり。北扶餘自《よ》り出づ。天帝の子にして、母は河伯の女郎なり。卵を剖きて世に降り、生まれながら而《し》て聖を保ち～」とあり、簡略な記事でありながら要点は過不足なく抑えてある。

さて神話学的な観点からこの高句麗神話を眺めた時、いくつかのメニューが手にできる。

（1）天上界の統治者の指令を受けた子が、従者を従えて天降するモチーフ。（2）地上の社会的秩序の最高権力者であることを示すレガリア（竜光の剣など）。（3）社会的優位者を確定する連鎖的交互変身モチーフ。（4）天上界の男と水中界の女との結婚（自然秩序の調節、五穀豊穣の統括）。（5）日光感精神話。（6）卵生神話（左腋からの出生、仏典の影響か？）。なおここではあらすじを紹介していないが、（7）穀種を母神から授けられて、国土に将来した穀物起源神話、もこれらに加えておく必要があろう。

ところで高句麗神話でもう一つ見逃してはならないのは扶餘国王の子でありながらも、母国を捨てて南下し、鴨緑江支流の沸流《ブルス》水流域に高句麗国を建設した経緯である。

その南下するストーリーを紹介する紙幅はないが、スリルに満ちた展開で詳述されている。その理由は、北扶餘こそが国王の始祖朱蒙が誕生した聖地であることを強調しているが、それと共にこの伝承を必要とした者たちがいたからである。それは高句麗王の臣下たちである。彼ら臣下たちにとって、始祖朱蒙王に随行して南下してきたという自らの家門の伝承を保有することで、高句麗王家内部での特権を証明することになったと考えられる（『牟頭婁墓誌』など）。それゆえに王のみならず、彼を支える臣下たちの家門記録の上からも、朱蒙の南走ストーリーは重要なのである。

このように見てくると「天帝の子が地上に降臨し、その子孫が河、あるいは海を渡り、建国する」という一連の筋は、何も高句麗の朱蒙神話のみならず、日本の神武東征神話とも共通することになる。この理由は、高句麗国の支配者が北扶餘を本源地とするツングース族か、それと極めて近い関係にあった内陸アジアのアルタイ系部族であり、支配下に群居した韓・穢・中国人集団・契丹・粛慎などとは一線を画す異種族であったからとは考えられないだろうか。

韓半島

新羅神話

王族朴氏の神話

「前漢地節元年壬子三月一日、村の長老が楊山《ヤンサン》の麓に目をやると、異様な光がする蘿井《ナジョン》の傍の林間で白馬が嘶《いなな》いていた。不思議に思いその場に出かけると、紫色の卵があった。これを割ってみると、その中に童子がいた。この子の姿は端正であり、体からは光彩が放たれていた。鳥獣が舞い、天地が振動するので、名を赫居世《ヒョコセ》と呼ばれた」

王族金氏の神話

「永平三年庚申八月四日、村の長老が城下を歩いていると、始林《シリム》から光が放たれていることに気づいた。紫色の雲が天から地上に垂れていて、木の枝に黄金の箱がひっかかっていた。木の下では白い鶏が鳴いていた。不思議な様子に王が見聞すると、箱の中に童子がいた。この子が閼智《アルジ》である」

王族昔氏の神話

「私はもともと竜城国の人間であった（竜城国は倭国の東北一千里にある）。我が父王は積女国王の女を妃としたが、長年子供に恵まれなかった。祈りつづけていたところ、七年目にして一大卵を産んだ。その卵から私は生まれでた。しかし王はそれが不吉だとして、私を箱に入れて、七宝や奴婢と共に小船に載せて海に流した。幸いにも海の赤竜に保護されて、私はこの地に至った」

*

確かめるまでもないが、神話は「真（実の）話」ではない。この新羅の神話には、いかにも史実であるかのように、事件の発生した年月日が記入してあるが、それはこの記事が掲載された時点か、あるいはその神話が対外的に強く宣伝する必要に迫られたときに附加されたと考えてよい。つまり朴氏神話にしても、神話の冒頭にある年月日は、甲午建国という中国思想でお馴染の考え方を採用したり、新羅の建国年代を高句麗よりも古いことを印象付けるための道具立てとして、記述されているにすぎない。また、昔氏神話に出てくる竜城国の位置にしても、たとえ「倭国の東北一千里」とあったとし

金氏の始祖・閼智が生れたという史蹟、始林（鶏林）

ても、それを額面どおりに受け取る必要はない。かってこの記事をめぐって、竜城国＝北海道説などが唱えられたが、それは不要な議論である。

さて三世紀の朝鮮半島の南部には、西に馬韓《マハン》五十余国、東に辰韓《ジナン》十二国、南に弁辰十二国の小さな国が群立していた。その中の辰韓十二国の一つであった斯盧《サロ》国が五世紀末から六世紀初めにかけて成長し、新羅国へと発展した。したがって右に紹介した神話は、高句麗の神話がツングース系であったのに対して、韓族系に属する。

民族的系譜が異なるとはいえ、高句麗と新羅とにおいて、天孫降臨モティーフを軸に組織されていることは共通するが、新羅神話には、朴赫居世神話にせよ金閼智神話にせよ、いずれも天降るための容器（神の子の聖器）を必要としていることに注目しておきたい。伝承によっては「黄金の箱」であったり、「金車」であったりするが、それは後代的潤色にすぎず、同じく韓語系に属する加羅国神話の首露が降臨する道具立てに用いられた「卵」が本来の形であったのではあるまいか。要するに、天上界に出自する「聖なる御子」が地上に降臨するが、その際、地上では「御子よ、ぜひとも降臨してください」と願い、神を迎える手順や呪歌、舞踊などの迎神儀礼を実施した後、天から「聖なる器」に入って降りてくるのである。

さて新羅には王位につくべき家柄は、朴・金・昔の三姓と定まっていた。これら三姓は「天降姓」と呼ばれ、王位につけない「土姓」たちと区別されてきた。いわばインドのカースト制に類する血縁による身分制度が確立していたが、面白いのは昔氏の神話では、海の彼方からの渡来を語るだけで、まったく天降モティーフを語っていない。それにもかかわらず、昔氏は「天降姓」に属している。神話が彼らの社会的地位を保証する機能をもつとすれば、「海の彼方と天上界」とを自由に変換するコードが存在したと考えるべきであろう。

ところで不思議なことに、新羅神話のどこにも「神」という漢字が使われていないにもかかわらず、突然に「神官を奈乙に置く、奈乙は始祖の初生の処である」という記事が出現する（『三国史記』炤知王九年条）。この「神」を新羅語ではどのように読んだのか不明なので、仮に「カミ」としておくが、漢和辞典によると「神」は天神であり、稲妻のような畏怖すべき存在を表した文字であると言う。そうであるとすれば、新羅の「カミ」はどのような存在であったのであろうか？

思わず忘れるところであったが、新羅の朴氏神話にせよ、金氏神話にせよ、天から降臨してくる「聖なる御子」がいずれも穀霊の性格を帯びていることは、決して邪魔な情報ではないだろう。というのも、この点でも、日本の天皇家神話における「ホノニニギ」（豊かな実りを約束する神）の天からの降臨とピッタリと符合するからである。

伽耶神話

後漢の世祖、光武帝の建武十八年三月、洛水で禊が行われた日のことである。

村の北にある亀旨《クジ》山に異様な声がしたので人々が出かけてみると、姿が見えないが、「ここはどこか」と尋ねる声がするので、人々が「亀旨です」と答えた。すると「私は、皇天からこの地上に降臨し、国を作るように命じられた」という返事があった。そして声はさらに、人々に山頂の土を掘り、その土を取った後、「亀よ、亀。首を出せ。もし出さないのであれば、焼いて食べてしまうぞ」と歌い、踊るように命じた。

そこで命じられるままに人々が歌舞したところ、紫縄が天から地上に降りてくる。その縄の先には紅い縁取りの布で包まれた金の箱があり。その箱には六つの黄金の卵が入っていた。

村の指導者がその箱を家に持ち帰り、しとねの上に置き、十数日してから村人と共に箱を開いてみると、卵が六人の童児になっていた。十五、六日になると、童児たちは背丈が九尺に達した。最初に生まれた子は首露《スロ》と言い、金官伽耶国の王となり、残りの五人も五伽耶国の王となった。

＊

加羅諸国とは、四世紀の半ば、馬韓・辰韓・弁辰の三韓合わせて八十余国のうち、新羅・百済に併呑されなかった国々を示す。伽耶《カヤ》国とも、駕洛《カラク》国とも言う。元来、この八十余国に君臨した国王それぞれが独自の建国神話を保有して、支配の正統性を誇示していたに違いない。

今日では、そのうちの二つだけが残存しているにすぎず、上に紹介したものは「駕洛国記」(『三国遺事』所収、遼の大康年間編集)に収録された伽耶諸国の盟主・金官伽耶国の神話である。五伽耶国が兄弟の関係にあると強調していることから判断して、もともと金官伽耶国を中心とした六つの国々が同盟関係を締結して、その結束を国内外に宣揚するためにこの神話が再生産されたに違いなく、その意味では政治的色彩を色濃く帯びたものである。

もう一つは、加羅諸国滅亡後三百年たった九世紀末に記録

金海にある首露王陵の駕洛楼

されたものであるが、伽耶山神「正見母主」が父の天神「夷毘訶」に感じて、大伽耶王の始祖「悩窒朱日」と金官国王の始祖「悩窒青裔」とを生んだと伝える神話である。この神話を収録した『釈《ソン》利《ニ》貞《ジョン》伝《ジョン》』と姉妹関係にある『釈《ソク》順《スン》応《ウン》伝《ジョン》』（共に『新《シン》増《ジュン》東《トン》国《グク》輿《ヨ》地《ジ》勝《スン》覧《ラン》』所引の逸文）によれば、始祖である悩窒朱日から月光太子にいたる十世の系譜伝承が存在していたと言うので、大伽耶国の神話はこの系譜の冒頭に位置し、王権の正統性を保証するものであったと推定してよいであろう。

今の段階では、これら二つの加羅国神話がどのような関係にあるのか、にわかに解明できない。しかしながら神話学的に見ると、自然と日本神話に描かれた天孫が真床追衾に包まれて高千穂峰に降臨する光景を思い比べるはずである。

確かに両地域には箱と衾と言う違いがあるにせよ、両者を容器として理解すれば、その隔たりは解消するだろう。つまり両地域の神話は、天上界の最高神の指令を受けた子、あるいは孫が神聖な容器に格納されて地上界に降臨し、そこに国を建設したので、その系譜に連なるものたちの支配権の正統性が保証される点で、まったく符合するのである。

こうした神話を基礎付けるものに、儀礼がある。『魏志』東夷伝、韓条によると、「鬼神を信じ、国邑それぞれに一人が天神を祭祀する。その者を天君と呼ぶ」とあるが、この記述から判断して、国王は、祭祀儀礼を通して天上界の神々とのコミュニケーションが可能であり、自由に神の意志を聞き取ることができるゆえに、「天君」と称されたとする。

ところで現存する加羅国神話のもう一つの柱は、天上界から降臨した男と海のかなたから到来した女との結婚シーンである。言うまでもなく重要なのは天の男と海の女との結合であり、その子孫である伽耶国王の神秘的出自と社会的権威の保証であるが、そのストーリーには仏教的色彩が濃く反映されている。ここでは具体的なストーリー展開は割愛するが、要するに海上から渡来してきた阿《あ》踰《ゆ》陀《だ》国の公主との婚姻がテーマである。国名からすぐに判断されるように、この女の出身が朝鮮半島からはるか遠くのインドであると設定しているだけに、古くから史実であるとの前提のもとで、インドから朝鮮半島南部までへの経路を推測する人は数え切れないほどである。

私には、あれこれと憶測を重ね、その史実の有無を詮索するよりも、むしろ海のかなたから渡来してきたことを重視して、「水（中界）の女」としての性格を読み取り、高句麗神話にも顕著に認められるように、天の男と水の女との結合による王の権威の淵源を説明する神話として理解すべきであると考える。つまり自然秩序の体現者であり、王は五穀豊饒を左右する超神秘的能力を有すると、広く国内外に宣伝する神話であると。

韓半島

天地創造神話——民間神話1

天地創造に関する神話は、文献に見当たらず、シャーマンが語る巫歌の中に多く残されている。例えば、朝鮮民俗学の先駆者である孫晋泰が一九二三年に朝鮮半島北部の咸鏡道で聴取した神話「創世歌」によると、

天と地とが生ずるとき
弥勒さまが誕生すれば、
天と地が相付いて
離れず
天は釜蓋の取っ手の如く突き出て
地は四耳に銅の柱を立て

とある。確かにこの伝承の文脈は必ずしも明瞭ではなく、しかも仏教的要素がかなり混入しており、その変容の度合いが激しいと認めざるを得ない。しかしながら見逃してはならないのは、弥勒と言う創造神（神話学的には「世界巨人」）が天地を分離し、今日見るような自然秩序を確立すると共に、再び接合しないように大地の上に銅の柱（神話学的には「世界柱」）を建設して、いったん作り上げられた自然秩序が崩壊せず、永遠に続くことを約束する内容になっていることである。比較神話学的な観点からすれば、世界には、こうした世界巨人型天地分離神話のほかに、世界卵神話・鳥が潜水して水中から土を取り出す潜水モチーフなどがあるが、今のところ、朝鮮半島からはこの他のタイプの神話が報告された例を知らない。

それまでほとんど顧みられることなく、看過されてきた巫歌であったが、孫晋泰らの採録によって重要な神話的なモティーフを多く含んでいることが明らかになった。現在までに報告された巫歌の数は多いが、任哲宰《イムソクチェ》や徐大錫《ソデソク》・金泰坤《キムテゴン》らの努力によって、今では「天地創造モティーフ」で組織された十幾つの伝承が、北は咸鏡道から南は済州島に至るまでほぼ全国的に発掘された。特徴的なのは、こうした天地創造神話に続いて、四〜五時間、ときには数日を要して、シャーマンたちは日月の出現、国土の誕生、人間の誕生、国家の成立にいたるプロセスを首尾一貫した形で語り始め、次に文化の起源、パンテオン（神様の序列）の紹介、神様の素性とご利益

の説明をえんえんと語った後、神々の意思を人間に伝達する。このように現伝する天地創造神話が体系化された理由は、個人的救済や苦悩からの解放などを求める人間に、シャーマンが統御する神々の性格とパワーを説明するための、一種の福音書になっているからだろう。

さて巫歌に残存する朝鮮半島の天地創造神話の特色は、徐大錫が的確に指摘するように、共通して「天地創造・太陽と月の数の調節・人間創造・人間世界の主導権争い」の四つの神話的モティーフで組織されていることである。

その一つである「太陽と月の数の調節」神話の典型的な事例をソウルの伝承で紹介しよう。

「柏に餅ができたり、萩の木に米が実り、馬の頭に角が生えたり、牛の頭にたてがみが飛び出したり、禽獣が言葉を交わすなど、地上は混乱していた。天から男が地下宮に降臨して、女と結婚して、再び天に帰っていった。後に残された女は二人の男子を産んだが、後に兄は大漢国を、弟は小韓国を治めた。しかし空には太陽も月も二つずつあったので、兄弟が鉄の弓で一つずつ射落とした」

原初、複数の太陽と複数の月が空にあったので、人々の日常生活に多大な支障があり、困り果てていたところ、若き英雄が出現して、太陽と月を射落としたと言う「太陽を射る」神話は、天地創造後の自然秩序の確立を宣言するとともに、そこに居住する者たちに安定した自然の運行を保証するものでもある。

ところで民間伝承の形で、次のような二つのタイプの大地創造神話が伝わっている。一つは「世界巨人型」であり、多くは笑い話化しており、巨人の排泄物や自由な遍歴で山川が作られたと言う内容である。

「大昔、一人の巨人がいた。おなかがすいて困っていたところ、穀倉地帯の全羅道に行った。そこでは満腹になるほど食べさせてくれたので、巨人は嬉しくなって踊りだしたところ、田が影になって、作物がすっかり駄目になった。そのためにお百姓さんに追い出されてしまった。朝鮮半島を北に向かっていったが、またおなかがすいてたまらないので、石でも、水でも何でも食べたところ、腹痛をおこしてしまい、吐き出した汚物が白頭山になり、流した涙が鴨緑江・豆満江になり、下痢が太白山脈になり、その一部がはねて済州島になり、おきなため息が満州平野になり、小便をすると洪水を起こした」（全羅道の伝承）

この話は日本各地に伝承されている「ダイダラボッチの話」と酷似していることに驚くだろう。

もう一つの話は、日本の出雲神話として有名な「国引き神話」を髣髴させる、いわゆる「流れ島伝説」である。こうした「流れ島伝説」は、すでに大林太良が論じたように、中国やポリネシアに広く分布する「浮島モティーフ」の系譜を引くに違いない。

韓半島

人類起源神話——民間神話2

朝鮮半島の文献記録には、各国の建国神話が詳述されているものの、それ以外の神話モティーフは決して多くない。人間の誕生を語る神話にしても、現存する資料は巫歌にのみ残されている。

「人間の始まりはいつ、どこで、
　天池のある鴨緑江に行き、黄土を集めて
　男を作り、遊ぶ
　女を作らない道理はなく、女も作る」

この巫歌は咸鏡道で採録された資料であるが、『旧約聖書』創世記や中国の女媧神話と同様な内容になっていることは注目に値する。「土をこねた」主体が誰であるのか不明確であるものの、文脈から判断して、「創造神」であると考えてよいだろう。

一方、朝鮮半島には次のような神話も伝わっている。

「弥勒様が片手に銀の盤をのせ　片手に金の盤を乗せ
　天にお祈りすると　天から虫が落ちて
　金の盤には五つ　銀の盤に五つも
　その虫を成長させると
　金の虫は男になり　銀の虫は女になり
　金の虫、銀の虫を成長させて
　夫婦にして
　世の中に
　人間が生まれた」

とあり、二つの虫から人類が誕生したと語る。しかしながら注目すべきは、弥勒が天上界の神に祈祷した結果、天上界から虫が落下したと説く点である。この神話には、人類は、万物を統括する最高神によって作り出され、天上界にその出自を持つ崇高な存在である、と教えてくれてはいないだろうか。

世界に語り伝えられている人類起源神話の中でも、兄妹人類始祖神話がある。このタイプの話は、中国大陸南部や東南アジアに広く分布しているが、朝鮮半島にも次のような話が伝わっている。

「昔、大洪水で二人の兄妹だけが生き残り、人類は全滅した。やむなく二人は結婚することになったものの、兄妹では結婚できないので、天神の意思を尋ねることとした。まず二人はそれぞれ二つの峰に上り、妹は雌臼を、兄は雄臼を転げ落としたところ、二つの臼は谷底でピッタリと重なった。また、二つの峰から松の葉を燃やしたところ、その煙が空中でからみあったので、二人は結婚し、人類の始祖となった」

朝鮮半島にはいくつかの人類起源神話が語り伝えられているが、仏典からの強い影響を受けたものもある。

「仙女が子供をもうけた。仙女の忠告にもかかわらず、その子供は洪水が襲来したとき、人類を救助した。蟻と蚊と童子である。舟が山頂に到達したとき、その場に老婆と娘、下女の三人がいた。水が引いた後、少年と童子とが娘をめぐって争ったが、童子が勝ち、娘と結婚し、人類の始祖となった」

一見して聖書の洪水説話と良く似た神話は、朝鮮半島から多数報告されている。半島南部だけでも、その数は百五十近くに達している。興味深いのは、「洪水・人類の絶滅・兄弟の結婚・人類の始祖」という基本モチーフは同一であるものの、西南中国やインドネシア・台湾・琉球などの東アジアの類話と比較した時、近親婚を回避するための「煙の結合・物の周りを巡る」などの道具立てを持ち、「交道学び」などのモチーフをも共有するので、西南中国型と酷似することである。朝鮮半島への神話の流れは確実に西南中国と同じ源流にたどり着けるのではないだろうか。

もっとも朝鮮半島に流入してから、兄妹結婚の結果出現する子どもが異常児であったり、肉塊であったりするモチーフは脱落したようである。それにしても、東アジアに視野を限定しても、なぜ上記のような広大な地域に類似神話が分布するのかはいまなお謎である。

さて人類起源神話と言えば、朝鮮半島の南方に浮かぶ済州島の「三姓穴神話」を忘れてはならない。というのも済州島には、陸地とは異なる独自なタイプのそれが語り伝えられているからだ。

「原初に人間はいなかった。三神人が地の穴から湧き出た。三神人は狩猟をして暮らしを立てていたが、ある日、東の浜に漂着した箱を開いてみると、その中に三人の女と家畜と五穀が入っていた。三神人はそれぞれ三人の女と結婚し、穀物を育て、家畜をはじめて飼った」(『高麗史』)

この神話で注目される点は、三氏族の始祖が大地の穴から出現したことにあろう。つまり朝鮮半島では一般的であった天上界に対する関心が、この神話には薄い。それは文化史的系譜の違いに理由を求めるべきであろう。なお妻たちが「彼方の国」(日本か?)から箱舟に乗って漂着したことを機縁にして、済州島での農耕と牧畜が開始されたと知って、日本の「常世の国」を思い浮かべる人も多いのではあるまいか。

青木繁『黄泉比良坂』(部分、東京芸術大学蔵)

日本

平藤喜久子

日本

国土創成と死の起源

天地がわかれた時に、天上の高天原《たかまのはら》に最初に発生したのは、アメノミナカヌシであった。続いてタカミムスヒとカムムスヒが発生するが、いずれもすぐに隠れてしまった。

続いてウマシアシカビヒコヂ、アメノトコタチという神も発生したが、この二柱の神もすぐに隠れてしまう。ここまでに発生した五柱の神は、天の神の中でも特別な神ということで別天《こと》つ神という。

その後もクニノトコタチ、トヨクモノをはじめとする神世七代と呼ばれる神々が出現する。その最後に登場するのが、イザナキとイザナミという男女の区別がはっきりとした神である。天の神はこのイザナキとイザナミに、天の沼矛《ぬぼこ》という矛を渡し、国を作り上げるよう命じた。

二人は天の浮橋に立って矛を下ろし、下界をかき混ぜて引き上げた。すると先から塩が落ち、それが積もってオノゴロ島となった。二人はその島に天の御柱と家を建てた。

そこでイザナキはイザナミに「あなたの体はどのようにしてできているのか」と尋ねる。イザナミは「私の体は出来上ってはいるが、一箇所だけ足りないところがある」と答えた。それに対しイザナキは「私にはできすぎたところがあるので、それをあなたの足りないところに合わせて国土を生み出しましょう」といい、二人は天の御柱の周りを廻って、出会ったところで男女の交わりをすることにした。

まず、イザナミのほうから「なんて素敵な男の人でしょう」と声をかけて交わった。すると生まれたのが蛭のような子であったので、その子は葦の船に入れて流してしまった。続いて淡島も生まれるが、子の数には入れない。

このように子生みに失敗したため、二人は天の神に相談をした。天の神は、女であるイザナミから声をかけたのが悪かったので、もう一度やり直すよう教えた。二人は島に戻り、今度はイザナキの方から「なんて素敵な女の人だろう」と声をかけて交わった。そして生まれたのが、淡路島と四国である。続いて二人は本州や九州などの島々を生むと、その次に海の神ワタツミ、風の神シナツヒコ、山の神オホヤマツミなどたくさんの神々を生み出した。最後にイザナミは火の神カグツチを生み、そのために体を焼かれる。苦しむイザナミは、吐瀉物や排泄物からも鉱山の神や水の神、農業の神を発生させながら、亡くなってしまった。

妻の死の原因となったカグツチを、イザナキはアメノヲハバリという剣で切り殺した。すると剣についた血が岩に飛び、そこからも神が発生する。刎《は》ね飛ばされたカグツチの頭からもさまざまな神々が発生した。

妻にもう一度会いたいと思ったイザナキは、黄泉《よみ》の国を訪ねた。そこで妻に「一緒に地上に戻ろう」というが、妻は「私はもうこの国の食べ物を口にしたので帰れません。でも黄泉の国の神に頼んでみます。その間、決して私の姿を見ないで下さい」と答え、建物の中に入っていった。しばらくしても妻が戻らないので、イザナキは我慢しきれずに、中を見てしまった。するとそこには、蛆がわき、頭や胸など体中から雷が発生しているイザナミの死体があった。

驚いたイザナキが逃げ帰ろうとすると、イザナミは「恥をかかせたな」と言ってヨモツシコメという恐ろしい女性たちに後を追わせた。逃げるイザナキが髪飾りを投げると、それは葡萄になり、櫛を投げると筍《たけのこ》になった。ヨモツシコメたちがそれを食べている間にイザナキは逃げるが、今度は黄泉の国の兵士が追いかけてくる。それには桃の実を投げて追い払った。最後にイザナミ自ら追いかけてくるが、イザナキはちょうど黄泉の国の出口を抜け、そこを大きな岩で塞いだところだった。その岩を間に、夫婦は最後の言葉を交わす。まずイザナミが「いとしいあなた。このようなことをするなら、私は毎日千人の人を殺しましょう」と言い、それに対しイザナキが「いとしい妻よ。ならば私は毎日千五百の産屋を立てよう」と答えた。これ以後、毎日千人が死に、千五百人生まれることになったのである。

*

アメノミナカヌシ、タカミムスヒ、カムムスヒの三柱の神は、天地万物が造られるもとになった神という意味で、「造化三神」と称される。このうちタカミムスヒとカムムスヒは後の話にも登場するが、アメノミナカヌシの名はまったく見られない。冒頭に登場することから、重要な神と思われるので、この扱われ方は不思議に見えるかもしれない。しかし他の地域、特にポリネシアやインドネシアには、天上のもっとも貴い神が、その貴さゆえに崇拝の対象にならず、また名を呼ばれることもなくなる、という例がある。こういった性格の神を宗教学者のエリアーデは、「閑な神」と名づけた。アメノミナカヌシの扱われ方は謎のように見えるが、このように「閑な神」の一種と理解する説もある。

イザナキの黄泉の国訪問譚《ほうもんたん》は、妻を失った夫が、妻を連れ戻しに死者の国を訪れるが、妻の姿を見てはならないという禁止を破ったために永遠に別れなければならなくなるという筋である。この種のものは、ギリシアのオルペウスとエウリユディケの話を代表とするため、オルペウス型の神話と呼ばれる。

日本

天の石屋戸神話

日本神話の主役というべきアマテラスとスサノヲの姉弟は、黄泉の国から戻ったイザナキから生まれる。この二人の間の軋轢は、高天原を舞台に大騒動を引き起こすことになる。そのいきさつは次のようなものであった。

イザナキは、黄泉の国から帰ると、身についた穢れを払うため、筑紫（九州）の日向へ行き、水中で禊《みそぎ》をした。すると衣類や持ち物からさまざまな神が発生し、また濯いだ身体からも神々が生まれた。その最後にイザナキが左目を洗うと、そこからはアマテラスが生まれ、続いて右目からはツクヨミが、鼻からはスサノヲが発生した。イザナキはこれらの貴い神々の誕生を喜び、アマテラスには高天原を、ツクヨミには夜の国を、そしてスサノヲには海原を治めるよう命じた。

アマテラスとツクヨミはイザナキが命じた通り、天上へと向かったが、スサノヲは、鬚《ひげ》が胸に達するまで成長しても父の命令を聞かず、泣いてばかりいた。その様子はあまりに激しく、青々とした山も枯れ山になり、海や川も干上がり、さまざまな災いが起こるほどであった。父が理由を聞くと、スサノヲは母のいる黄泉の国へ行きたくて泣くというので、イザナキは怒って彼を追い出してしまった。

スサノヲは母の国へ向かう前に、まず姉アマテラスの治める高天原へ行った。天上へ上ってくる時に、国が大きく揺れたので、アマテラスは「スサノヲは高天原を奪うつもりでやってくるのだろう」と思い、弓矢で武装して迎え「なぜやって来たのだ」と尋ねた。スサノヲは「根の国へ行く前に挨拶にきただけだ」と答えるが、アマテラスが信じないので、スサノヲに邪心があるかどうか天の安河《やすかわ》で誓約《うけい》をして確かめることにした。まずアマテラスがスサノヲの剣を受け取り、天の真名井《まない》ですすぎ、噛んだ後で噴き出すと、そこから三柱の女神が生まれた。宗像《むなかた》三女神と言われる神々である。次にスサノヲがアマテラスの髪飾りを同じようにして噛んだ後で噴き出すと、そこから五柱の男神が生まれた。その長子のアメノオシホミミは、後に葦原中国《あしはらのなかつくに》に下ることになる天孫ホノニニギの父となる神である。

スサノヲは「自分の持ち物から清らかな女神が生まれたのは、自分の心が清いからだ。自分が勝ったのだ」と言って高天原で乱暴を始めた。それは、アマテラスの田を壊したり、大事な祭を行う場所に糞をするなどひどいものであったが、アマテラスはとがめずに「糞のようにみえるのは、酔って吐いた物だろう。田を荒らしたのは、さらに良い田にするためだろう」と弟をかばった。しかしスサノヲの乱暴はとどまらず、アマテラスが神聖な機織場で、機織女に衣服を織らせていると、そこに皮を剥いだ馬を投げ入れた。それを見た機織女は驚きのあまり、陰部に機織の道具である梭《ひ》を突き刺して亡くなった。この乱暴を目の当たりにしたアマテラスは、怒り、天《あめ》の石屋《いはや》に閉じこもってしまった。

アマテラスが隠れると、天も地も真っ暗闇になり、あらゆる災いが起こりはじめた。そこで高天原の神々は、タカミムスヒの子であるオモヒカネを中心にアマテラスをいかにして引き出すか、相談をした。まず、常世の長鳴鶏《ながなきどり》を集めて鳴かせ、イシコリドメに鏡を、タマノヤに勾玉《まがたま》を作らせた。アメノコヤネとフトダマは占いをした。そしてそれらを飾り付け、アメノコヤネが祝詞《のりと》を読み、アメノウズメが胸や陰部もあらわにして踊った。すると神々はみな高天原が揺れるほどにぎやかに笑った。

石屋に閉じこもっていたアマテラスは、外の騒ぎを不思議に思い、戸をほんの少し開け「私が隠れて天も地も暗くなっているのに、なぜアメノウズメは踊り、神々は笑っているのか」と尋ねた。アメノウズメは「あなたより貴い神が現れたので、皆喜んでいるのです」と答え、アメノコヤネとフトダマはアマテラスの前に鏡を差し出した。それを見ていよいよ不思議に思ったアマテラスが、石屋の外に身を乗りだすと、隠れていたアメノタヂカラヲがその手を取って引き出した。フトダマはアマテラスが出た後の石屋の戸に縄を張り、「これより内に入らないで下さい」と言った。こうしてようやく高天原も葦原中国も元通り明るくなった。

＊

「大祓《おほはらへ》」の祝詞には祓われるべき罪として天つ罪と国つ罪が列挙されている。その天つ罪のうち「畔放《あはな》ち、溝埋《みぞう》み、逆剥《さかは》ぎ、屎戸《くそへ》」がスサノヲの乱暴の内容と一致している。そのためこの話は、罪の起源を語る話であるといわれる。

またアマテラスが石屋に隠れ、天地が暗闇に覆われるという天の石屋戸神話と称される部分については、一般に、日蝕の神話化と説明される。特に、太陽と月に弟がおり、その弟が悪さをするために日蝕や月蝕が起こるという東南アジアを中心に広まる神話との関係が注目されている。

天の石屋からアマテラスを引き出すために、アメノウズメが陰部をあらわにして踊るという話は、ギリシア神話の農業の女神デメテルを、バウボという女性が、自分の陰部を露出して笑わせ、農業の女神としての職分を果たすようにしたという話との類似が見られる。

このように天の石屋の話は日本神話の系統を論じる上できわめて重要な示唆を与えてくれている。

日本

オホゲツヒメ神話／ヲロチ退治

高天原ではアマテラスが石屋に隠れるほどの事件を引き起こしたスサノヲだが、出雲では一転して英雄的な活躍を見せることになる。

天の神々によって罰として財産を没収された上に、鬚や手足の爪を抜かれ、高天原を追放されたスサノヲは、まず食物の女神であるオホゲツヒメのもとを訪れた。オホゲツヒメは鼻や口、尻からさまざまな食物を出し、料理をしてもてなしたが、その様子を見たスサノヲは「なんと汚らわしいことしてもてなすのか」と怒り、オホゲツヒメを殺害してしまった。殺されたオホゲツヒメの死体の頭からは蚕が発生し、目からは稲種が、耳からは粟が、鼻からは小豆が、尻からは大豆が発生した。そこで天の神カムムスヒは、これらを取り上げさせて、種にした。

次にスサノヲは出雲（現在の島根県）へと向かった。肥《ひ》の川（今は斐伊《ひい》川）の上流の鳥髪《とりかみ》というところで、川上から箸が流れてくることに気がついた。それをみて「もっと上流に、人が住んでいるのだろう」と思い、さらに上っていった。そこでは老夫婦が娘を間にして泣いていた。名を尋ねると、老人は山の神オホヤマツミの子でアシナヅチといい、妻はテナヅチという名であるという。この夫婦には、もともと娘が八人いたが、高志《こし》からやってくるヤマタノヲロチという怪物に、毎年一人ずつ食べられてしまい、まもなく一人残った娘クシナダヒメも、食べられることになっているのだという。二人はそれを悲しんで泣いていたのだった。そのヲロチとは八つの頭と八つの尾を持ち、目はホオヅキのように赤く、体は八つの谷八つの丘に渡るという巨大な怪物であるという。その話を聞いたスサノヲは、自分がアマテラスの弟であると明かし、クシナダヒメとの結婚を条件に、ヲロチを退治することを約束した。

出雲の八重垣神社本殿の壁画に描かれたスサノヲ

スサノヲは、まずクシナダヒメを櫛に変え、自分の髪に刺す。そしてアシナヅチとテナヅチに、八回も繰り返し醸造した大変強い酒を作らせ、それを八つの器に分けて入れさせた。さらに垣をめぐらし、そこに八つの門を作るよう命じ、それぞれの門に、酒を入れた八つの器を置かせた。

やってきたヲロチは、スサノヲが考えたとおり、八つの器に八つの頭をそれぞれ入れ、酒を飲みはじめた。そしてヲロチは、そのまま酔っ払って寝入ってしまった。スサノヲはそこで、持っていた剣でヲロチを滅多切りにした。ヲロチの血は、肥の川に流れ、川が真っ赤になったという。スサノヲがヲロチの尾の一つを切ったとき、剣の刃がかけたので、不思議に思ってその尾を裂いてみると、そこには大変立派な剣があった。その剣は高天原のアマテラスに差し上げることにした。三種の神器の一つである草薙《くさなぎ》の剣がこの剣である。

ヲロチを退治したスサノヲは、出雲に宮を作ろうと思い、良い土地を探して歩いた。あるところでスサノヲは、「ここに来たら、気持ちが清々しくなった」と言い、そこに宮を作ることにした。そのため、その地を須賀《すが》というようになったという。スサノヲは須賀の宮でクシナダヒメと結婚をし、子孫を残した。

＊

スサノヲによるオホゲツヒメ殺害の話は、日本書紀ではツクヨミによるウケモチ殺害の話として語られている。どちらの神話も、体から食物を出して歓待する神が、その様子を訪問者である神に見られ、嫌悪されて殺されると、その死体から稲や粟、蚕などが発生する、という死体化生《したいけしょう》型の作物起源神話となっている。

この二つの話は、イエンゼンによって「ハイヌウェレ型」と名づけられた神話群に属するとされる。ハイヌウェレというのは、インドネシアのセラム島の神話に登場する娘の名である。この娘は宝物を体内から無尽蔵に出し、人々に与えていたが、そのことを気味悪がられたために殺害され、その死体の断片から芋が発生したという。日本では、神話以外にも、縄文中期のものといわれる、ばらばらに破壊されて埋められた女神をかたどった土偶や、山姥や瓜子姫、花咲爺などの昔話にも、その要素が見られることが注目されている。

出雲を舞台にしたヲロチ退治の神話は、さまざまな観点からの説明がなされている。まず、ヲロチすなわち大蛇が水の神であり、クシナダヒメ（櫛名田比売）という名が「田」の女神を示すと考えられることから、肥の川の氾濫から田を守る話であるといわれる。

さらにヲロチの体内から剣が生まれたという点や、肥の川が血で赤く染まったというのが砂鉄を思わせるという点などから、鉄文化との関わりも指摘されている。

怪物を退治する英雄の話としてこの神話を見てみると、ギリシアの英雄ペルセウスが、エティオピアの王の娘アンドロメダを海の怪物から救う話との類似が見られる。これらの話のように人身御供にされた女性を怪物から救い、結婚する英雄の話は、世界各地に見られ、「ペルセウス・アンドロメダ型」の神話と総称される。

日本

因幡の白兎

アマテラス、スサノヲと並んで日本神話の主役とされるオホクニヌシは、スサノヲとクシナダヒメの六代目の子孫として出雲に誕生した。多くの名を持つ神で、「偉大な国の主」の意味であるオホクニヌシという名のほかにも、オホナムヂ、アシハラシコヲ、ヤチホコ、ウツシクニタマなどと呼ばれる。

このオホクニヌシには八十神《やそがみ》と総称されるたくさんの兄弟がいた。あるときこの八十神たちが因幡のヤガミヒメという女性に求婚をしに行くことになり、オホクニヌシも荷物を担ぐ従者として従っていた。気多《けた》の前《さき》というところまで来ると、丸裸の兎が伏せっている。それを見た八十神たちは「海水を浴びて風に吹かれているとよい」と教えた。兎が言われた通りにすると、風が吹かれるたびに、海水が乾いて塩が皮膚にしみ、痛くてたまらなかった。あまりの痛さに泣き、伏せっていると、後からやって来たオホクニヌシが通りかかった。オホクニヌシが「どうして泣いているのか」と尋ねると、兎は次のように答えた。

「私はもともと隠岐の島にいました。こちらに渡りたいと思ったのですが、渡る手段がありません。そこで鰐をだまして、『私たち兎と、あなたたち鰐とでは、どちらのほうが数が多いか比べてみよう。まず気多の前まで並びなさい。あなたたちの背中の上を、数を数えながら走って、どちらが多いかを比べるから』と言いました。鰐たちは、言われたとおりに並び、私はその背中の上を走りました。そしてもう少しで陸地だというところで、つい『お前たちはだまされたんだぞ』と言ってしまい、怒った鰐たちに皮を剥がれてしまったのです。それで痛くて泣いていたら、八十神たちがやってきて、『海水を浴びて風に吹かれると良い』というので、その通りにしたところ、このようにさらにひどくなってしまったのです」

兎の話を聞いたオホクニヌシは、「すぐに真水で体を洗い、蒲《がま》の花の花粉を散らした上で、ころがれば、お前の体は元通りに治るだろう」と教えた。兎がその通りにしたところ、体はすっかり元通りになった。この兎は、オホクニヌシに向かい「八十神はヤガミヒメを得ることができないでしょう。あ

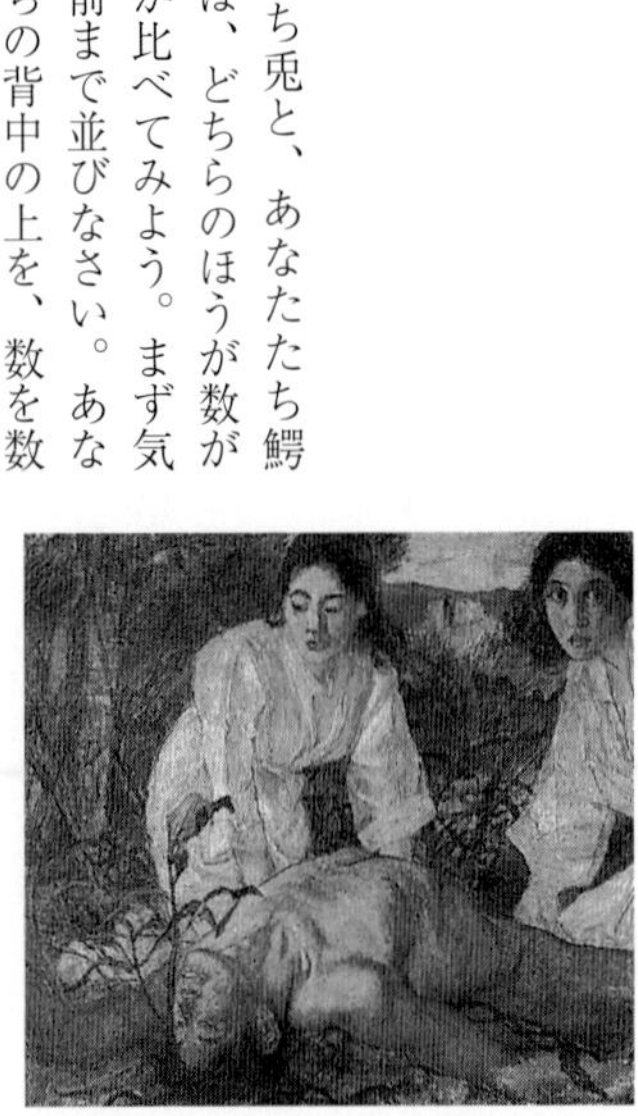

青木繁「大穴牟知命」——キサガヒヒメとウムギヒメによって生き返るオホクニヌシ

なたは、今は荷物を担がされ、身分も低いが、きっとヤガミヒメと結婚します」と予言した。この兎は、因幡《いなば》の白兎といい、後に兎神と呼ばれるようになった。

さて求婚をした八十神たちに対し、ヤガミヒメは「私はあなたたちとは結婚しない。オホクニヌシと結婚をする」と答えた。これを聞いて怒った八十神たちは、オホクニヌシを殺そうと計略をめぐらした。まずオホクニヌシを山のふもとに連れて行き、「この山に赤い猪がいる。私たちがその猪を上から下まで追い落とすから、お前は下でそれを受け止めて捕らえよ。もしそれができなかったら、お前を殺してしまうぞ」と命じた。しかし待ち構えていたオホクニヌシのもとに落ちてきたのは、猪ではなく、真っ赤になるまで焼かれた大きな岩であった。この岩を受け止めようとしたオホクニヌシは、ひどい火傷で死んでしまった。そのことを悲しんだオホクニヌシの母神は、何とかして生き返らせたいと思い、天に上ってカムムスヒに懇願した。カムムスヒはキサガヒヒメ(赤貝のことと言われる)とウムギヒメ(ハマグリ)という二人の貝の女神の派遣を決めた。二人の女神が、貝殻の粉をハマグリの汁で溶いたものをオホクニヌシの体に塗ったところ、オホクニヌシは、以前よりもさらに立派な男になって生き返った。

生き返ったオホクニヌシをみて八十神たちは、また彼をだまして山に連れ込んだ。そして大きな木を切り、くさびを打ち込んで割れ目を作り、その割れ目にオホクニヌシを入らせると、くさびをはずした。オホクニヌシは、木の間にはさまれて死んでしまった。母が泣きながら探していると、木の中で死んでいる息子を見つけた。母は息子を生き返らせ、「お前はここにいると、八十神に殺されてしまいます」と言って、紀伊の国のオホヤビコという神のところに逃げさせた。

*

オホクニヌシが兎に正しい治療法を教えて、体を元通りに治してやるというこの話は、オホクニヌシが医療の神としての性格を持つことを示すといわれている。

この兎の予言どおり、オホクニヌシはヤガミヒメと結婚をする。もともとオホクニヌシは、兄弟の荷を負わされることからわかるように低い身分のものとして扱われていたため、ここに描かれたオホクニヌシの成功譚は、末子成功型の神話であると指摘される。

またオホクニヌシは、この結婚により八十神たちに恨まれ、二度も殺されることになる。しかしその度に、母の尽力によって生き返っており、キサガヒヒメとウムギヒメによって甦らされたときには、さらに立派な男になったとされている。このことからオホクニヌシの死と再生には、身分の卑しい神が葦原中国を治める王になるためのイニシエーションという意味を見出せる。

日本

根の国訪問／国作り

　オホクニヌシはオホヤビコの助言を得て、スサノヲに相談するため根の国（黄泉の国）へと向った。ところがその根の国でもオホクニヌシの苦難は続く。

　根の国を訪れたオホクニヌシを出迎えたのは、スサノヲの娘であるスセリビメであった。お互い一目で気に入ったので、早速二人はその場で結婚をする。その後でスセリビメは父であるスサノヲに「すばらしい神が来ました」と報告をした。スサノヲはオホクニヌシを見て「これはアシハラノシコヲ（葦原中国の醜い男）という神だ」と言って、家の中に招き入れると、蛇がたくさんうごめいている部屋に寝させた。スセリビメは夫に「蛇のヒレ」を渡し、「蛇が噛もうとしたら、このヒレを三度振って払いなさい」と教えた。言われた通りにしてみると、蛇は静かにしていたので、その夜はぐっすり眠ることができた。次の日はムカデと蜂の部屋に寝ることになった。このときもまたスセリビメが「ムカデと蜂のヒレ」を貸してくれたので、この夜もオホクニヌシはゆっくりと休むことができた。

　さらにスサノヲは、野原に矢を放ち、その矢を探して持ってくるよう命じた。そしてオホクニヌシが野原の中へと進んでいくと、その野に火を放った。火に囲まれたオホクニヌシが、逃げようがなくて困っていると、ネズミがやってきて、「中は空っぽ、そとはすぼんでいる」と言う。ためしにその場所を強く踏んでみると、中は空洞になっていた。オホクニヌシはその穴に隠れて火をやり過ごすことができた。矢はネズミが持ってきてくれた。

　スサノヲは、あの火の中ではさすがのオホクニヌシも生きてはいないだろうと思い、葬式の道具を持ったスセリビメとともに野にでた。するとなんとそこにオホクニヌシが矢を持って現れた。スサノヲは家の中に招き入れると、頭のシラミを取るように命じる。ところがその頭にいたのは、シラミではなく無数のムカデであった。スセリビメは夫に椋《むく》の木の実と赤土を渡す。オホクニヌシがその木の実を噛み、赤土を口に含んで一緒に吐き出すと、スサノヲは自分の頭のムカデを、噛み殺して吐き出しているのだと思い、オホクニヌシのことを愛しいと思った。スサノヲがそのまま寝入ってしまったので、オホクニヌシはその髪を天井の梁《はり》に結び付けた。そして部屋の入り口を大きな岩で塞ぐと、スセリビメを背負い、スサノヲの太刀、弓矢、琴を持って逃げ出した。

逃げる途中に琴が木にぶつかり、大きな音が鳴った。目を覚ましたスサノヲが立ちあがろうとすると、梁には髪の毛が結び付けられていたので、部屋ごと引き倒してしまった。その髪の毛をほどいている間に二人はもう遠くまで逃げていた。スサノヲは追うことをあきらめ、オホクニヌシに向かい、「今お前が持っている生太刀《いくたち》と生弓矢《いくゆみや》を使って、兄弟たちを追い払い、支配者として国を治め、スセリビメを正妻にしろ」と言った。オホクニヌシは、そのとおりに八十神たちを追い払い、国を作りはじめた。

あるときオホクニヌシが出雲の御大《みほ》の御前《みさき》にいると、海の彼方から、鳥の羽を着た大変小さな神が、小さな実のなる莢を舟にしてやって来た。名前を聞いても答えず、周りにいた神々に聞いてもだれもその神の正体を知らないという。ヒキガエルが「この世のことなら何でも知っているクエビコ（案山子）ならば知っているだろう」と言うので、呼んで尋ねてみた。するとクエビコは「この神は天のカムムスヒの子で、スクナビコナという神です」と答えた。このことをカムムスヒに報告すると、「この子は確かに私の子だ。あまりに小さくて、指の間から落ちてしまったのだ」といい、続けて「オホクニヌシと兄弟となり、葦原中国を作りなさい」と命じた。二人はいわれたとおりに国中を周り国作りをしていたが、あるときスクナビコナは海の向うにある常世の国へと去って行ってしまった。

一人きりになったオホクニヌシが、「自分だけでどうやって国を作ったらよいのだろう。どの神と協力すればよいのだろうか」と嘆いていると、海を照らしながらやってくる神がいた。その神はオホクニヌシに向い「私をよくお祀りするならば、私があなたと一緒に国を作ろう。もしそうしなければ、国は出来上がらないだろう」と言う。それを聞いてオホクニヌシが「ではどのようにしてお祀りすればよいのでしょう」と尋ねると「私を大和の国の青々とした山の中でも、東にある山の上に祀りなさい」と答えた。この神は、御諸山（奈良県の三輪山）に祀られているオホモノヌシのことである。

＊

根の国を訪問したオホクニヌシは、そこでスサノヲからさまざまな試練を与えられることとなる。しかしそれらの試練は、妻であるスセリビメやネズミの助けを借りて乗り越えることができた。

そしてオホクニヌシは葦原中国に戻り、スサノヲからもらった弓矢で八十神を追い払うと、国作りをはじめる。そこでもまた、スクナビコナやオホモノヌシの協力を受けている。このことはオホクニヌシが、自分一人だけの力ではなく、さまざまな神々の助けを得ることによって葦原中国の王となっていったということを意味するのだろう。

日本

アメワカヒコ神話

オホクニヌシが葦原中国を作り上げていくその一方で、高天原の支配者アマテラスは、その国をスサノヲとの誓約で誕生した自分の息子オシホミミに支配させようと考えていた。ここに国の支配権をめぐって、高天原の神、つまり天つ神と葦原中国の国つ神たちの間に、長い年月にわたる激しい争いがはじまることとなる。

あるときアマテラスは「葦原中国はオシホミミが治めるべきである」と言い、天下りさせようとした。しかしオシホミミは、天と国の中間にある天の浮橋まで行き、そこから下界を見ると「葦原中国はとてもさわがしい」と言って引き返してきてしまった。そこでアマテラスとタカミムスヒは、国を譲らせるためには、まず荒ぶる国つ神たちを説得する使者を派遣しなければならないと考え、天の安河に神々を集めて使者選びをさせた。

まず知恵の神であるオモヒカネが、オシホミミの兄弟であるアメノホヒを推薦し、この神が葦原中国へ向かう。ところがアメノホヒは、オホクニヌシに媚びへつらってしまい、三年たっても何の報告もしなかった。

そのためタカミムスヒとアマテラスが、次の使者として誰を派遣すればよいかと再び神々に尋ねると、オモヒカネはアメワカヒコを派遣すべきと進言した。それでアメワカヒコに弓矢を授け、葦原中国へと下らせた。この神もまた、オホクニヌシの娘であるシタテルヒメと結婚をし、国を自分のものにしようと邪心をおこし、やはり高天原へは、八年間何ひとつ報告をしなかった。

高天原のアマテラスとタカミムスヒは、アメワカヒコが行ったきり何の音沙汰もないことを不思議に思い、誰か他の神に事情を聞いてくるよう命じることにした。オモヒカネが鳴《なき》女《め》という名の雉《きじ》を派遣するべきであると言ったため、この雉が使者としてアメワカヒコのもとへと向かうことになった。

雉はアメワカヒコの家の門のところにある木にとまり、天つ神が命じた通り「お前を葦原中国に派遣したのは、荒ぶる国つ神たちを平定させるためであった。それなのになぜ八年

出雲大社

たっても何も報告しないのだ」と問いただす。しかしアメノサグメという女神が、その声を聞き、「この鳥の鳴く声は、大変悪い。射殺してしまいなさい」と讒言《ざんげん》をしたため、アメワカヒコは、天から下るときに持ってきた弓矢で、雉を射殺してしまった。

雉を射通した矢は、高天原の天の安河にいるアマテラスとタカミムスヒのもとまで届いた。血のついた矢を見たタカミムスヒは、それがアメワカヒコに渡した矢であるとわかり、不審に思った。そこでタカミムスヒは、その矢を神々に見せると、次のように言葉を発し、下界に向かって投げ下ろした。

「もしこれが、アメワカヒコがわれわれの命令通りに、悪い神を退治した矢であるならば、アメワカヒコに当たるな。もしわれわれにそむく気持ちがあって射た矢であるならば、この矢よ、アメワカヒコに当たれ」

矢は眠っていたアメワカヒコの胸を貫き、この神は死んでしまった。

その妻であるシタテルヒメの泣く声は、風に乗って、天にいたアメワカヒコの父や妻子の耳にまで達した。彼らもまた嘆き悲しみ、国に下って喪屋《もや》という葬儀を行うための家を作った。そして河雁を食事を運ぶ役に、鷺《さぎ》を葬送の際の箒持ちに、翡翠(カワセミ)を食事を供える役に、雀を米つき女に、雉を泣女《なきめ》に定めて、八日八夜の間歌舞をして死者を弔った。

葬儀の最中に、オホクニヌシの息子でシタテルヒメの兄であるアヂスキタカヒコネという神が弔問に訪れた。この神は、死んだアメワカヒコとうりふたつであった。そのため、天からやって来ていたアメワカヒコの家族は「わが子は死んでいなかったのだ」「わが夫は生きていたのですね」と口々に言い、アヂスキタカヒコネの手足にすがりついて泣いた。

死者と間違えられたアヂスキタカヒコネの方は、「親しい友が亡くなったというから、わざわざ弔問に来たのに、穢れた死人と間違えるとはなんということだ」と怒ってしまった。そして持っていた剣で、喪屋を切り倒し、足で蹴飛ばして去っていった。美濃の国にある喪山は、そのときに蹴飛ばされた喪屋である。

*

アメワカヒコ殺害の神話は、天に向かって矢を放った者が、天の神によって投げ返されたその矢で殺されるという点で、旧約聖書にも登場するニムロッド王を主役とするメソポタミアの民話との類似が指摘されている。

アメワカヒコの葬儀にはさまざまな鳥が参加したとされている。それは鳥が古くから霊魂を運ぶ動物と考えられていたためといわれる。つまりアメワカヒコの葬儀は、死者を弔うと同時に、あの世に行った魂をもう一度呼び戻すためにも行われていたと考えられる。だからこそアメワカヒコにそっくりなアヂスキタカヒコネがやってきたときに、死んだはずの者と間違えたのであろう。

日本

国譲り神話

国譲りの交渉の前半部では、アメノホヒ、アメワカヒコと続けて二人の使者がアマテラスたちを裏切り、オホクニヌシに寝返ってしまった。ここまではオホクニヌシ方が優勢であったといえる。しかし次に天つ神たちは、これまでとは違った強力な「武力」を持つ神を派遣し、形勢を逆転させようとする。

二度も使者の派遣に失敗したアマテラスは、ふたたび高天原の神々に「次はどの神を使者にしたらよいだろう」と尋ねた。オモヒカネは「天の安河の上流にある天の石屋に住むイツノヲハバリか、その子のタケミカヅチを遣わすとよいでしょう」と申し上げた。このイツノヲハバリたちは、天の安河を塞き止め、道も塞いでいるので、普通の神ではそこまで行くことができなかった。そのため鹿の神を遣わして協力を要請することにした。イツノヲハバリは「恐れ多いことです。お仕えいたしましょう。しかしその役目は、私よりも子のタケミカヅチの方がいいでしょう」と言ってタケミカヅチを差し出した。

こうしてタケミカヅチはアメノトリフネという神とともに葦原中国に行くことになった。

この二神は、出雲の浜辺に降り立った。そしてタケミカヅチは剣を抜いてそれを波の上にたて、剣の先にあぐらをかいて座ると、オホクニヌシにむかってこう言った。

「私はアマテラスとタカミムスヒの命令でやってきた。アマテラスは、ご自分の子が葦原中国を治めるべきであるとおっしゃっている。お前はどうする」

これに対しオホクニヌシは次のような返事をした。

「私には返事ができません。子であるコトシロヌシがお答えします。この子は今、御大の前にいっております」

アメノトリフネにコトシロヌシを連れてこさせ、尋ねてみると、この神は父であるオホクニヌシに向かって「恐れ多いことです。この国は天つ神に差し上げましょう」と言った。そして青々とした垣の中に消えてしまった。

タケミカヅチがオホクニヌシに「今、お前の子のコトシロヌシは、このように国を譲ると返事をした。他にも意見を聞くべき子はいるのか」と尋ねた。オホクニヌシが「私にはもう一人タケミナカタと申す子がおります。この子のほかにはもうおりません」と答えている間に、そのタケミナカタがやってきた。

タケミナカタは、千人でなければ持てないような大きな岩を片手で持ち、「私の国へ来て、こそこそ物を言うのは誰だ。力比べをしよう。さあまず私がその手を取ろう」と言ってタケミカヅチの手を取った。するとその手はたちまち氷に変わり、それから剣の刃に変わる。驚いたタケミナカタが退こうとすると、今度はタケミカヅチがその手を取り、若い葦を引き抜くように、簡単につかみつぶして投げ飛ばした。タケミナカタは恐れをなして逃げたが、タケミカヅチは信濃の国の諏訪湖まで追いかけ、そこで殺そうとした。

そのときタケミナカタが「私をどうか殺さないでください。この地を出て他へ行くことは決してありませんから。またオホクニヌシや、コトシロヌシの言うことにも従います。この国は天つ神に差し上げましょう」と誓ったため、殺すことはしなかった。以後、タケミナカタは諏訪の地に鎮座することになった。

タケミカヅチはオホクニヌシのところへ戻り、「コトシロヌシとタケミナカタは、天つ神に従うと言っている。お前はどうするのだ」と尋ねた。オホクニヌシは「子供たちのいうことに私も従います。この国は天つ神に差しあげましょう。ただ私が住む場所は、天つ神の御子が住むような壮大な宮殿にしてください。それならば私はそこに隠れ住みましょう」と申し上げた。

ようやく国つ神たちを説得したタケミカヅチは、高天原に戻り、事の次第を報告した。

＊

国譲り神話については、その基本的な筋が、インド・ヨーロッパ語族に共通の神話の筋と一致しているという点が注目されている。それはフランスの神話学者ジョルジュ・デュメジルが、明らかにした次のような話である。

政治や祭祀、軍事を司る神々の集団と生産者である神々の集団との間に、あるとき争いが起こる。はじめは生産者の神神がその特性を活かし、一方の神を富や美しさで懐柔するなどして優位に立つが、政治や祭祀を司る最高神が、強力な武力を行使することによって形勢を逆転させ、生産者の神々を服従させる。

国譲り神話をみてみると、一方の天つ神の支配者アマテラスは、政治や祭祀を司るといわれており、他方の国つ神の王オホクニヌシは生産者の性格を持つという。そして国譲りの前半部では、天つ神の使者が次々とオホクニヌシに懐柔されていたが、後半、ついに天からタケミカヅチという強力な剣の神が派遣されると、一気に状況は逆転し、天つ神は国つ神の征服に成功している。

このことから国譲り神話にはインド・ヨーロッパ語族の神話の影響が色濃く見られるという指摘がある。

日本

天孫降臨

いよいよ葦原中国に高天原の神が下る準備ができ上がった。ところがオシホミミは、国へ下る準備をしている間に子が産まれたので、自分ではなくその子を国へ下らせたいという。そこで生まれたばかりの子、ホノニニギが天下ることになる。このホノニニギは、アマテラスからみると孫、つまり天孫であるため、この場面を天孫降臨《てんそんこうりん》という。

ホノニニギが葦原中国に向って出発しようとすると、天上の分かれ道（アメノヤチマタ）のところに、高天原と葦原中国のどちらも照らす神がいる。天の神々は、アメノウズメに、この不思議な神の正体を探らせることにした。アメノウズメが「おまえは誰だ」と尋ねると、この神は「私は国つ神で、名をサルタヒコといいます。天孫が天下りするというので、道案内をしに来ました」と答えた。

サルタヒコの先導で天孫ホノニニギは、葦原中国へ下ることになった。その際に付き従った天つ神は、天の石屋戸神話で活躍したアメノコヤネ、フトダマ、アメノウズメ、イシコリドメ、タマノヤである。これらの神々は、その後朝廷に仕える主な氏族の祖となった。加えて国譲り神話でも大きな役割を果たしたオモヒカネは、八尺の勾玉、鏡、草薙の剣という三種の神器をあずかり、タヂカラヲ、アメノイハトワケらとともに天下った。そのときアマテラスは「この鏡は私の魂として、私をお祀りするように、祀りなさい。そしてオモヒカネは政《まつりごと》をしなさい」と命じたという。ほかにもホノニニギの護衛役としてアメノオシヒとアマツクメという神が武装をして従った。降り立った場所は、九州の高千穂という場所である。

ホノニニギは、笠紗《かささ》の御前《みさき》という場所を気に入り、壮大な宮殿を建てた。そしてその地で木の花のような大変美しい女性と出会った。名を尋ねると、山の神オホヤマツミの娘で、コノハナノサクヤビメであるという。さっそくホノニニギは、ヒメに結婚を申し込んだが、ヒメは自分では返答できないと

安田靫彦「瓊々杵尊降臨」——天孫ニニギがアメノヤチマタでサルタヒコと会った場面

いう。そこでオホヤマツミにヒメとの結婚を願い出た。するとオホヤマツミは大変喜び、たくさんの貢物とともに、ヒメの姉であるイハナガヒメも一緒に差し出した。そのイハナガヒメがあまりに醜かったので、ホノニニギはコノハナノサクヤビメとだけ結婚し、姉の方は返してしまった。

姉妹の父であるオホヤマツミは、姉が返されたことを大変恥じ入り、ホノニニギに次のように申し上げた。

「私が娘二人を一緒に差し上げたのには、理由があります。イハナガヒメには、雪が降っても風が吹いても天孫のお命が石のように変わらず、永遠であるようにという願いが、そしてコノハナノサクヤビメには、木の花が美しく咲き誇るように、天孫が栄えるようにという願いが込められていました。しかし天孫はイハナガヒメを返して、コノハナノサクヤビメとだけ結婚しました。これから天孫のお命は、木の花のように栄えるものの、それは限りあるものとなるでしょう」

そういうわけで神の子孫でありながら、天皇も人と同じように死ぬことになったのである。

しばらくたったある日、ホノニニギのもとにコノハナノサクヤビメがやってきて、次のように申し上げた。

「私は、天孫の子を妊娠し、そろそろ産まれる時期になりました。天孫の子を、勝手に産むわけにはいかないので、ご報告いたします」

それを聞いたホノニニギは、「私とヒメは一度しか夜をともにしていない。私の子ではなく、国つ神の子ではないか」と言う。するとコノハナノサクヤビメは、「もし私の産む子が国つ神の子であるならば、無事には産まれてこないでしょう。天孫の子であるなら、無事に生まれるでしょう」と言って、戸の無い家を作り、その中に入った。そして入り口を粘土でぴったりとふさぎ、家に火を放つと、そこで出産をはじめた。無事に三人の子が誕生し、火が盛んに燃えているときに生まれた子はホデリ、次に生まれた子はホスセリ、火勢が弱まった頃に生まれた子はホヲリと名付けられた。

*

ホノニニギは、イハナガヒメとコノハナノサクヤビメの二人を差し出されたが、イハナガヒメの方を返したために死が定められたという。この話は、天の神に石とバナナを差し出された人間が、バナナだけを受け取り、そのことでバナナと同じようにはかない命になったというインドネシアのセレベス島のアルフール族の神話と類似している。このことからホノニニギとイハナガヒメ、コノハナノサクヤビメの話は、「バナナ型」の死の起源神話に属するといわれている。

コノハナノサクヤビメが別に家を作り、火中で出産するという話は、産婦が妊娠中、家族と別火で生活をしたり、産後に産屋を焼くなどの習俗との関わりが注目される。あるいは、火中で子を産むことによって、子に神性を与えようとしているのだとも説明される。

日本

海幸彦と山幸彦——トヨタマビメの出産

コノハナノサクヤビメが産んだ三人の息子のうち、ホデリは、海で漁をして暮らしているため海幸彦《うみさちひこ》、末弟のホヲリは、山で狩猟をしているので山幸彦《やまさちひこ》という名で知られている。

あるときホヲリは兄ホデリに、それぞれの道具を取り替えてみないか、と持ち掛ける。ホデリはなかなか承知しなかったが、ホヲリが三度も頼むので、しぶしぶ承諾した。兄の釣り針を借りたホヲリは、海で魚を釣ろうとするが、一匹も釣れない。とうとうその釣り針を海でなくしてしまった。そこにホデリが釣り針を返すように言ってきたので、ホヲリが自分の剣をすべて釣り針にして償おうとするが、兄は、自分の持っていた釣り針でなければ絶対にだめだという。

困りはてたホヲリが海辺で泣いていると、シホツチという神がやってきて、「どうして泣いているのですか」と尋ねた。ホヲリが事情を説明すると、シホツチは自分に良い考えがあるといって、ホヲリを船に乗せるとこう言った。

「この船で海を治めるワタツミの宮へ行き、その門のところにある井戸の上の木の枝に座っていなさい。そうすればワタツミの娘がやってきて何とかしてくれるでしょう」

教えられるままにワタツミの宮へ行き、木の上に居ると、シホツチの言う通り、ワタツミの娘トヨタマビメがやってきた。ヒメは、見慣れない大変立派な男がいるので、そのことを父に報告した。するとワタツミは、「このお方は天孫ホノニニギの御子だ」と言って、宮殿に招き入れ、厚くもてなしてトヨタマビメと結婚をさせた。

三年たったある日、ホヲリはなくした釣り針のことを思いだし、大きくため息をついた。ワタツミが、わけを尋ねると、ホヲリはワタツミの宮へ来た本当の目的を語った。

ワタツミは、魚たちを集め、ホヲリのなくした釣り針を知らないかと尋ねてみた。魚たちはくちぐちに「最近鯛が、喉に何かがひっかかって何も食べられずに困っています」という。ワタツミが鯛を呼んで喉の奥を見ていると、その釣り針がひっかかっていた。さっそく取り出してきれいに洗い、ホヲリに返した。

その際ワタツミは、ホヲリに次のように教えた。

「この釣り針を兄に返すときに後ろ向きになって、『この釣り針はおぼち（憂鬱になる針）、すすぢ（いらいらする針）、まぢち（貧しくなる針）、うるぢ（愚かになる針）』と言いなさい。そして兄が高い所に田を作ったら、あなたは低い所に、低い所に作ったら、あなたは高い所に田を作りなさい。そうしたら私が水を支配しているので、兄は三年で貧しくなるでしょう。そのことを恨んで兄が攻めてきたなら、この潮が満ちる玉と、潮が引く玉で苦しめなさい」

　ホヲリがワタツミのいうとおりに釣り針を返すと、その後本当にホデリは貧しくなっていった。その心は次第に荒れ、ホヲリを攻めるようになる。ホヲリは潮が満ちる玉と引く玉を使い、兄を溺れさせたり、また許したりを繰り返した。とうとうホデリは降参し、今後はホヲリに仕え、護衛すると誓った。後にホデリは隼人の祖となった。

　ある日、ワタツミの宮に残してきた妻トヨタマビメが、ホヲリのもとにやってきた。ヒメは、妊娠をして臨月になったが、天つ神の子を海で生むわけにはいかないので、地上に上がってきたのだという。そして海辺に鵜の羽を屋根にした産《うぶ》屋《や》を作りはじめたが、それがまだでき上がらないうちに産気づいてしまった。トヨタマビメは、産屋に入るときに夫のホヲリに「他国のものは、子を産むときに自分の国にいるときの姿に戻ります。ですから私が子を産む間、けっして私の姿を見ないで下さい」と頼んだ。

　ところがこの言葉を不思議に思ったホヲリは、産屋の中を覗いてしまった。するとそこでは一匹の大きな鰐が、のた打ちまわっていた。驚いたホヲリは、思わず逃げてしまう。一方本来の姿を見られたと知ったトヨタマビメは、そのことを恥ずかしく思い、産んだばかりの子を置いて、海へ戻ると、海と陸との通り道を塞いでしまった。

　子供は鵜の羽の屋根が葺き終わらないうちに産まれた、という意味でウガヤフキアヘズと名づけられた。この子は成長し、トヨタマビメの妹つまり叔母にあたるタマヨリビメと結婚をする。そしてこのヒメとの間に初代の神武天皇が産まれることになる。

＊

　ホヲリの話のように、なくした釣り針を探しに主人公が海中へ出かけて釣り針を見つけ、さらに女性と結婚して戻ってくるという話は、太平洋のまわりを中心に広く見られ、「失われた釣り針型」と呼ばれる。このモチーフを日本に伝えたのは、海洋民族でホデリの子孫とされる隼人族といわれている。

　トヨタマビメとホヲリの結婚は、妻が鰐であるため、異類婚と呼ばれる。異類婚は、「鶴女房」をはじめ昔話にも多数見られるが、そのほとんどが悲劇に終わる。一方で英雄的な人物の非凡な能力を説明するため、もしくは神聖さを強調するために、その親を異類とする話が生まれたとも解釈されている。

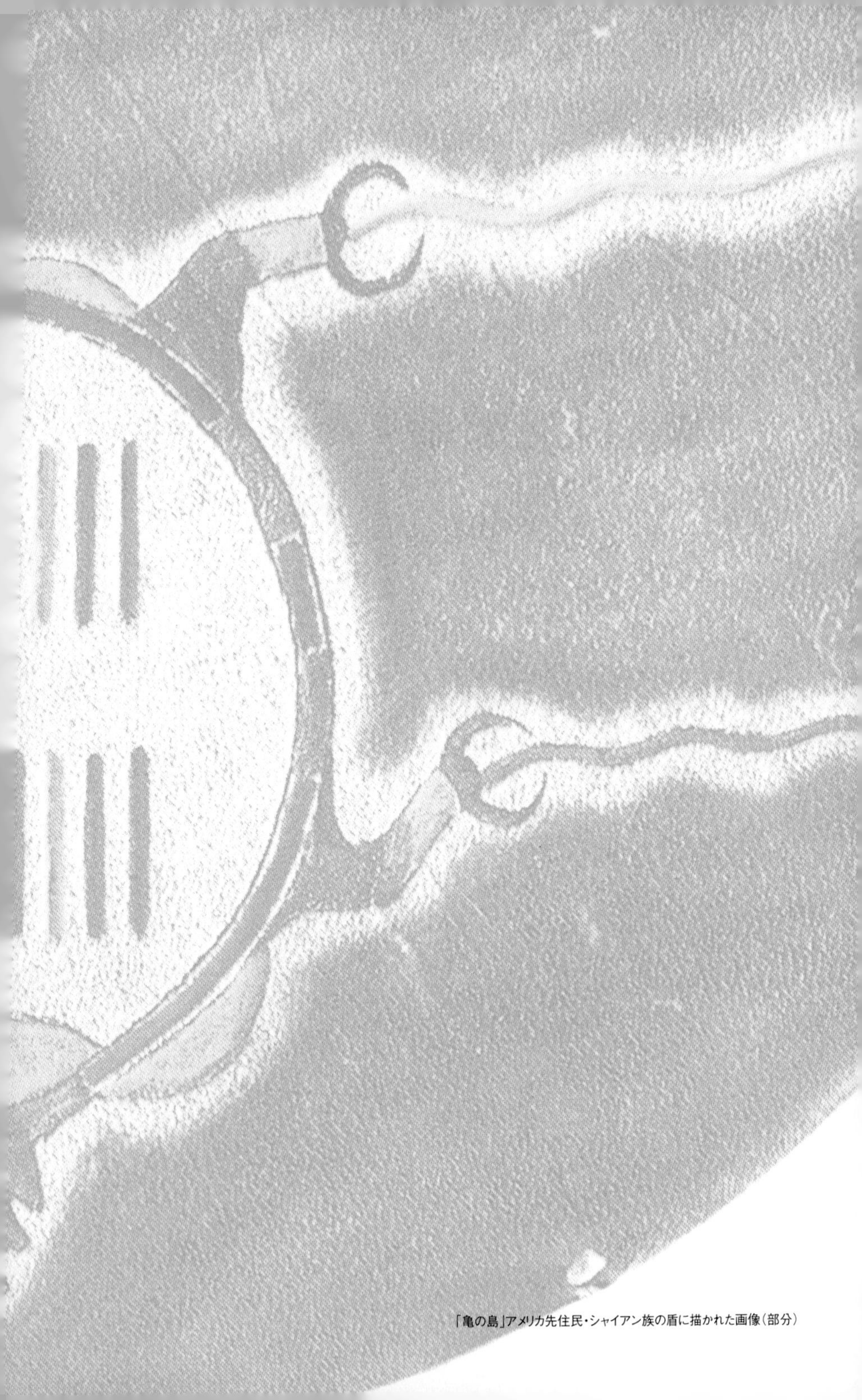

「亀の島」アメリカ先住民・シャイアン族の盾に描かれた画像（部分）

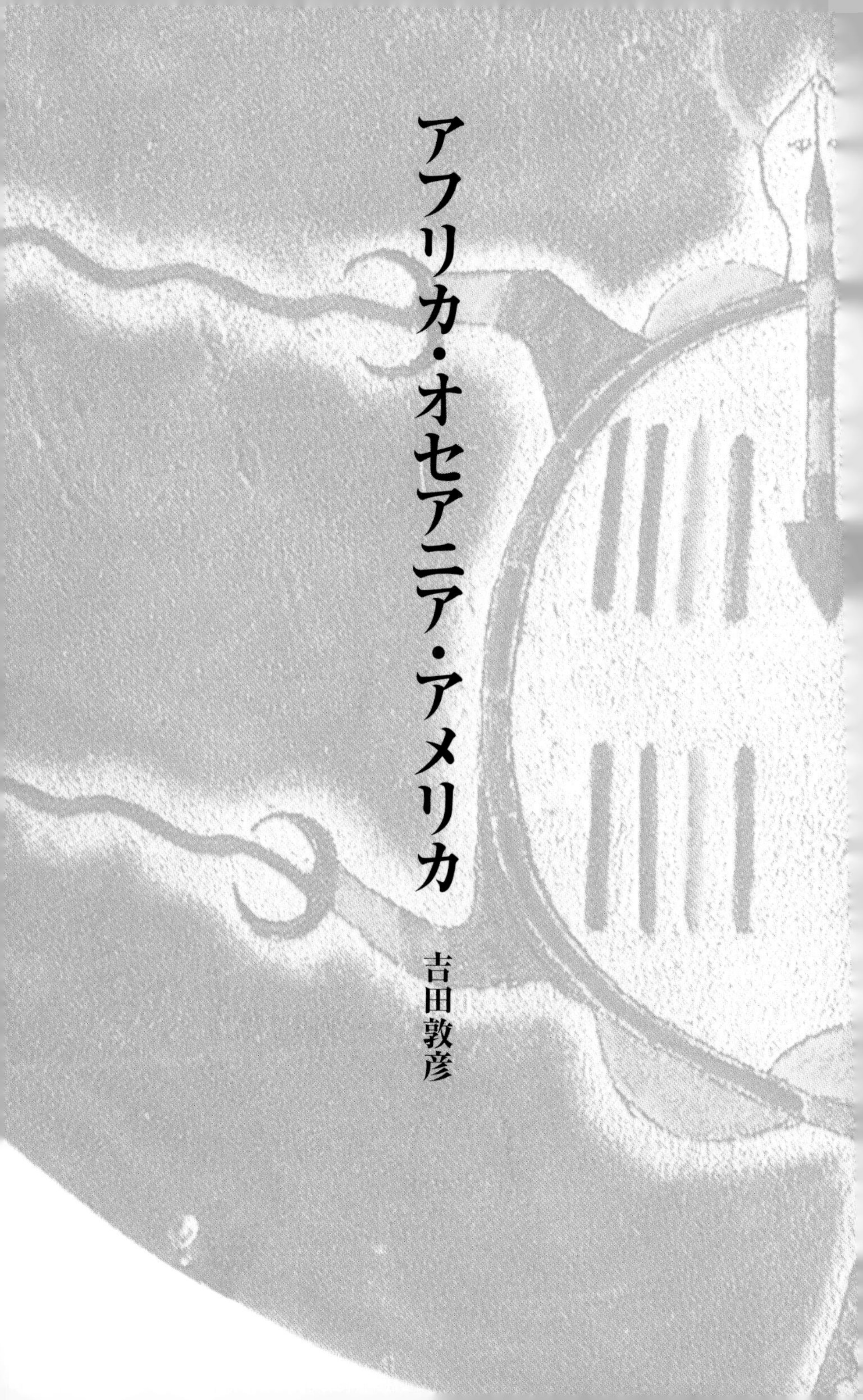

アフリカ・オセアニア・アメリカ

吉田敦彦

人間と文化の起源譚（ドゴン族）

最初の人間の男女は、天地万物を創造した神アンマによって、粘土を材料にして造られた。この男女から、それぞれが両性を具備し自分だけで交合し子を産むことができた、八人の子が生まれ、ドゴンの八家族の祖先になった。

彼らはアンマと大地との交合によって生まれていた、二者一体の双子の精霊のノンモによって、次々に大地の胎内に入れられては、精霊に変えられ、天に昇って、そこで神から八種類の穀物を与えられて暮らしていた。だが彼らは相談して、生活に役立つものをすべて持って、天から逃げ出し、地上に帰ることに決めた。

それでまず長子が、口が円形で底が正方形をした巨大な籠を、底を上にして伏せた形に造り、土を厚く塗りつけてから、東西南北を向いた四面の中央にそれぞれ、十段ずつ階段をつけた。そして北側の階段の六段目に入り口を設け、そこから上下の二階がそれぞれ四つの区画に仕切られている、建物の内部に入れるようにした。

それから彼は、北側の階段に人間とあらゆる種類の魚を、南側の階段には家畜を、東側の階段には鳥を、西側の階段には野獣と植物と虫を、それぞれ全種類載せ、内部の八つの区画に、八種類の穀物の種を分けて入れた。この建物は、仰向けに寝て手足をまっすぐに上に直立させた女体でもあり、北側の階段の途中に開かれた入り口が、女性器だった。

彼はまたこの建物の正方形の屋根の上に、鍛冶の道具一式を置いてから、弓と糸巻き棒の矢を持ち、その矢の一本をまず屋根の中心に射当てておいて、それに長い長い糸を巻きつけた。そしてその糸の端を結びつけた別の矢を、天蓋に射当てて、建物が天から糸でぶら下がり、回転しながら地上に降りて行けるようにした。

それから彼は、天上の鍛冶師でもあったノンモの仕事場から、太陽の破片を一かけ盗んで来た。それはおきとまっ赤に焼けた鉄でできていたが、彼はそれを先が円く曲がり割れ目のある「泥棒杖」を使って、火傷をせず巧みに持って来ることができた。その火を自分の鍛冶場のふいごの中に隠してから、彼は建物を虹に沿って、下界へ降下させ始めた。すると

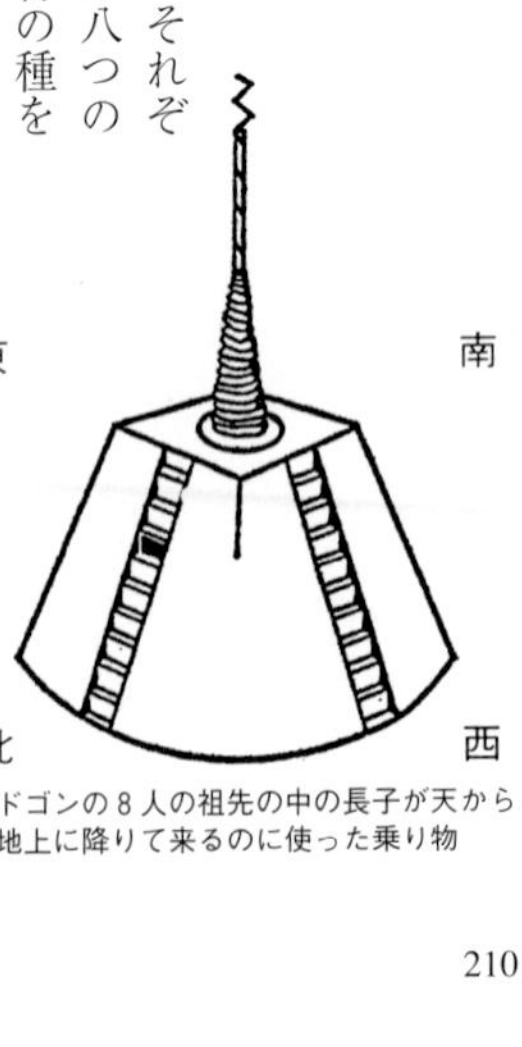

ドゴンの８人の祖先の中の長子が天から地上に降りて来るのに使った乗り物

これに気がついたノンモが、彼に雷を投げつけたが、彼は建物の屋根に立ったまま、ふいごを楯にしてこの攻撃から身を守り、建物についた火も消し止めた。

建物がついに着地したとき、激しい衝撃によって、四方の階段の上に乗っていた動植物と人間が、埃りの雲になって世界中に飛び散った。この衝撃によってまた、人間の手足に関節ができた。それで人間は、農作業にも鍛冶の仕事にも適した手足を持つことになった。

着地の衝撃がおさまったところで長子の精霊は、北側の階段を通って地上に降り、正方形の畑を区切ってそれをドゴンの八つの家族に分け、天から持って来た八種類の穀物を栽培させた。畑の土には、天からもたらされた建物の壁土が混ぜられ、それによって以後、開墾が進み畑が広がるにつれて、大地の汚れが清められていくことになった。

なぜなら大地はノンモを産むより前に、アンマとの最初の交合によって、一頭の牡ジャッカルを産んでいた。ところがこの交合をアンマが遂げようとしたときに、大地のクリトリスであった白蟻の塚が、女体の中の男性の部分であるその本性を現わして、勃起し妨害をした。それでアンマは反抗する白蟻の塚を崩し、それによってクリトリス切除された大地と交わったが、この最初の交合に支障があったために、それから生まれたジャッカルは、邪悪な子で、母に欲情を燃やした。そしてこの近親相姦の凌辱から身を守ろうとして、女性器であった蟻穴から、自分の体内に逃げこんだ母の跡をどこまでも追って行ってついに犯したので、大地はこの近親相姦によって汚れ、アンマの妻であり続けることができなくなっていた。それで人間の行う農業は、この大地の汚れを少しずつ取り除いて、再び神の妻に相応しく清くなるようにしていくという、重要な意味を持つことになった。

長子の精霊は、畑地の北の縁のちょうどまん中に当たるところに鍛冶場を建て、地上で最初の鍛冶屋になった。彼に続いて他の七人も次々に、それぞれ違う技術とそのための用具を持って天から降りて来て、人間にそれを教えた。

＊

ドゴン族は、サハラの南縁に近い、マリとブルキナファソ両共和国にまたがる、乾燥したサヴァンナ地帯の一画で、農耕民として暮らしている。この話がその一部である彼らの創世神話の全体は、プラトン哲学や聖書などとも優に匹敵する深遠な言語哲学や、人間観、救済論などを含む、驚くほど豊かで複雑で精緻な体系に組織されている。この話は、火や、農耕、鍛冶などの文化が、太古に天からの盗みによって、人間の手に入ったと物語っている点では明らかに、ギリシアのプロメテウスの神話との類似が著しい。ドイツの民族学者イエンゼンは、穀物を天から盗んで来たことで農業が始まったという神話が、穀物栽培民の間で広く分布していることに注目し、このドゴンの神話をその代表と見なした。

アフリカ・オセアニア・アメリカ

悪戯者の神レグバの話（フォン族）

至高の母神マウー（両性具有神マウー・リサの母神の面）には七人の子があり、そのそれぞれにマウーは支配領域（大地、天、海、動物界など）を定め、その領域でマウーは支配領域を定め、その領域でマウー・リサの言葉に代わって使われる言葉を教えた。だがお気に入りの末息子のレグバには、マウーは、自分に甘やかされ叱られたことがないからという理由で、支配領域を定めず、自分のもとに留めて、兄たちの支配する国を訪ねては、その様子を報告するように命じた。それでレグバだけは、マウー自身の言葉と、兄たちのそれぞれに教えられた言葉をすべて知ることになり、兄たちのだれかがマウーに話したいことがあるときには、レグバに取り次ぎを頼まねばならぬことになった。それで、渾名をアフラケテ（＝おまえをぺてんにかけてやったぞ）という、この機略縦横の悪戯者の神が、世界中の至るところに自在に出没し、遍在して、他のすべての神々と人間も、マウー・リサに何かを訴えるためには、自分の住居の前に祭られているレグバに、仲介を頼まねばならぬことになったのだという。

太古にはレグバは、みんなのために常に善いことをしていたが、その恩恵を受けたものたちは、いつもレグバにではなくマウーに感謝した。レグバがいくら素直にマウーの言うことを聞いても、そのことで彼を讃めるものはだれもいなかった。そして何か悪いことが起こり、人々がマウーに不平を言うと、マウーはそのたびにレグバを非難した。うんざりしたレグバが、なぜ賞讃と非難がこんなにも不当に配分されるのですかと尋ねると、マウーは、主人はいつも善いものと思われ、しもべは悪者と思われていなければならないのですと、言い聞かせた。

この状態を終わらせるために、レグバは持ち前の狡知を働かせ、奸計をたてた。そしてマウーに、彼女の畑からヤム芋を盗もうと計画している泥棒がいるようですと告げたので、マウーは人々に、自分の畑から盗むものは殺されるだろうと、厳かに警告した。

それからレグバは、雨降りの夜にマウーのサンダルを盗み出し、それを履いて彼女の畑に入りこみヤム芋を盗んで、地面にサンダルの跡を残しておいた。翌朝になるとレグバは人人をみんな呼び集め、一人々の足跡をマウーの畑に残されたサンダルの跡と比べさせた。足跡の合致するものがだれもいないことが判明するとレグバは、もしかしたらマウー自身が、畑に入って芋を取り、そのことを忘れたのかも知れないと言い出した。これを聞いて腹を立てたマウーは、「そんな失礼なことを考えるから、わたしは可愛いいおまえを、憎まずにいられないことになるのです」と言った。だがそれからマウーが、自分の足を畑の足跡と合わせてみると、ぴったり一致したので、人々はいっせいに、「なんということだ。泥棒は畑の持ち主自身だったんじゃないか」と叫んだ。

マウーは人々に、「これはレグバが、わたしに対してしたひどい悪戯です」と言った。この侮辱に心をひどく傷つけられたマウーは、地上から離れると誓い、それからはいつも天にいて、けっして地上には降りてこなくなった。だがそのときには、天と地がせいぜい数メートルしか離れていなかったので、マウーは毎夜レグバに地上であったことを報告させただけでなく、自分でもレグバが地上ですることを見ていて、何か過失があればそのことでレグバを叱った。それでこの監視にいらだったレグバは、一人の老女をそそのかして、洗いものをしたあとの汚れた水を、マウーが天上で休息を取る場所にかけさせた。そうするとマウーは、地上からもっとずっと遠いところに居場所を移したので、天と地のあいだが現在のように遠く隔たり、地上に残されたレグバは、それからはマウーのうるさい干渉も監視も受けずに、思う存分に振る舞うことができるようになったのだという。

＊

旧称をダオメと言った西アフリカの国ベナンの住民フォン族の神話で活躍するこのレグバのような、悪戯者の神や英雄や動物などは、世界中の多くの神話に登場し、文化人類学の用語ではトリックスターと呼ばれている。後に取り上げるニュージーランドのマオリ族の神話の中で大活躍をしている、半神的英雄マウイもその一人で、これらのトリックスターが出てくる神話では、彼らが太古にしたさまざまな悪戯によって、世界の現在の結構や秩序、また人間の運命や文化、社会生活のルールなどが創出されたことが語られている。

至高神がなぜ、地上から遠く離れた高天に去り、人間界の差配がその愛息子の悪戯者の神レグバに任せられ、世界の秩序があらゆる領域で機知を働かせながら仲介の役を果たす、この神の活躍によって、しばしば破綻を引き起こされながら、維持されて行くことになったかを説明したこの神話には、嘘が実は真実でもあるレグバの行動の二面性がよく現われている。マウーを騙す目的で、ヤム芋を盗もうとしているものがいると言ったとき、彼は自身がその盗みを画策していたので、その嘘は真実でもあった。そして盗んだあとで彼は、それがマウー自身の仕業と思われるように悪巧みをしたが、彼はもともとマウーによって、至るところで彼女の名代の役を務めるよう命じられていたので、彼の行動のすべてがマウーの代行であるという意味では、この嘘もやはり実は、真実でもあったからだ。

人間起源譚（ウェマーレ族）

ドゥアイによって世界が造られたあと、地上には最初はただ、トゥワラマイという名の男と、トゥワレシという名の女だけが住んでいた。やがてこの夫婦に、トゥワレという名の息子が生まれた。当時はまだ、天が大地のすぐ上にあり、木や川や石も言葉を話すことができた。しかし木たちは、天にじゃまされてまっすぐ上にのびることができなかったので、人間に天をもっと高く押し上げてくれと頼んだ。そこで女が竹竿を持って、天を上に押し上げた。そうするとフドヤミネという種類のバナナの木が、そのおかげで自由にのびられるようになったことを、とりわけ大喜びした。それでこのときから、この木の葉は、上方を指し示すようになった。

当時はまだ、人間が最終的にどのような形にならねばならぬかも、決まっていなかった。そこでそのことについて、一本のバナナの木と一つの大石が、激しく言い争った。石は言った。「人間はわたしと同じ外見を持ち、わたしのように固くなければならない。人間はただ右半分だけを持ち、手も足も目も耳も一つあればよい。そして彼らは、不死であるべきだ」。

バナナの木は、言い返した。「いや、人間はわたしに似た姿であるべきだ。彼らは手も足も目も耳も二つずつ持ち、わたしと同じように子を生まねばならない」。

両者の論争はしだいに昂じ、罵り合いが果てしなく続いた。しまいに石が激昂して相手に飛びかかり、バナナの木を打ち砕いた。ところが翌日にはもう、その場所に前の木の子どもたちが生え、その中でもっとも強力だった長子が、石とまた同じ論争を再開した。

このようなことが何度となくくり返された末に、新しく生えたバナナの木の長子が、石との論争をまたも再開した。その木は、険しい断崖の縁に生え出て、石に向かって、「この争いは、われわれのうちのどちらか一方が勝つまで、けっして終わらないぞ」と言った。これを聞いて激怒した石は、そこでまたバナナの木に飛びかかったが、今度は狙いを外して、深い谷底へ落ちてしまった。バナナの木たちはみな大喜びして、叫んだ。

「わたしたちの勝ちだ。おまえもそこからは、飛び上がれまい」

そうすると、石は言った。「よろしい。人間は、おまえが望むような姿になるがいい。だがその代わり、おまえと同じように、死なねばならないぞ」。

トゥワレも彼の両親も、天を本拠にしていた。トゥワレには下界に、マビタという名の友人がいた。ある日、トゥワレの姿が消え失せ、マビタは地上で一人ぼっちになった。彼がそのことを悲しんで、山の上に登って泣いていると、天からトゥワレが降りて来て、「どうしてそんなに悲しいのか」と尋ねた。マビタは答えた。

「それはきみが親友なのに、ぼくを置いて行ってしまったからさ。ぼくは地上で、一人ぼっちでは暮らせない。どうかいつも、ぼくの側にいておくれ」

そこでトゥワレは、マビタを連れてヌヌサク山の頂上に行き、三軒の家を建てた。その上で呪文を唱えると、その中のマサイラと名づけられた家の側に、バナナの木が生えた。三日後にはそれは、もう大樹になり、さらに三日経つと花が咲き、それから三日後には実がなった。さらに三日後には、実が大きくなり、それからまた三日後には、九房の実が熟し、そのほかに一本だけ未熟な実があった。トゥワレはそこで、マビタに言った。

「九房の実を、男、女、男、女と言って数えた上で、『男たちと女たち、おまえたちの家マサイラに帰っておいで』と言い、それから木を揺すってごらん」

マビタは言われた通りにしたが、実は一つも落ちなかった。するとトゥワレは、「ぼくが自分でやってみよう」と言った。そして腰に巻いていた樹皮の一片を取り、それを木に刺した上で、実を数え、前と同じ言葉を唱えて、木を揺すった。すると一度揺するたびに、三房の実が落ち、最後に未熟な実だけが、上に残った。

それからトゥワレは、マビタを家に閉じこめ、「声が聞こえても、黙っていて、何もしてはいけないよ」と言った。それでマビタは、声を聞いたが、じっとしていた。そうするとトゥワレが、戸を開いて、三軒の家の中にいる大勢の人間を見せてくれた。彼らは男と女が同数で、みんな裸だった。未熟なバナナの実からは、ムルア・サテネという名の若い娘が生まれ、人間たちの支配者に定められた。

＊

インドネシアのモルッカ諸島の中でもっとも大きい、セラム島の原住民ウェマーレ族のこの創世神話は、次に取り上げる女神ハイヌウェレを主人公にする神話の前段を構成している。中で主人公として活躍しているトゥワレとは、実は太陽にほかならない。そのことは別の神話の中で、世界にまだ光がなく、まっ暗だった太古に、トゥワレが川に水浴びに行き、岩に背中を擦りつけた。するとその岩が彼をしっかり捕えたまま、天に昇って行き、トゥワレはこうして太陽になったのだと、説明されている。

アフリカ・オセアニア・アフメカ

作物の起源（ウェマーレ族）

ヌヌサク山の頂上で、バナナの実から発生した人間の祖先たちの一人に、アメタという名の男がいた。彼がある日、犬を連れて狩をしていると、一頭の猪が、犬に追いつめられ、池に飛びこんで溺死した。死体を引き上げてみると牙に、まだ見たことのない実が付いていた。それは世界に最初に生じた、ココ椰子の実だった。

その実を家に持ち帰り、蛇の文様のついた布に包んで、大切に棚にのせておくと、その夜、夢に不思議な男が現われ、実を土に埋めよと命令した。言われた通りにすると、三日後にはもう、実から生えた椰子が高い木に育ち、その三日後には花が咲いた。アメタはそこで花から飲み物を造ろうと思い、木に登って花を切りはじめたが、あやまって指に負傷してしまい、流れた血が花にかかった。

それから三日後にそこに来て、木の上を見ると、血と花の汁がまじり合って、人間が生じかけており、頭がもうできあがっていた。また三日後に来てみると、胴体までできており、さらに三日後には、五体完全な女の子になっていた。そしてその夜、またアメタの夢に、前と同じ男が現われ、「女の子を、前に椰子の実を包むのに使ったのと同じ布に大切にくるみ、家に連れてきて育てよ」と、彼に命令した。

アメタは言われた通りにして、女の子にハイヌウェレ（＝ココ椰子の枝）という名をつけた。彼女は不思議な速さで成長し、三日後にはもう妙齢の娘（ムルア）になり、ムルア・ハイヌウェレと呼ばれるようになった。そして大便として磁器の皿や銅鑼（これらはウェマーレ族にとって、舶来の貴重品だった）など、さまざまな宝物を排泄したので、アメタは非常に富裕になった。

マロ踊り（イエンゼンの調査に同行した画家ハーンの絵）

そのうちにあるとき、マロという踊りが挙行されることになった。この踊りは九日のあいだ毎夜、別の場所で徹夜で踊られる。男たちが九重のらせん形の輪を作って踊り、そのあいだ踊りの輪のまん中に女たちがいて、踊り手たちに噛むためのびんろう樹の実とシリーの葉を渡す。

この原古のマロ踊りでは、ハイヌウェレが男たちに、噛むものを渡す役をした。最初の晩の踊りは、何の変事も起こらずに終わった。二晩目には彼女は、びんろう樹の実とシリーの葉の代わりに、珊瑚を踊り手たちに与えた。それはだれの目にもすばらしく美しく見えたので、踊り手だけでなく見物人まで殺到して来て、みなが彼女から珊瑚をもらった。三日目の晩には彼女は、同じようにして美しい磁器の皿をみんなに与えた。四日目の晩には、前夜のものよりもっと大きな皿を、五日目の晩には、大きな山刀を、六日目の晩には銅製の美しいシリー入れを、七日目の晩には、黄金の指輪を、八日目の晩には、美しい銅鑼を、それぞれみんなに配った。

このようにして毎夜、前の晩に配ったものよりいっそう高価な宝を、気前よく人々に与えることを続けたために、人々はしまいに彼女のことが、気味悪くなりまた妬ましくもなった。それで集まって相談した末に、彼女を殺すことに決めた。そして最後の九日目の晩の踊りの場所になる広場に、穴を掘っておいて、踊りながらハイヌウェレを押してその中に突き落とし、歌声をはりあげて彼女の悲鳴が聞こえぬようにしながら生き埋めにして、その上を踊りによって踏み固めた。

ハイヌウェレが朝になっても帰って来ないので心配したアメタは、占いをしてみて、彼女が前の晩の踊りの最中に殺されたことが分かった。彼はそこで、ハイヌウェレがその上で誕生した椰子の木から、九本の葉脈を取り、それを持って最後の晩の踊りに使われた広場に行き、地面に並べて突き刺して行った。すると九本目の葉脈を刺したところが、ちょうど踊りの輪の中心だったところに当たり、引き抜くと先端に、ハイヌウェレの毛髪と血が付いていた。

アメタはそれで、その場所から娘の死体を掘り出し、多くの断片に切り刻んだ。そしてその一つ一つを別々に、踊りの広場のまわりに埋めた。するとそれらは、それぞれがまだ世界になかったものに変わり、とりわけいろいろな種類の芋が発生して、そのおかげで人間は、その芋を栽培し、主食物にして暮らせるようになった。

＊

このように体から宝物や食物を無尽蔵に排泄できた女神が惨殺され、その死体の諸処からそれぞれ種類の違う作物が生じたという神話は、インドネシアからメラネシアを経て南アメリカから北アメリカの一部にまで及ぶ広大な地域に分布しており、わが国の神話でも五穀の起源が、『古事記』ではオホゲツヒメ、『日本書紀』ではウケモチを主人公とする、同型の話で説明されている。一九三九年にウェマーレ族のもとでこの神話を採集したイエンゼンは、その主人公の女神の名に因んでこの作物起源神話の型を、「ハイヌウェレ型」と呼んだ。そしてそれがもとは、熱帯の焼畑で芋を、バナナや椰子などの果樹と共に栽培してきた人々のあいだで生まれた話素で、その芋と果樹の栽培こそ、世界で最古の作物栽培だったということを、説得的に主張した。

アフリカ・オセアニア・アメリカ

死者の行く国の起源（ウェマーレ族）

ハイヌウェレの死体を掘り出し、それを多くの断片に切り刻んで、殺害の行われた広場のまわりに分けて埋めたときに、彼女の父親のアメタは、娘の両腕だけは埋めずに取っておいた。彼はそれを持って、ヌヌサク山の上でバナナの実から人間の祖先たちが発生したときに、一人だけまだ未熟な実から生じ、祖先たちの支配者になっていた、乙女サテネのところに行った。そして仲間たちがハイヌウェレに対してした暴挙のことを訴えて、彼らを呪った。

それを聞いてサテネも、その殺害を犯した人間たちに対して立腹した。彼女は、このとき祖先たちが住んでいた、タメネ・シワ（＝九の広場）に、大きな門を建てた。その門は、マロ踊りのとき人々が作った踊りの輪と同じように、九重のらせん形をしていた。それから彼女は、その門の一方の側の大きな木の幹の上に、ハイヌウェレの腕を、それぞれの手に一本ずつ持って立った。そして人間たちをみんな、門の向こう側に集めて、こう彼らに言った。

「わたしはもう、ここには住まない。なぜならあなたがたが、殺したからだ。わたしは今日、あなた方のところから去る。だがその前に、あなた方はみんな今、この門を通り抜けて、わたしのいるところまで来なければならない。門をうまく通り抜けたものは、人間でいつづけることができるが、通り抜けられなかったものは、別の姿になるだろう」

人間たちはそこでみな、サテネの造ったらせん形の門を通り抜けようと懸命に試みたが、そのことに成功したものも、失敗したものもあった。門を通って乙女サテネのところに行けなかったものたちは、動物か、または精霊になった。こうして猪や、鹿や、鳥や、魚や、多くの精霊が発生して、地上に住むことになった。

他のものたちは、門を通ってサテネのところに行くことができたが、その中のあるものたちは、彼女がその上に立っていた木の幹の右側を通り、あるものたちはその左側を通った。サテネはそのものたち一人びとりを、それぞれの手に持っていた、ハイヌウェレの腕で打った。そのあとで左側を通ったものたちは、五本の竹を飛び越えさせられて、セラム島の東

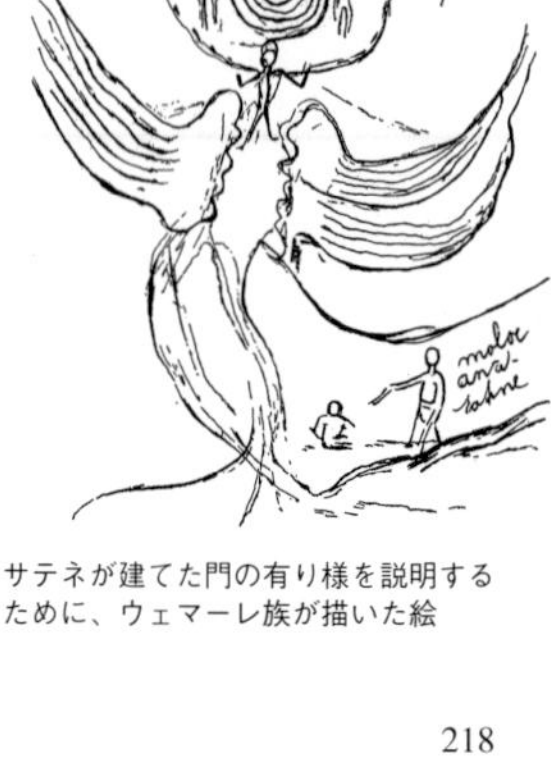

サテネが建てた門の有り様を説明するために、ウェマーレ族が描いた絵

部に住む、パタリマ（＝五人間）と呼ばれる諸族の祖先になった。右側を通ったものたちは、九本の竹を飛び越えさせられて、島の西部に住み、ウェマーレ族もその一つである、パタシワ（＝九人間）と呼ばれる諸族の祖先になった。

それからサテネは、このようにして二つのグループに分けられた人間たちに向かって、こう言った。

「わたしは今日のうちに、あなた方のところから去る。あなた方は地上では、もう二度とわたしの姿を見ることはないだろう。あなた方は、死んでからはじめてまた、わたしと再会するだろう。だがそのときには、わたしのいるところまで来る前に、辛い旅をしなければならないだろう」

こう言うと乙女サテネは、地上から姿を消した。そしてこのときから彼女は、精霊ニトゥになって、死者の行く山であるサラファ山（セラム島の西南部にある）に住んでいる。死んだものだけが、そこに行き着くことができるが、そのためには八つの別の山を越えて行かねばならず、それらの山には、それぞれに別のニトゥが住んでいる。

このようにしてこのときから地上に、人間のほかに、動物たちと精霊たちが存在することになった。そして人間はこのときから、パタリマとパタシワに分けられたのだという。

＊

この話からわれわれは、ハイヌウェレ型の神話が、イエンゼンが「古栽培民」と呼んだ、熱帯の焼畑で芋と果樹を栽培してきた人々にとってもともと持っていた重大な意味を、はっきりと知ることができる。なぜならこの話には、ハイヌウェレの殺害の結果、祖先たちの一部が、いろいろな種類の動物や精霊にされ、一部は人間であり続けることになって、人間と各種の動物や精霊との区別がついた。そして人間は、パタリマとパタシワの二種類に分けられた上に、死後に辛い旅をして他界に行き、ニトゥとなってそこにいるサタナに支配されねばならぬ運命を定められたことが物語られている。つまりいろいろなもののあいだの区別が曖昧だった原古の状態に、どのようにして終止符が打たれ、人間が文化を持つ一方で死を不可避の運命として定められて、現にそうであるような人間になったか。そしてそれと共に世界に、いろいろなものの区別が定まり、現在あるような秩序が成立したかが、ハイヌウェレとサテネの二人の乙女（ムルア）を主人公にする、一連の話によって説明されているわけで、ウェマーレ族にとってその神話は、現にそうであるような人間と世界の起源を説明した、創世神話の意味を持つ話だったことが、明らかだと思われるのだ。

イエンゼンによればウェマーレ族は、そのハイヌウェレとサテネと、次の神話に出る月の女神のラビエとを、別々の存在と考えてはいない。三人は、同一の女神の三様の現われ方であるように、信じているという。

アフリカ・オセアニア・アメリカ

月の起源神話（ウェマーレ族）

人間の祖先たちがタメネ・シワに住んでいて、まだ空に月も星もなく、ただ太陽だけが地上を照らしていた大昔に、トゥワレという男が地上に住んでいた。彼は太陽から出て来たが、たいそう醜く、顔にはきみの悪い吹出物があった。

あるとき彼が、マタパ川の岸で狩をしていると、マンガの実が水の上を流れて来るのが見えた。拾い上げてよく調べてみると、その実には、尖らせた女の歯で齧ったあとがあった。それでトゥワレにはすぐに、実を齧ったのが結婚可能な娘だということが分かった。なぜなら昔は、適齢で未婚の娘の歯を、尖らす習慣があったからだ。

トゥワレはそれで、マンガの実を齧った女を見たいと思って、マタパ川を遡って行った。すると川岸に、二人の女がいるのが見つかった。彼女たちは、ラビエとシロという名の姉妹だった。トゥワレは二人のうちどちらが、歯を尖らせているか見ようとして、一生懸命彼女たちを笑わせにかかり、いろいろおかしな冗談を言って聞かせたが、娘たちはまったく笑わず、答えもしなかった。

そこで彼はしまいに、自分のペニスを引き出して、蟻塚にそれを突っこんだ。すると蟻がそれを噛み、彼が苦痛のために顔をしかめると、娘たちはこらえきれずに、笑い出した。それでトゥワレは、歯を尖らせているのが、姉のラビエの方であることを、見とどけることができた。彼はたちまち激しい恋心に捕えられ、彼女と結婚したいと願った。

彼はそこで娘たちのあとについて村に行き、彼女たちの両親の家に来た。彼らは醜い男が来たのを見て、びっくりした。トゥワレは彼らに、「わたしは、あなた方の姉娘のラビエと結婚したい」と言った。両親は、ラビエを彼に与えたくなかったので、トゥワレに、「そのことをよく考え、ラビエとも話したいので、明日また来てもらいたい。そうすれば、返事をするから」、と言った。そしてトゥワレが去ったあとで、他の村人たちに相談した。そうすると彼らは、こう言った。「その男はここの人間ではなく、われわれのところに住むわけでもない。ラビエを自分といっしょに連れていきたいというのだから、われわれは彼に、婚資を要求できる。だから彼が、工面することができぬほど莫大な額を要求することにしよう。そうすれば彼は、求婚をあきらめるだろう」

翌日またトゥワレがやって来ると、両親は彼に、五〇〇〇点のさまざまな財宝を持ってくれれば、ラビエを妻に与えようと言った。するとトゥワレは、平気で承知し、財宝を置くために大きな竹の台を九つと、吊すために、それぞれ九つずつ枝のある太い竹の柱を九本、準備してほしいと言った。両親はそれでびっくりして、トゥワレに、三日後にラビエを連れに来るようにと言った。トゥワレは彼らに、ダイヤを二個と、シリーの葉を入れる小箱を二つ与えて、帰って行った。

両親はそこで、またこう言って村人たちに相談した。

「困ったことになった。あの吹出物のある男は、婚資を支払うようだ。彼はわたしたちに、そのための台を設けるようにと言って帰った。われわれは彼に、ラビエを与えねばならなくなるだろう」

だが村人たちはやはり、ラビエをその男に与えることに反対し、彼女を村から遠く離れた場所に隠した。そして一頭の豚を殺し、その死体に娘の服と飾りを着け、むしろの上に横たえ、布で覆っておいた。

三日後にトゥワレが、要求された品を持ってやって来て、その一部を用意された台の上に置き、他は竹の柱に吊した。両親はそこで彼を家に入れ、豚の死体の横たえられたむしろのところに案内した。彼はそこに行き、布を持ち上げて、それがラビエでなく豚の死体であるのを見ると、外に出て、持って来た財宝をすべて取り戻し、前に与えた二個のダイヤも両親に返却させたが、シリーを入れる小箱だけは彼らのもとに残し、一言も言わずに立ち去った。村人たちは喜んで、ラビエを隠しておいた場所から連れ戻し、祭りを行って彼女の無事を祝った。

ところがそれから何日か後に、ラビエが用便のために村の外に出て、一本の木の根の上に立つと、その根が突然、彼女をのせたままゆっくりと地下に沈みはじめた。彼女はびっくりしてもがいたが、どうしても地面から抜け出せず、ますます深く沈むばかりだったので、叫び声をあげて助けを呼んだ。村人たちが急いでやって来て、ラビエを掘り出そうとした。だがどうしても、彼女が沈み続けるのを止められなかった。首まで地中に埋まってしまったときに、彼女は母に向かってこう言った。

「わたしを連れて行くのは、トゥワレです。どうか豚を一頭殺して、祭りをして下さい。私は今、死ぬのですから。そして三日後の晩になったら、空を見て下さい。わたしはそこに光となって現われ、人間とすべての生物を照らすでしょう」

ラビエの両親と村人たちは、家に帰って豚を殺し、三日の間ラビエのため、死者の祭りを行った。そして三日目の日暮れに空を見ると、西の空にはじめて満月が昇るのが見られた。このときから昼は太陽が、夜は月が空に輝くようになり、この夫婦の間に生まれた五人の子どもたちが、最初の星になった。

マウイの冒険譚Ⅰ（マオリ族）

マウイには、彼と同じマウイという名の四人の兄と、ヒネという名の姉がいた。彼の母は、海岸で流産し、月足らずで分娩した子を、死んだと思いこみ、髪にくるんで海に流した。だがこの児は、海に住む祖先の神々に保護され、教育されて育ち、成長すると母と兄たちがいるところにやって来て、兄たちの仲間入りをした。そして彼を見て、「自分には、息子のマウイが四人しかいないのに、あの五人目の子はだれであろう」と言って、いぶかる母に、自分を流産し海に捨てたことを思い出させ、そのあと身に起こったことを物語って、自分を認知させ、それからは母のお気に入りの息子になった。

　そのうちに彼は、両親の家から食物が毎日、離れたところに住んでいるムリランガという祖先の老女のもとにとどけられていることを知り、その食事を運ぶ役を引き受けた。そして持って行った食物を、老女の手のとどかない所に置いて帰ってくることを、何日かくり返した。しまいに目の見えぬ老女が、彼の匂いを嗅ぎ、「だれで、なぜそんな悪戯をするのか」と尋ねると、自分が子孫のマウイであることを打ち明け、「あなたの顎の骨を、頂きたいのです」と言った。そうすると老女は、「持って行くがいい」と言って、その強力な武器となる宝をマウイに与えたので、彼はそれからはそれを使って、さまざまな冒険をし、難事を果たせることになった。

　彼はまず、「太陽のラが空を通るのが速いため、昼が短くて不便なのを、なんとかせねば」、と思った。そして兄たちに、「ラを縛って、もっとゆっくり空を進ませるようにしよう」と言った。そしてびっくりした兄たちが、「猛烈な熱のために、ラに近づくことなどできるわけがない」と言って、反対するのを押し切って、彼らといっしょにできるだけ頑丈な縄を綯《な》い、それを持って太陽が朝そこから出てくるルア・オ・テ・ラという岩屋まではるばる旅をして行って、そこに罠をしかけた。

　彼らはそれから、そこで朝まで待ち伏せして、ラが出て来て罠の輪を肩まで通り抜けたところで、マウイが合図をして兄たちに縄を引かせた。だがマウイがまんまとラを捕えたと思い、飛び出して攻撃しようとすると、罠はあっというまに燃え、ラは何事もなかったように、いつも以上の速さで空高く昇ってしまって、マウイをくやしがらせた。

この失敗によってマウイには、乾いた縄を使っては、太陽を捕えられぬことが分かった。それで彼は、尻ごみする兄たちを「今度こそ大丈夫だ」と言って励まして、彼らといっしょに緑色の亜麻を使って、平らにしたり、円くしたり、四角くしたり、三重に縒ったり、五重に縒るなど、さまざまな工夫を凝らして縄を綯った。そしてそれでまた前と同じようにして罠をしかけ、ラが今度はその罠に捕えられ、地面の上で身動きができなくなったところに飛びかかって、ムリランガの顎の骨でさんざんに打ち据えた。

そうするとラは、「人間よ、何をするのだ。タマ・ヌイ・テ・ラを、殺すつもりなのか」と叫んだので、それによってこのときから、ラの完全な名前が、人間に知られることになった。マウイはなおラを打ち続け、しまいに彼に、「これからは空の道を、これまでよりずっとゆっくり進む」と約束させた。そしてラをやっと解放してやったが、そのときから太陽は空を、ずっとゆっくり進むようになり、そのおかげで人間は、畑を作って作物を育てたり、その他の仕事をするのに十分な長さの昼間を持てることになったのだという。

＊

地図の上でハワイとニュージーランドとイースター島を結んでみると、太平洋上にほぼ正三角形が描ける。ニュージーランドの先住民マオリ族をその一派とするポリネシア人は、その中のサモアとトンガの諸島に、今から三五〇〇年ぐらい前に、東南アジアのどこかから渡った来たのを手始めにして、小舟に家族と共に、イモや果樹や家畜などを乗せては、広莫とした荒海を危険を物ともせずに越え、島から島へと移り住むことをくり返した。そして十三世紀ごろまでには、この広大な三角形の三隅の頂点の島々にまで、移住を完了していた。それからヨーロッパ人がそこにはじめて到来した紀元十六世紀まで、地球上のこれほど広い部分を、自分たちだけの活動の場所にしていた民族は、彼らポリネシア人のほかにはいなかったのだ。

そのポリネシア人の神話に共通して登場する好奇心の塊りのような悪戯者で、できぬことは何もないと信じて、奇想天外な冒険に次々に挑み、それによって世界を人間の生きて行ける場所にしてくれたことを物語られている、愉快な半神的英雄のマウイは、そのような海の冒険者たちだったポリネシア人の勇気と知恵と心意気のまさに化身そのものと言うことができると思われる。次に紹介する、彼がはるか遠くの海の底から、陸地を釣り上げたという話はとりわけ、未知の海の遠くまで、小舟で勇敢に突き進んで行っては、新しい居住地を獲得することを続けた、ポリネシア人の大胆不敵な航海を、そのまま神話化した話とも思える。そのことは、マウイがそのようにして釣り上げた魚の陸地の名が、「探し求めた陸地」を意味する、ハハウ・ホエヌアだったと物語られていることからも、確かめられそうに思われる。

アフリカ・オセアニア・アメリカ

マウイの冒険譚Ⅱ（マオリ族）

あるとき兄たちが、魚釣りに出かけようとしていたので、マウイも同行しようとした。だが兄たちは、「またどんなひどい悪戯をして、自分たちを困らせるか知れないから」と言って、連れて行くことを拒んだ。マウイはそこで夜の明けぬうちに魔法で体を小さくして、舟底の隅に隠れた。そして兄たちが乗って来て、舟を沖に漕ぎ出したところで、もとの大きさに戻って姿を現わして、兄たちをびっくり仰天させた。

兄たちは彼を舟から下ろすために、陸に引き返そうとした。だがマウイは、魔法で陸を遠ざけておいて、「ぼくを残した方がよいよ。兄さんたちが魚を釣っているあいだ、舟から水をかい出す役をするから」と言った。兄たちはそれで、マウイを乗せたままにしておくことに、しぶしぶ同意した。

兄たちが釣糸を垂れようとすると、マウイはそのたびに、「もっと沖まで行こう」と言うことをくり返した。このようにしてはるか遠くまで舟を漕いで来たところで、マウイがようやく「ここでよい」と言ったので、釣に取りかかると、大漁で舟はたちまち魚でいっぱいになった。兄たちが漁を止めて帰ろうとすると、マウイが「ぼくが釣る番だ」と言った。兄たちが、「おまえは、釣針を持っていないじゃないか」と言うと、マウイは、「持っているさ」と言って、ムリランガの顎の骨を取り出して見せた。兄たちが餌を与えるのを拒むと、マウイは亜麻の繊維の束で自分の鼻を思いっきり叩いて鼻血を出し、それを自分の釣針に付けて海に糸を投じた。

釣針が深い深い海底にとどいたところで、糸がぴんと張りつめた。マウイが渾身の力でゆっくり引き上げると、やがて巨大な魚が海面に姿を現わした。その背の上には、偉大な神タンガロアの孫息子の家があり、釣針はその家の屋根の破風に掛かっていた。魚の上では火が燃え、人々が歩きまわっていた。

マウイはそこで、「ぼくが釣り上げたこの魚が、何という魚か分かるか」と叫んだが、兄たちは青くなって震えていて答えられなかった。もう一度、同じことを叫んでも、兄たちはまだ黙っていたので、マウイは自分で、「この魚の名は、ハハウ・ホエヌア（＝探し求めた陸地）だ」と言った。

それから彼は、この魚を釣り上げた行為の赦しを得るため、タンガロアに供え物をしに出かけたが、その前に兄たちに、

「自分が必要な儀式をすまして帰って来るまで、けっして食物を口にしてはならないし、大魚に触れることもないように」と言い置いた。だが彼がいなくなると、兄たちは浅はかにもたちまちこの注意を無視し、食物で飢えを満たした上に、魚に切りつけた。そうすると魚は頭の向きを方々に変えながら、尾とひれで海を叩きもがいたので、背中に多くのしわが寄り、うねができた。ニュージーランドの島に山や谷ができたのはこのためで、もしこのときマウイの注意を兄たちが守っていれば、それは平坦な陸地のままであるはずだった。

マウイは、陸地を平らでなくしたこの兄たちの軽はずみな所業に腹を立てたが、じきに次の冒険を考えることで、そのことを忘れた。

なお多くの冒険を果たしたあとで、マウイは最後に、人間が死なずにいつまでも生きられるようにしたいと思い、そのことを父に相談した。そうすると父は、「おまえが多くの難事をやり遂げたことはよく知っているが、それでも死の女神ヒネ・ヌイ・テ・ポに勝つことだけは、おまえにもできるはずがない」と言って、マウイにその無謀な企てを止めさせようとした。マウイが、「わたしの祖先のその女神の姿は、どんなですか」と尋ねると、父はこう言った。

「遠い地平の向こうを見てごらん。あそこで開いたり閉じたりしているように見える閃光は、彼女の目の光なのだよ。彼女の瞳は、碧玉でできていて、髪はねじれた海草の塊で、口は鱶《ふか》の口で、歯は黒曜石のように鋭い。おまえにだって、とうてい太刀打ちできる相手ではないよ」。

だがマウイはそれでもどうしても、その恐ろしい女神との戦いに勝って、人間に死の定めを免れさせてやりたいと思い、彼女のいる天と地の出会う果てに向かって出発した。この最後の冒険には彼は人間ではなく、森の小鳥たちをお供に連れて行った。途中で彼は、鳥たちに言った。

「おまえたちの陽気な歌と囀りは、わたしの心を喜ばせてくれる。だがわたしが、眠っている死の女神の体の中に這いこんでいるあいだは、どうか笑わずにいておくれ。もし彼女を目覚めさせずに、体を通り抜けられれば、あの女神は死に、人間はいつまでも生きられることになるのだから」

死の女神が眠っているところに着くと、マウイは裸体になって、ムリランガの顎の骨を持ち、小鳥たちにもう一度さっきの注意をくり返してから、女神の股間から体内に這いこみ、顎の骨で道を切り開き進んで行った。そのあいだ鳥たちは、彼が滑稽に体をくねらせるのを見ながら、懸命に笑いをこらえていたが、彼が女神の喉まで達したときに、クジャクバトがついにおかしさを我慢できなくなって、けたたましい声で笑い出してしまった。そうするとヒネ・ヌイ・テ・ポは、たちまち目を覚まして口を閉じ、マウイを二つに噛み切って飲みこんだので、彼は死に、人間を不死にしようとした彼の企ては失敗に終わった。

アフリカ・オセアニア・アメリカ

陸地と動植物などの起源譚（ヒューロン族）

原初には世界は、一面の海原だった。そこに一人の女が落ちてきた。彼女は天上に住む女神だったが、夫の神に押され、天の割れ目から突き落とされたのだった。そのとき二羽の水鳥のアビが、水の上を飛んでいたが、上を向いて、彼女が落ちて来るのを見た。二羽の鳥は大急ぎで落下点に行き、体を寄せ合って彼女を受け止めた。それからあらん限りの鳴き声を上げて、他の動物たちの助けを呼び求めた。

鳴き声ははるか遠くまで響き渡り、海に住む動物たちが、呼ばれたわけを知ろうとして集まって来た。そのあとから大力の海亀がやって来て、アビたちに代わって自分の背に女神を乗せることを承知した。動物たちはそこで、女神をアビたちの上から、亀の甲羅の上に移し、亀に女神の世話を任せた。

亀はそこで、女神がどうすれば下界で生きて行けるか相談するために、動物たちの大集会を開いた。その結果、彼女が住むための陸地が必要だということが決まった。亀は動物たちみんなに、海の底に潜って行って泥を採って来るように指示した。ビーバーや、ジャコウネズミや、水に潜るのが得意な鳥や、その他の動物がそのことを試みたが、だれも成功しなかった。中にはあまり長く潜っていたために、死んで浮かび上がって来たものもあった。亀はそれらの死体の口の中も探してみたが、土の痕跡すら見つけることができなかった。

最後にヒキガエルが潜って行き、長いあいだ海中に姿を消していた末に、疲れ切って、死んだようになって上がってきた。その口の中を探すと、いくらかの泥が見つかったので、亀はそれを女神に与えて、自分の甲羅の上に陸地を造らせた。女神はその泥を、亀の甲羅の端のまわりにていねいに伸ばして置いた。そうするとそれが乾いた陸地の起源になり、その陸地は大きくなりあらゆる方向に広がって、植物の成育に適した広大な土地ができ上がった。そのすべてを支えていたのは亀で、亀は今でも大地を支え続けている。

落ちて来たときに女神は、双児の男の子を妊娠していた。彼らは性質が正反対で、一方は善良で、他方は邪悪だった。彼らは母の胎内で喧嘩を始め、口論する声が母に聞こえた。一方は、自分は普通の生まれ方をしたいと宣言したが、他方は悪意からそうすることを拒否し、母の脇腹を破って出て、彼女を殺してしまった。

彼女は埋葬され、その死体からさまざまな種類の作物が生え出た。頭からはカボチャの蔓が、乳房からはトウモロコシが、手足からは豆やその他の有用な食用植物が生え出た。

双児は成長すると、いっしょには暮らせないことが分かり、大地をそれぞれの領分に分け、別れて住んだ。彼らはまず、さまざまな種類の動物を造った。邪悪な方は、人間を脅やかして殺す性質を持った、蛇、狼、熊などを、どれも途方もなく巨大に造った上に、七面鳥ぐらいの大きさの蚊を造った。彼はまた巨大なヒキガエルを造り、その蛙は、地上の水をすべて飲み干してしまった。

そのあいだに善良な方は、無害で有益な動物たちを造っていた。ヤマウズラを造ると、その鳥は飛び上がって、邪悪な方の領地の方に飛んで行った。どこへ行くのかと尋ねると、こちらの土地には残っていないが、邪悪な方の領地にはまだ少しあると聞いている、水を自分は探しに行くのです、と答えた。

不審に思った善良な方は、鳥が通った跡を追って、邪悪な方の領地に着き、そこで造られた、蛇や、猛獣や、巨大な虫たちと出会って、それらを打ち負かした。しまいに彼は怪物のヒキガエルのところに行き、その体を切り開いて、水を流れ出させた。このときに彼は、悪い動物たちを殺しはしなかったが、その大きさを、人間の手に負えるように、小さくしたのだという。

双児はこれ以上、地上でいっしょに暮らすことができぬことが、明らかだった。二人はそこで、どちらが世界の主として留まるかを、果たし合いで決めることにした。最初に攻撃する番になったのは邪悪な方で、相手を死んだようになるまでめった打ちにした。だが善良な方は（おそらく母の霊の助けによって）息を吹き返し、反撃して相手を打ち倒した。と言っても邪悪な方は、完全に亡びたわけではなく、世界の西の果てに行ったので、このときから人間は死後に、彼と同様に西の果てに行かねばならぬことになったのだという。

＊

原初に世界を覆っていた一面の海の底に、動物などが潜って採って来た泥から大地が造られたという、陸地起源神話は、北方ユーラシアから北アメリカにかけての広大な地域に、よく似た形で見出される。イロコイの一派で、かつて五大湖の一つヒューロン湖に近い現在のカナダ領内に住んでいたヒューロン族のこの神話では、その「潜水神話」が、殺された女神の死体の諸所から種々の作物が生じたという「ハイヌウェレ型」（二二六頁参照）の話素や、太古に双児が造物主あるいは文化英雄の働きをしたという、南北両アメリカ先住民の神話に特徴的な話素などと、結びついて語られている。このヒューロン神話の双児と、後期ゾロアスター教の神話では双児だったとされるようになる、オルマズドとアーリマンとの酷似は、だれの目にも明らかだろう。

アフリカ・オセアニア・アメリカ

月に貼り付いた蛙の話（アラパホ族）

太陽と月は兄弟で、天上にある野営地で、両親といっしょに暮らしていた。彼らはたえず行ったり来たりしながら、あらゆる種類の人間や動物たちを見ていたが、ある夜話し合って、二人とも妻を娶《めと》った方がよいということで、意見が一致した。それで両親の許可をもらって、地上からそれぞれの妻になる女を、連れて来ることにした。

出かける前に二人は、たがいの計画を話し合った。弟の月が、人間の女を妻にするつもりだと言うと、兄の太陽は、それに対してこう言った。

「ぼくはだんぜん、蛙の女と結婚するよ。人間の顔は、醜い上に卑しい。やつらが顔を上に向け、ぼくを見て瞼をいやらしくぱちぱちさせるのを見ると、胸糞が悪くなる。蛙たちの方が、ずっときれいだ。ヒキガエルの女は、ぼくを見つめても、人間の女たちのように顰めっ面などしないし、目尻に皺も寄せない。口は愛らしいし、舌を出すのを見ると愛撫の心地よさが想像できて、ぞくぞくする」

地上には、鷲の河という河が西から東へ流れていた。兄弟は別れて、太陽はその下流へ、月は上流へ向かって行った。

六日目に月は、人間たちが楽しそうに暮らしている、野営地があるところに着いた。その牧歌的な光景を嘆賞していると、そのうちに二人の娘が、河岸で薪を拾い集めている姿が、目に止まった。月は急いでヤマアラシに変身して、その一人の注意をひきつけた。

「こんな美しいヤマアラシを、見た人があるかしら。針が長くて、白くて、本当に立派だわ。お母さんの（刺繍の材料にする）ために、あの針をどうしても手に入れなければ」

こう叫んで近づいて来た娘を、ヤマアラシは一本の木の天辺へ向かって誘い上げた。そして下で、「降りていらっしゃい」と叫んでいる仲間の娘に、姿が見えなくなったところで、ヤマアラシは人間の姿に戻って、娘に話しかけた。月の上品な美しさに魅了された娘は、求婚を受け入れ、いっしょに天に行くことを承知した。住居に帰って月が、妻を紹介すると、両親もその美しさに感心し、ヤマアラシの針で美事に刺繍のされた服を、彼女に与えた。

そこに太陽が帰って来たが、妻を連れていなかった。月がそのことを訝ると、太陽は、「自分の妻は、まだ鷲の河の岸辺にいる」と説明した。母親が迎えに行ってみると、雌のヒキガエルが飛び跳ねており、優しく話してやると、人間の女の姿に変わって、住居に来ることを承知した。彼女はいつも小便を垂れ流していたので、月は「びしょびしょ女」という渾名をつけた。太陽は義妹の美しさに魅せられ、自分の妻のことは忘れ、彼女ばかり見つめ、月は、義姉が醜い上に肌が皺くちゃだと言って、たえず彼女に悪態をつき続けた。

　義父母から用具を与えられ、その使い方を教わると、人間の女はさっそくせっせと家事に勤しんだ。「びしょびしょ女」の方は、臆病のために何もできず、顔を壁に向けて坐ったままでいた。そこに狩に出かけていた夫たちが、肉を持って帰って来たので、父親はそれを煮させ、二人の嫁に一鉢ずつ腸の料理を与えて食べさせてみた。すると人間の女は、快い音をたてて噛みながら、美味しそうに食べたが、ヒキガエルは、ごまかして木炭のかけらを口に入れたのに、歯がないためにそれも噛めず、口から黒い汁を流したので、月はまたさんざんに彼女をからかった。

　そのうちに、人間の女が突然、苦しそうに息を切らしながら、「早く来てちょうだい」と叫んだ。義母が駈けつけて、彼女の体を探ってみると、両脚のあいだで、五体の整った赤児が動いていた。みんなはその赤児の美しさに夢中になったが、ヒキガエルの女だけはすねて、そっぽを向いていた。

　月がその様子を、軽蔑しきった目つきで眺めていると、彼女はこう叫んだ。

「馬鹿にするのも、いいかげんにしてちょうだい。よくも情容赦もなく、わたしをさんざんからかったり、ののしってくれたわね。仕返しに、わたしはあなたに、貼り付くわ」

　こう言うと彼女は、月の胸に飛びつき、そのまま今でも、そこに貼り付いている。

＊

　アラパホ族は、アルゴンキン族の一派。この話の類話は、北アメリカ中央部の大高原地帯にいた先住民のあいだに流布していた。月の表面に見える陰を、太陽の妻の資格を失ってそこに貼り付いたヒキガエルとしている点で、この話には、中国の月の女神の姮娥《こうが》の神話と、奇妙に似たところがある。姮娥は夫から不死の薬を盗んだ罰に、ヒキガエルの姿にされて月に住んでおり、その姿が月の陰なのだという。わが国で縄文時代の中期に酒造具として使われた土器には、蛙の文様を持つものがあり、その蛙は四肢を伸ばし土器の腹に貼り付いた姿をしている。そのことから当時の日本にも、月の女神が蛙の姿をして不死の薬を持っているという神話があったと想像できる。この土器で造られた酒は祭りで使われ、霊薬の力を持つと信じられていたと思われるからだ。アメリカと極東アジアの神話に、このような類似があるのは、先住民の祖先が氷河期に陸続きだったベーリング海峡を越えアメリカに渡ったとき、アジアから神話を持ちこんだからだと思われる。

火と死の起源譚（アピナイエ族）

一人の男が、岩壁の割れ目に金剛インコが巣を作って、二羽の雛を育てているのを発見した。彼はそこへ義弟を連れて来て、前もって伐り倒し枝を払っておいた木の幹を岩壁に立てかけ、それをよじ登って雛を捕れと命令した。しかし義弟は、巣のところに行き着いても、雛を護る親鳥の勢いに脅え、義兄の命令を果たせなかったので、怒った義兄は、木の幹を取り除け、義弟を高い所に置き去りにして立ち去った。それから五日の間、少年は、飢えと渇きに苦しみながら、割れ目の中ですごし、そのあいだ親鳥たちは、彼の上を飛びまわって彼の体を糞まみれにした。

そこへ一頭のジャガーが通りかかり、地面の上の少年の影を見て、捕えようとした。少年はそこで、地面に唾を吐いて、ジャガーの注意を自分に向けさせた。ジャガーは雛を要求し、少年が一羽ずつ投げてやると、たちまちむさぼり食った。それから木の幹を岩壁に立て直し、「おまえを食わないし、渇きを止めるために水を与える」と約束して、降りて来るように少年を促した。言われた通りにすると、ジャガーは彼を自分の背に乗らせ、川岸に連れて行って、水を飲ませた上に、体中の汚れを洗い落としてやった。そして、「自分には子がないので、おまえを養子にしたい」と言った。

少年が養父になったジャガーの家に、連れられて行ってみると、そこにはジャトバの木の太い幹が置かれ、片方の端から燃えていた。当時人間は火を知らず、肉を天日で乾燥させて食べていた。はじめて火を見た少年が、「あれは何ですか」と尋ねると、ジャガーは「あれは火というものだ」と答え、「夜になったらあれがおまえを、暖めてくれるよ」と言った。少年はジャガーから、一塊の焼肉をもらって食べたあとで眠り、夜中に目をさましてまた食事をし、そのあとでまた眠った。

翌日ジャガーは狩に出かけ、少年は木の枝に腰かけて、養父の帰りを待っていたが、昼近くなって空腹を感じたので、家に帰りジャガーの妻に、「食物を下さい」と言った。すると彼女は、「何だって、これを見るがよい」と言って、唸りながら歯をむき出したので、少年は脅えてジャガーのところに逃げて行き、起こったことを話した。ジャガーは妻を叱り、

アピナイエ族の神話で人間に火を贈ったとされている猛獣のジャガー

彼女は「もうしません」と約束したが、翌日もまた同じことがくり返された。

そうするとジャガーは、少年に弓矢を与え、その使い方を教えた。少年は攻撃してきたジャガーの妻を、その武器で射殺してしまった。そうするとジャガーは、彼がしたことを正当だったと認め、彼に焼肉をどっさり与えて、小川に沿ってもとの村へ帰る道を教えてやった。そして、「途中で呼び声が聞こえたら、ただ岩とアロエイラの樹にだけ答えるように、腐った木の猫撫で声の呼びかけには、けっして返事をしてはならない」、と言い聞かせた。

しかし少年は、養父のこの注意を忘れ、二つの呼び声に答えたあとで、腐った木の呼びかけにも答えてしまった。人間の命が短くなったのはこのためで、もし少年がこのとき、最初の二つの呼び声にだけ答えていたら、人間は岩やアロエイラと同じくらい、長生きでいることになるはずだったのだ。

このあとで少年は、また別の呼び声を聞き、それにも答えた。今度彼を呼んだのは、人食いのメガロンカムデュレで、この化け物は、自分を少年の父親と思いこませようとして、髪を長くしたり、耳に飾りをつけるなど、いろいろ仮装してみせたが成功しなかったので、しまいに自分の正体を見破った少年を、格闘で負かして捕え、負籠の中に入れた。

家に帰る途中で、メガロンカムデュレは、ナガハマアライグマの狩をするために、しばらく立ち止まった。少年は籠の中から声をかけて、その場からまた出立する前に、道のじゃまになる枝を払った方がよいと言って勧め、メガロンカムデュレが、そのことに没頭しているあいだに籠から脱出し、あとに自分の身代わりに大きな石を入れておいた。

そうとは知らずに家に帰りついた化け物は、子供たちに、「今日は、特別上等な肉を食べさせてやる」と約束した。だが子供たちは負籠の中に、石しか見つけられなかった。

村に帰った少年は、人々に自分のした冒険を話して聞かせた。人々は、助手として大きな薪を運ぶため獣のバクと、途中で落ちるおきを消す役をする鳥のジャホとジャクを連れ、火をもらいにジャガーのところに出かけて行った。ジャガーは彼らを歓迎し、少年の父に「わたしは、あなたの息子を養子にした」と言った。そして人間たちに、火を贈った。

＊

アピナイエ族がその一派である、ブラジルのアマゾン地方の南部にいた、ジェ語を話す先住民族のあいだには、このような形の火の起源神話が流布していた。この神話ではその火の起源譚が、人間が岩のように長く生きられるようになれるところだったのに、祖先の一人の過失のためにそうなれなくなり、短い命しか生きられぬ運命を持つことになってしまったという、日本神話のイハナガ（石長）ヒメとコノハナサクヤビメの話と、よく似たところのある死の起源譚と、結びついて語られている点が、とりわけ興味深い。

アフリカ・オセアニア・アメリカ

月と星と虹と月経の起源譚（カシナワ族）

昔、二つの部族が戦っていたときに、ある男が敵と出会って、逃げようとした。そうすると相手は、贈り物をして安心させ、彼を自分の家に招待した。行ってみると、心地のよいハンモックに寝かされ、食べきれないほど御馳走を出されて歓待された上に、残った御馳走は包んで、家に持って帰るように勧められた。至れり尽くせりのもてなしを受けて、男が帰途につこうとすると、相手はどうしても途中まで、道案内をすると言い張った。相手が研ぎすました山刀を持っているのを見て、男が不安がると、相手は「途中で適当な木を切って、掘り棒を作るためだ」と説明した。だが少し行ったところで男は、その山刀で頭を切り落とされてしまった。

その頭は、地面に落ちてもまだ、瞬《まばた》きを続けていた。それを見た殺害者は、小道のまん中に杭を立て、その天辺に頭を刺して置いてから、立ち去った。

そこに犠牲者と同族の男が通りかかって、長い髪を風になびかせている頭を見つけた。それは生きていて、目を光らせ、瞬きをし、涙を流し、口を動かしていたが、質問しても何も答えなかった。そこで彼はそのことを知らせに帰り、村から戦士たちが頭を探しにやって来た。彼らは、側に倒れていた体を手厚く埋葬してから、頭を籠に入れて持ち帰ろうとしたが、頭は籠の底に歯で穴を開けて、落ちてしまった。何度も同じ失敗をくり返したあとで、一人の男が抱いて持ち帰ろうとすると、頭は彼に猛烈に噛みついた。

人々はそれで、持ち帰ることを断念し、頭を置き去りにして逃げ出した。そうすると頭は、彼らに激しい非難を浴びせながら、転がってどこまでも追って来た。川を渡ると、頭もその川を渡って来たので、人々は岸に生えていた大木の果樹の上に逃げ登った。すると頭は、根元に居すわって熟れた実を要求し、投げてやるといくらでも飲みこんだが、いくつ飲みこんでも実は首の切れ目から外へ出てしまった。

一人の男がそこで実を、離れた場所に投げることを思いつき、頭がそれを取りに行っているあいだに、人々は木から降りてまた逃げ出した。そして頭より先に村に着くと、それぞれの家に閉じこもった。そこにやって来た頭は、「どうか戸を開けて、自分の持ち物を返してくれ」と、嘆願した。それで細く開けたすきまから、彼の糸の玉だけを投げてやると、頭はそこで、次のような長い自問自答をした。

「わたしは何になろうか。野菜と果物になれば、人間がわたしを食べる。土になれば、人間が上を歩く。畑になれば、人間がそこに種をまいて、作物を実らしてそれを食べる。水になれば、人間がそれを飲む。魚になれば、人間がそれを食べる。獲物になれば、人間がそれを殺して食べる。蛇になれば、人間に噛みつくので、彼らに憎まれて殺される。毒虫になれば、人間を刺すのでやはり殺される。木になれば、人間に伐り倒され、乾いたところで挽き割られて薪にされ、人間がそれを燃やして料理したものを食べることになる。コウモリになれば、暗闇で人間を噛むので殺される。太陽になれば、寒いときに人間を暖めてやることになる。雨になれば、降って川の水嵩を増やし、そこで人間が美味い魚を取る上に、草を生育させて、それが人間たちの獲物を養うことになってしまう。寒さになれば、暑いときに人間を涼しくしてやることになる。夜になれば、人間を眠らせることになり、朝になれば、人間を目覚めさせ、仕事に向かわせることになってしまう。

本当にいったい、何になったらよいのだろうか。そうだ。いいことを思いついた。わたしの血を虹にし、目を星にし、頭は月にしよう。そうすれば人間の妻たちと娘たちは、血を流すことになるだろう」

これを聞いて女たちは脅えて、「どうしてわたしたちが、そんな目にあうのよ」と尋ねた。そうすると頭は、「わけなんか、何もないさ」と答えた。

それから頭は、自分の血を盃に集めて空にまくと、それが外敵の通路である虹になり、目をくり抜くと、それが無数の星になった。頭はまた、糸の玉をコンドルに託して、それで自分を天頂まで引っ張り上げさせた。人間たちはそこで、家から出て空にはじめてかかった虹を眺め、夜になるとはじめて満月と星が輝くのを見た。そしてこのときから、女たちの生理が始まり、彼女たちは夫に抱かれ妊娠することになった。

＊

ペルーとの国境に近いブラジル奥地の先住民のカシナワ族のこの神話には、注目すべき異伝があり、その話では頭が天に昇って月になったのは男ではなく、結婚をどうしてもいやがって母を激怒させた乙女だったことになっている。母が山刀で彼女の頭を切り落とすと、その頭は親子の住居だった小屋のまわりを泣き叫びながら転がり続けた末に、自分が何になるか自問自答し、けっきょく「そうすれば人々に、遠くからしか見られなくなるから」と言って、月になることに決めた。そして母に糸玉をもらい、その片方の端をしっかりとくわえ、コンドルにそれを使って自分を天に運んで行かせた。彼女の目は星に、血は虹になり、このときから女たちは毎月出血することになり、その血が彼女たちの体内で固まると色の黒い子が、精液が固まると色の白い子が生まれることになったのだと言う。

ブックガイド──神話の森に分け入るために

松村一男

神話の持つ魅力はその多面性にあるだろう。見方によっていくらでも異なる解釈が可能となるのだ。そうした神話の森に分け入る手がかりとして、有益と思われる文献をいくつかの項目に分けて紹介していくことにしよう。

●概論

まず神話とは何かと知るうえでの入門書としては、**大林太良『神話学入門』**（中公新書）と**吉田敦彦／松村一男『神話学とは何か』**（有斐閣新書）がある。より詳しい概説書としては、**大林太良『神話と神話学』**（大和書房）、**同『神話の話』**（講談社学術文庫）、**G・S・カーク『神話──その意味と機能』**（内堀基光訳、法政大学出版局）、**M・エリアーデ『永遠回帰の神話』**（堀一郎訳、未来社）、**同『神話と現実』**（中村恭子訳、せりか書房）などがよいだろう。また**大林太良／吉田敦彦『世界の神話をどう読むか』**（青土社）は、日本を代表する二人の国際的な神話学者が神話のさまざまな側面について論じている最新の神話学概論である。

世界各地の神話を包括的に紹介しているものとしては、**『総解説　世界の神話解説』**（自由国民社）、**歴史読本ワールド『世界の宗教と神話伝説百科　総集編』**（新人物往来社）、**『ユリイカ──特集・世界の神話をどう読むか』**（一九九七年二月号、青土社）などがある。

次に事典類だが、広く世界の神話を紹介しているものとして、**大林太良他編著『世界神話事典』**（角川書店）、**A・コットレル『ヴィジュアル版神話百科──ギリシア・ローマ／ケルト／北欧』**（松村一男他訳、原書房）、**M・ジョーダン『世界の神話──主題別事典』**（松浦俊輔他訳、青土社）の三点をあげておく。なお個別神話の事典は、以下の地域別文献の個所に掲載してある。

●神話の主題

神話ではさまざまな問題が取り上げられ、考察され、人間生活にとっての規範が示されている。そうしたさまざまなテーマのうち、いくつかを紹介しよう。

まず天地創造については、**大林太良『世界の神話──万物の起源を読む』**（NHKブックス）、**D・マクラガン『天地創造』**（松村一男訳、平凡社）、**月本昭男編『創世神話の研究』**（リトン）がある。

また自然現象のうち天体については、**大林太良『銀河の道　虹の架け橋』**（小学館）、海や水については、**同『海の神話』**（講談社学術文庫）、**吉田敦彦『水の神話』**（青土社）などがある。

人間文化のさまざまな問題のうち、女性や女神については、松村一男『女神の神話学』（平凡社）、M・ギンブタス『古ヨーロッパの神々』（鶴岡真弓訳、言叢社）、H・P・デュル『再生の女神セドナ』（原研二訳、法政大学出版局）、吉田敦彦『日本人の女神信仰』（青土社）、E・ノイマン『グレート・マザー――無意識の女性像の現象学』（福島章他訳、ナツメ社）などがある。

英雄については、L・ラグラン『文化英雄』（大場啓二訳、太陽社）、O・ランク『英雄誕生の神話』（野田倬訳、人文書院）、J・キャンベル『千の顔をもつ英雄』上下（平田武靖他訳、人文書院）、D・ノーマン『英雄――神話・イメージ・象徴』（高橋進他訳、竹内書店新社）などがある。

また農業については大林太良『稲作の神話』（弘文堂）が、仮面については同『仮面と神話』（小学館）がある。

●研究方法

神話研究の手法としては、文献資料を駆使して歴史的背景の意義を追求する文献学、生活手段との関連を重視する民族学、神話を人間の無意識や魂の活動の産物として分析しようとする深層心理学、言語集団は文化集団でもあるとして、同一言語集団内の神話を比較して失われた話型を再建しようとする比較神話学、そして神話が普遍的にもつ役割や構造を解明しようとする構造主義など、さまざまな立場がある。ここではそのうち、深層心理学、比較神話学、構造主義の立場からの代表的著作を紹介する。

深層心理学の立場からの研究としては、起源神話についてはM＝L・フォン・フランツ『世界創造の神話』（人文書院）、女性の神話については上掲のノイマン『グレート・マザー』、そして英雄神話については上掲のランク『英雄誕生の神話』、キャンベル『千の顔をもつ英雄』、ノーマン『英雄』などがある。これらのうち、ランクはフロイトの影響が強く、他の研究者はユングの影響が強い。

比較神話学からの研究としては、吉田敦彦編『比較神話学の現在』（朝日出版社）、C・S・リトルトン『新比較神話学』（堀美佐子訳、みすず書房）、G・デュメジル『神々の構造』（松村一男訳、国文社）、松原孝俊／松村一男編『比較神話学の展望』（青土社）などがある。

構造主義の立場からのものには、C・レヴィ＝ストロース『構造人類学』（荒川幾男他訳、みすず書房）、同『はるかな視線』1－2（三保元訳、みすず書房）、E・リーチ『神話としての創世記』（江河徹訳、紀伊国屋書店）、同『聖書の構造分析』（鈴木聡訳、紀伊国屋書店）などがある。

神話理論の変遷について、その歴史的意味を考察しているものとしては、P＝M・シュール他『神話の系譜学』（野町啓他訳、平凡社）、松村一男『神話学講義』（角川書店）などがある。

●地域別

次に地域ごとの神話文献を、それぞれの執筆者が推奨している文献を中心に紹介していく。

古代オリエント全般については、杉勇他訳『古代オリエント集』（筑摩書房）が多くの翻訳を含んでいて必須である。

エジプトについては、V・イオンズ『エジプト神話』（酒井傳六訳、青土社）、J・アスマン『エジプト──初期高度文明の神学と信仰心』（吹田浩訳、関西大学出版部）、三笠宮崇仁『古代エジプトの神々』（日本放送出版協会）などがある。仁田三夫『図説 古代エジプト』1-2（河出書房新社）の図版は美しい。

アッカドについては、月本昭男訳『ギルガメシュ叙事詩』（岩波書店）、大貫良夫／前川和也／渡辺和子／尾形禎亮『世界の歴史1──人類の起源と古代オリエント』（中央公論社）、ジャン・ボテロ『メソポタミア』（松島英子訳、法政大学出版局）など。図版については吉川守編『NHK大英博物館1──メソポタミア・文明の誕生』（NHK出版）を参照されたい。

グノーシスについては、日本のグノーシス研究をリードしてきた荒井献と弟子の大貫隆の業績が目立つ。荒井『原始キリスト教とグノーシス主義』（岩波書店）、同『新訳聖書とグノーシス主義』（岩波書店）、荒井／柴田有訳『ヘルメス文書』（朝日出版社）、荒井／大貫編『ナグ・ハマディ文書1-4』（岩波書店）、大貫『ヨハネによる福音書』（日本基督教団出版局）、同『グノーシスの神話』（岩波書店）、同『グノーシス考』（岩波書店）、宮本久男／山本巍／大貫『聖書の言語を超えて』（東京大学出版会）。この他、M・スコペロ『グノーシス主義とは何か』（入江良平・中野千恵美訳、せりか書房）、H・ヨナス『グノーシスの宗教──異邦の神の福音とキリスト教の端緒』（秋山さと子・入江良平訳、人文書院）などの訳書もある。また聖書を神話として分析する試みとして、上掲の構造主義の個所で紹介したリーチの著作のほかにも、西山清『聖書神話の解読』（中公新書）がある。

ギリシアとローマの神話をまとめて紹介しているものとして、事典ではM・グラント／J・ヘイゼル『ギリシア・ローマ神話事典』（西田実他訳、大修館書店）、高津春繁『ギリシア・ローマ神話辞典』（岩波書店）、ルネ・マルタン監修『図説ギリシア・ローマ神話文化事典』（松村一男訳、原書房）などがある。その他には、吉田敦彦『ギリシア・ローマの神話』（ちくま文庫）、C・エスタン／H・ラポルト『ギリシア・ローマ神話ものがたり』（多田智満子監修、創元社）、佐々木理『ギリシア・ローマ神話』（講談社学術文庫）、T・ブルフィンチ『ギリシア・ローマ神話』（野上弥生子訳、岩波文庫）など。

ギリシア神話についての原典の翻訳としては、アポロドロス『ギリシア神話』（高津春繁訳、岩波文庫）、ホメロス『イリアス』（松平千秋訳、岩波文庫）、ホメロス『オディッセイア』（松平千秋訳、岩波文庫）、ヘシオドス『神統記』（廣川洋一訳、岩波文庫）、『四つのギリシア神話──「ホメーロス讃歌」より』（逸身喜一郎・片山英男訳、岩波文庫）、松平千秋／久保正彰／岡道男編『ギリシア悲劇全集』全十三巻（岩波書店）などがある。入門書としては、中村善也／中務哲郎『ギリシア神話』（岩波ジュニア新書）、高津春繁『ギリシア神話』（岩波新書）、P・グリマル『ギリシア神話』（高津春繁訳、白水社クセジュ文庫）、呉茂一『ギリシア神話』（新潮文庫）、G・S・カーク『ギリシア神話の本質』（辻村誠三他訳、法政大学出版局）など。P・ヴェーヌ『ギリシア人は神話を信じたか』（大津真作訳、法政大学出版局）はその題名の通り、神話が信じられていたのかを問うユニークな書。また長田年弘『神々と英雄と女性たち――美術が語る古代ギリシアの世界』（中公新書）は図像から神話を分析し、臼井隆一郎『パンとワインを巡り神話が巡る――古代地中海文化の血と肉』（中公新書）は食べ物から神話を分析している点がやはり独自。そしてマンガ世代には、里中満智子『マンガ　ギリシア神話』全八巻（中央公論社）が入りやすいだろう。

　ローマについては、ウェルギリウス『アエネイス』上下（泉井久之助、岩波文庫／『世界古典文学全集』21、筑摩書房にも収録）、オウィディウス『変身物語』上下（中村善也訳、岩波文庫）、アプレイウス『黄金のろば』上下（呉茂一・国原吉之助訳、岩波文庫）などの原典の翻訳が役立つ。その他、丹羽隆子『ローマ神話』（大修館書店）、S・ペローン『ローマ神話』（中島健訳、青土社）、塩野七生『ローマ人の物語』（新潮社）、松田治『ローマ神話の発生』（社会思想社・現代教養文庫）、G・シャルク『ローマ建国の英雄たち』（角信雄・長谷川洋訳、白水社）、松本仁助・岡道男・中務哲郎編『ラテン文学を学ぶ人のために』（世界思想社）、小川正廣『ウェルギリウス研究』（京都大学学術出版会）などもある。

　ゲルマンについては、『エッダ――古代北欧歌謡集』（谷口幸男訳、新潮社）、『アイルランドサガ』（同訳、新潮社）などの翻訳がある。また、菅原邦城『北欧神話』（東京書籍）、F・ストレム『古代北欧の宗教と神話』（菅原邦城訳、人文書院）、V・グレンベック『北欧神話と伝説』（山室静訳、新潮社）、谷口幸男『エッダとサガ――北欧古典への案内』（新潮選書）、山室静『エッダとサガの世界――アイスランドの歴史と文化』（社会思想社・現代教養文庫）、G・デュメジル『ゲルマン人の神々』（松村一男訳、国文社）、K・クロスリィ＝ホーランド『北欧神話物語』（山室静他訳、青土社）、H・R・エリス・デイヴィッドソン『北欧神話』（米原まり子他訳、青土社）などもある。

　中世ヨーロッパ・ケルトについては、井村君江『ケルトの神話』（ちくま文庫）、同『アーサー王ロマンス』（ちくま文庫）などが入門書として便利。またケルト文化への近年の関心の高まりとともにケルト神話の本は以下に見るように豊富になっている。F・ディレイニー『ケルト――生きている神話』（森野聡子訳、創元社）、P・マッカーナ『ケルト神話』（松田幸雄訳、青土社）、M・J・グリーン『ケルトの神話』（市川裕美子訳、丸善ブックス）、V・クルータ『ケルト人』（鶴岡真弓訳、白水社クセジュ文庫）、中央大学人文科学研究所編『ケルト――伝統と民俗の想像力』（中央大学出版局）、田中仁彦『ケルト神話と中世騎士物語──「他界」への旅と冒険』（中公新書）、J・ブレキリアン『ケルト神話の世界』（田中仁彦他訳、中央公論社）、松岡利次編訳『ケルトの聖書物語』（岩波書店）、『ユリイカ──特集・ケルト──源流のヨーロッパ』（一九九一年三月号、青土社）などがある。また鶴岡真弓／松村一男『図説ケルトの歴史──文化・美術・神話をよむ』（河出書房新社）は多くの図版を所収し、内容も充実している。

インドについては、辻直四郎訳『リグ・ヴェーダ讃歌』（岩波文庫）、菅沼晃編『インド神話伝説辞典』（東京堂出版）、辻直四郎『インド文明の曙──ヴェーダとウパニシャッド』（岩波書店）、V・イオンズ『インド神話』（酒井傳六訳、青土社）、上村勝彦『インド神話』（東京書籍）などがある。図版は、長谷川明『インド神話入門』（新潮社）が豊富で大変便利。

イランについては、フェルドウスィー『王書──古代ペルシャの神話・伝説』（岡田恵美子訳、岩波文庫）、フィルドゥスィー『王書〈ペルシア英雄叙事詩〉』（黒柳恒男訳、平凡社東洋文庫）の二種の翻訳がある。他には、黒柳恒男『ペルシアの神話』（泰流社）、J・ヒネルズ『ペルシア神話』（井本英一・奥西峻介訳、青土社）がある。

スキタイとオセットについては、吉田敦彦『ギリシア神話と日本神話』（みすず書房）と同『アマテラスの原像──スキュタイ神話と日本神話』（青土社）が役立つ。

中国については、袁珂『中国神話伝説大事典』（鈴木博訳、大修館書店）が最近上梓されている。入門書としては、貝塚茂樹『中国神話の起源』（角川文庫）、君島久子『中国の神話』（筑摩書房）、松村武雄『中国神話伝説集』（社会思想社・現代教養文庫）などがある。より専門的なのは、出石誠彦『支那神話伝説の研究』（中央公論社）、W・エバーハート『古代中国の地方文化』（白鳥芳郎監訳、六興出版）、袁珂『中国の神話伝説』上下（鈴木博訳、青土社）、白川静『中国の神話』（筑摩書房）、千田九一／村松一弥編『少数民族文学集』（平凡社）、森三樹三郎『支那古代神話』（大雅堂）などである。また日本神話との比較として、伊藤清司『日本神話と中国神話』（学生社）が、そしてインド神話との比較として、入谷仙介『『西遊記』の神話学──孫悟空の謎』（中公新書）がある。

韓半島については、金両基『韓国神話』（青土社）、金烈圭『韓国神話の研究』（泊勝美訳、学生社）、孫晋泰『朝鮮神譚集』（郷土出版社）、崔仁鶴『韓国昔話の研究』（弘文堂）などがある。

日本については膨大な文献があり、ごく一部の紹介にとどめる。事典としては大林太良／吉田敦彦監修『日本神話事典』（大和書房）がある。基本書といえるのは、西郷信綱『古事記の世界』（岩波新書）、上田正昭『日本神話』（岩波新書）、大林太良『日本神話の起源』（角川書店）、大林太良『神話の系譜──日本神話の源流をさぐる』（講談社学術文庫）、吉田敦彦『日本神話の源流』（講談社現代新書）などであろう。この他、大林太良『日本神話の構造』（弘文堂）、同『東アジアの王権神話』（弘文堂）、吉田敦彦『日本の神話』

（青土社）、同『日本神話のなりたち』（青土社）、吉田敦彦／古川のり子『日本の神話伝説』（青土社）、松前健『出雲神話』（講談社現代新書）、三品彰英『三品彰英論文集』一～六巻（平凡社）、同『神話の世界』（集英社・図説日本の歴史2）なども有益である。また近隣地域の神話と日本神話の比較としては、大林太良編『日本神話の比較研究』（法政大学出版局）と君島久子編『東アジアの創世神話』（弘文堂）がある。なお大林、吉田、松前、三品の各氏の著作はいずれも比較の視点を踏まえて書かれているので、韓半島、中国、東南アジア、オセアニアの神話についても有益な資料となる。

北アメリカについては、E・クラーク『アメリカ・インディアンの神話伝説』（山下欣一訳、岩崎美術社）、C・バートランド『アメリカ・インディアン神話』（松田幸雄訳、青土社）などがある。

中央アメリカについては、I・ニコルソン『マヤ・アステカの神話』（松田幸雄訳、青土社）、H・オズボーン『ペルー・インカの神話』（田中梓訳、青土社）がある。

南アメリカについては、C・レヴィ＝ストロース『やきもち焼きの土器つくり』（渡辺公三訳、みすず書房）、H・ライヘル＝ドルマトフ『デサナ――アマゾンの性と宗教のシンボリズム』（寺田和夫他訳、岩波書店）がある。

オセアニアについては、P・ポイニャント『オセアニア神話』（豊田由貴夫訳、青土社）、A・アルパース『ニュージーランド神話』（井上英明訳、青土社）、後藤明『ハワイ・南太平洋の神話』（中公新書）、A・E・イェンゼン『殺された女神』（大林太良他訳、弘文堂）などがある。

アフリカについては、阿部年晴『アフリカの創世神話』（紀伊国屋書店）、J・パリンダー『アフリカ神話』（松田幸雄訳、青土社）などが全域を紹介している。山口昌男『アフリカの神話的世界』（岩波新書）はいたずら者の神トリックスターに焦点をあてている。この他、西アフリカのマリに住むドゴン族については、M・グリオール『水の神――ドゴン族の神話的世界』（坂井信三・竹沢尚一郎訳、せりか書房）と同『青い狐――ドゴンの宇宙哲学』（坂井信三訳、せりか書房）がある。秘儀的な神話に込められた精緻な世界観に圧倒される。

なお最後に本書では取り上げられていない地域の文献について一括して述べておく。東南アジアとインドネシアについては、大林太良『シンガ・マンガラジャの構造』（青土社）、ロシアについては、F・ギラン『ロシアの神話』（小海永二訳、青土社）、東北アジアについては、萩原真子『東北アジアの神話・伝説』（東方書店）、シベリアについては同『北方諸民族の世界観――アイヌとアムール・サハリン地域の神話・伝承』（草風館）、極北地域についてはリョンロット編『カレワラ』上下（小泉保訳、岩波文庫）や小泉保『カレワラ神話と日本神話』（NHKブックス）がある。そして無文字民族の神話全般を概観するには、大林太良他『無文字民族の神話』（白水社）が便利だろう。

ギリシア神話——神々の系譜図

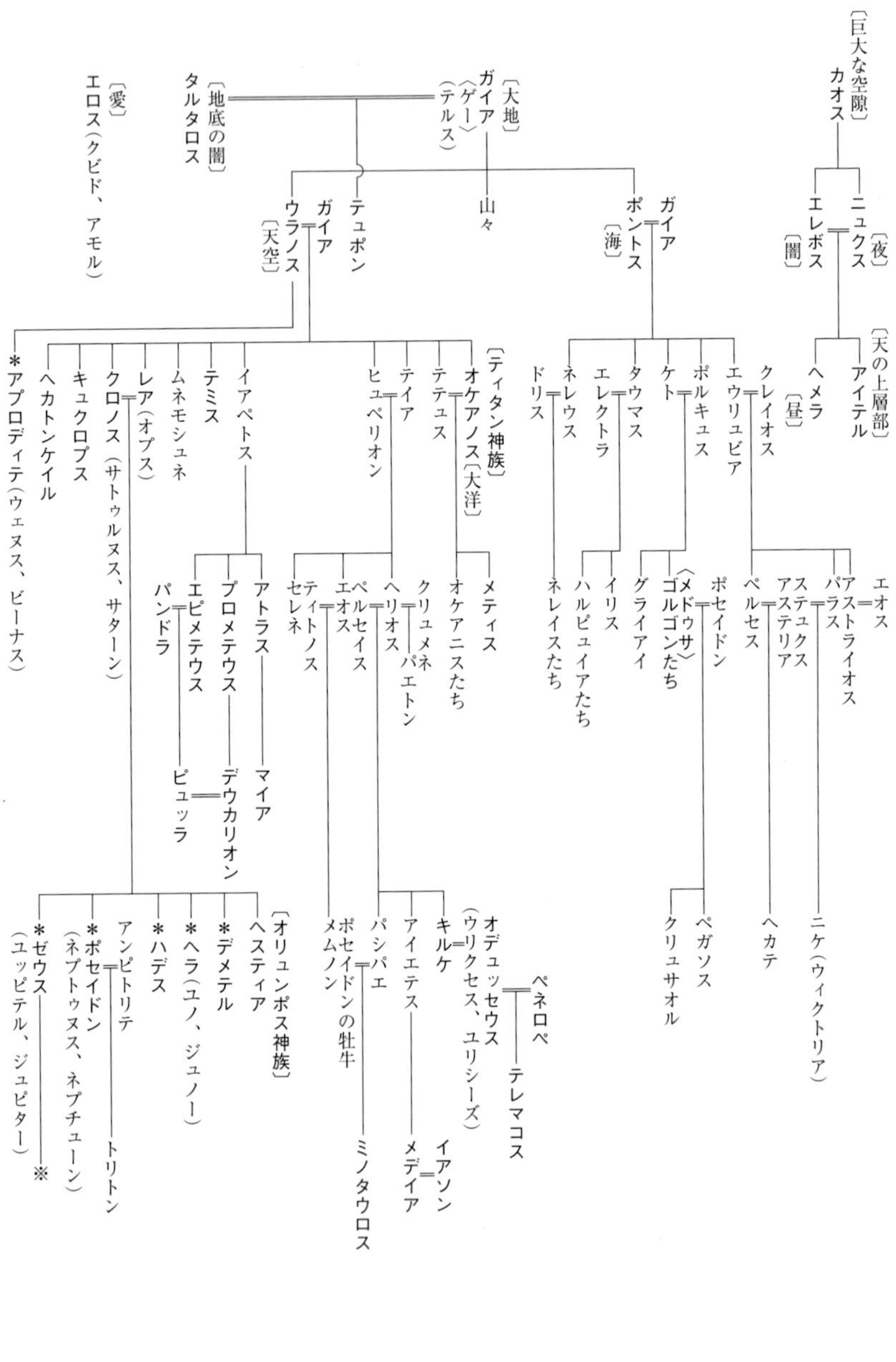
〔巨大な空隙〕カオス
ニュクス〔夜〕
エレボス〔闇〕
アイテル〔天の上層部〕
ヘメラ〔昼〕
〔大地〕ガイア〈ゲー〉〈テルス〉
〔地底の闇〕タルタロス
〔愛〕エロス（クピド、アモル）
ガイア
ポントス〔海〕
山々
テュポン
ガイア
ウラノス〔天空〕
クレイオス
エウリュビア
ポルキュス
ケト
タウマス
エレクトラ
ネレウス
ドリス
〔ティタン神族〕
オケアノス〔大洋〕
テテュス
テイア
ヒュペリオン
イアペトス
テミス
ムネモシュネ
レア（オプス）
クロノス（サトゥルヌス、サターン）
キュクロプス
ヘカトンケイル
＊アプロディテ（ウェヌス、ビーナス）
エオス
アストライオス
パラス
ステュクス
アステリア
ペルセス
ポセイドン
〈メドゥサ〉ゴルゴンたち
グライアイ
イリス
ハルピュイアたち
ネレイスたち
メティス
オケアニスたち
クリュメネ
パエトン
ヘリオス
ペルセイス
エオス
ティトノス
セレネ
アトラス
プロメテウス
エピメテウス
パンドラ
マイア
デウカリオン
ピュッラ
ニケ（ウィクトリア）
ヘカテ
ペガソス
クリュサオル
ペネロペ
オデュッセウス（ウリクセス、ユリシーズ）
テレマコス
キルケ
イアソン
アイエテス
メデイア
パシパエ
ポセイドンの牡牛
ミノタウロス
メムノン
〔オリュンポス神族〕
ヘスティア
＊デメテル
＊ヘラ（ユノ、ジュノー）
＊ハデス
アンピトリテ
トリトン
＊ポセイドン（ネプトゥヌス、ネプチューン）
＊ゼウス（ユッピテル、ジュピター）
※

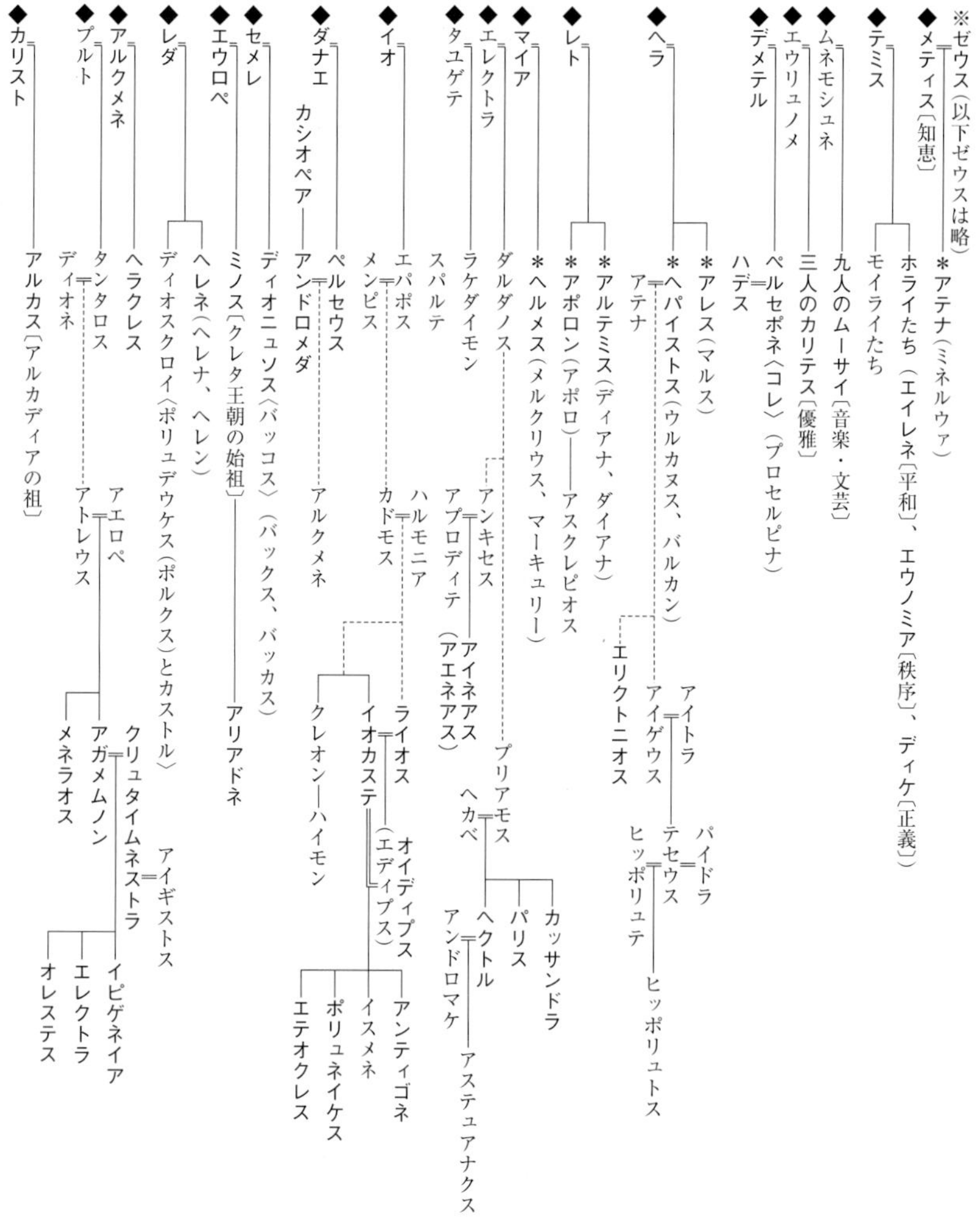

〔注〕

1・──は親子関係、══は婚姻関係、------は何代か後の子孫。親子、婚姻関係には異説があるものがある。たとえばアプロディテは、ゼウスとディオネの娘ともされる。兄弟姉妹の長幼の序も不明なものが多いので無視した。

2・◆はゼウスの子どもたちの母親。

3・＊はオリュンポス十二神。ハデスの代りにディオニュソスやヘスティアが入れられることもある。

4・（　）内はラテン名またはローマ神話で対応する神名。英名も適宜付した。

5・太字の神名・人名は本書に登場した神・人。

日本神話——神々の系譜図

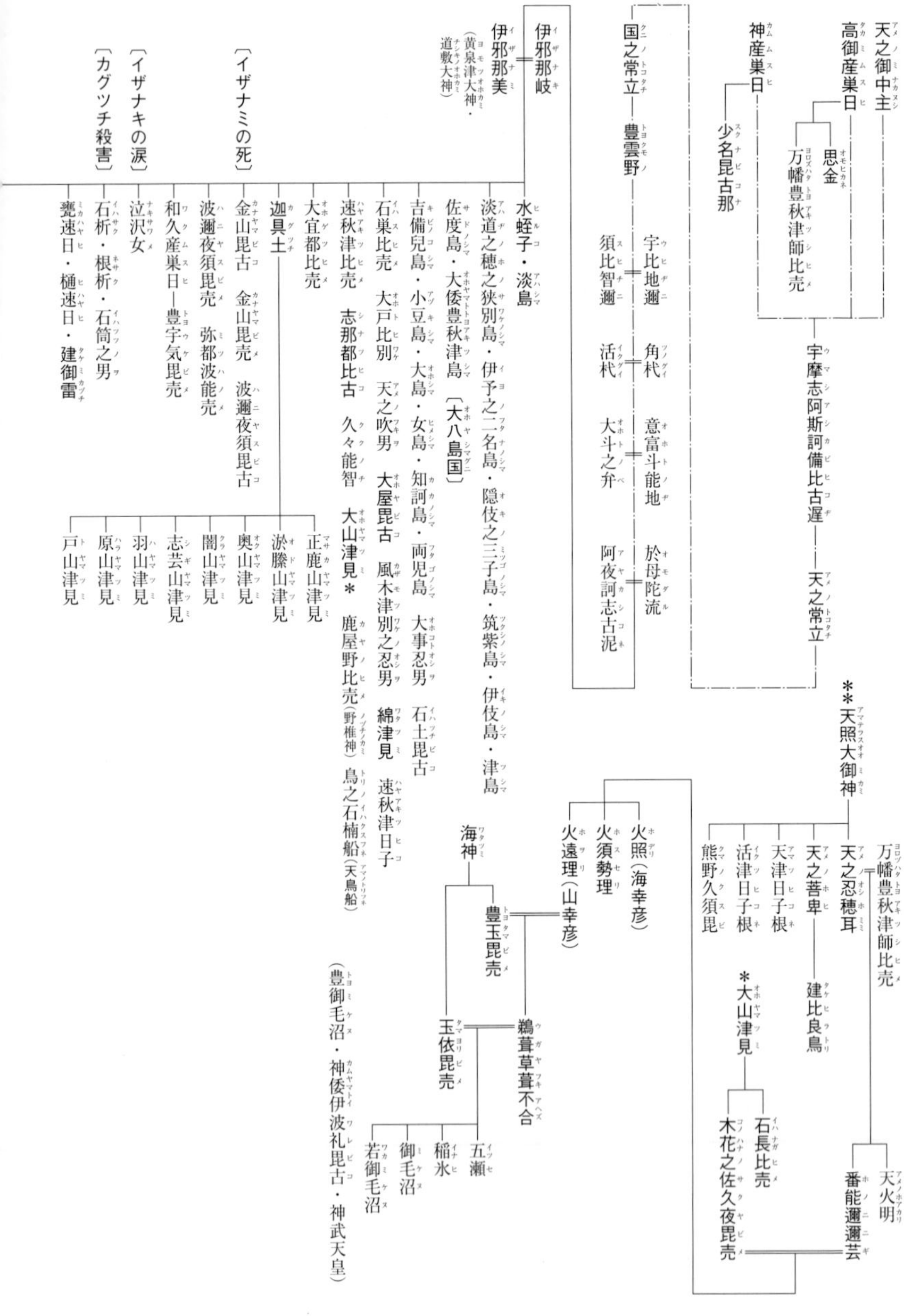

天之御中主《アメノミナカヌシ》
高御産巣日《タカミムスヒ》
神産巣日《カムムスヒ》
思金《オモヒカネ》
万幡豊秋津師比売《ヨロズハタトヨアキツシヒメ》
少名毘古那《スクナビコナ》
宇摩志阿斯訶備比古遅《ウマシアシカビヒコヂ》
天之常立《アメノトコタチ》
国之常立《クニノトコタチ》
豊雲野《トヨクモノ》
宇比地邇《ウヒヂニ》
須比智邇《スヒチニ》
角杙《ツノグイ》
活杙《イクグイ》
意富斗能地《オホトノヂ》
大斗之弁《オホトノベ》
於母陀流《オモダル》
阿夜訶志古泥《アヤカシコネ》
伊邪那岐《イザナキ》
伊邪那美《イザナミ》
（黄泉津大神《ヨモツオホカミ》・道敷大神《チシキノオホカミ》）
水蛭子《ヒルコ》・淡島《アハシマ》
淡道之穂之狭別島《アハヂノホノサワケノシマ》・伊予之二名島《イヨノフタナノシマ》・隠伎之三子島《オキノミツゴノシマ》・筑紫島《ツクシノシマ》・伊伎島《イキノシマ》・津島《ツシマ》
佐度島《サドノシマ》・大倭豊秋津島《オホヤマトトヨアキツシマ》〔大八島国《オホヤシマグニ》〕
吉備児島《キビノコジマ》・小豆島《アヅキシマ》・大島《オホシマ》・女島《ヒメシマ》・知訶島《チカノシマ》・両児島《フタゴノシマ》
大事忍男《オホコトオシヲ》　石土毘古《イハツチビコ》
石巣比売《イハスヒメ》　大戸比別《オホトヒワケ》　天之吹男《アメノフキヲ》　大屋毘古《オホヤビコ》　風木津別之忍男《カザモツワケノオシヲ》　綿津見《ワタツミ》　速秋津日子《ハヤアキツヒコ》
速秋津比売《ハヤアキツヒメ》　志那都比古《シナツヒコ》　久々能智《ククノチ》　大山津見《オホヤマツミ》＊　鹿屋野比売《カヤノヒメ》（野椎神《ノヅチノカミ》）　鳥之石楠船《トリノイハクスフネ》（天鳥船《アマノトリフネ》）
大宜都比売《オホゲツヒメ》
迦具土《カグツチ》
正鹿山津見《マサカヤマツミ》
淤縢山津見《オドヤマツミ》
奥山津見《オクヤマツミ》
闇山津見《クラヤマツミ》
志芸山津見《シギヤマツミ》
羽山津見《ハヤマツミ》
原山津見《ハラヤマツミ》
戸山津見《トヤマツミ》
〔イザナミの死〕
金山毘古《カナヤマビコ》　金山毘売《カナヤマビメ》　波邇夜須毘古《ハニヤスビコ》
波邇夜須毘売《ハニヤスビメ》　弥都波能売《ミツハノメ》
和久産巣日《ワクムスヒ》―豊宇気毘売《トヨウケビメ》
〔イザナキの涙〕
泣沢女《ナキサワメ》
〔カグツチ殺害〕
石析《イハサク》・根析《ネサク》・石筒之男《イハツツノヲ》
甕速日《ミカハヤヒ》・樋速日《ヒハヤヒ》・建御雷《タケミカヅチ》
＊＊天照大御神《アマテラスオオミカミ》
万幡豊秋津師比売《ヨロヅハタトヨアキツシヒメ》
天之忍穂耳《アメノオシホミミ》
天之菩卑《アメノホヒ》
建比良鳥《タケヒラトリ》
天津日子根《アマツヒコネ》
活津日子根《イクツヒコネ》
熊野久須毘《クマノクスビ》
天火明《アメノホアカリ》
番能邇邇芸《ホノニニギ》
＊大山津見《オホヤマツミ》
石長比売《イハナガヒメ》
木花之佐久夜毘売《コノハナノサクヤビメ》
火照《ホデリ》（海幸彦）
火須勢理《ホスセリ》
火遠理《ホヲリ》（山幸彦）
海神《ワタツミ》
豊玉毘売《トヨタマビメ》
玉依毘売《タマヨリビメ》
鵜葺草葺不合《ウガヤフキアヘズ》
五瀬《イツセ》
稲氷《イナヒ》
御毛沼《ミケヌ》
若御毛沼《ワカミケヌ》
（豊御毛沼《トヨミケヌ》・神倭伊波礼毘古《カムヤマトイワレビコ》・神武天皇）

〔注〕
1・神名の表記は『古事記』による。
2・══夫婦、── 親子、−·− 神の出現順。
3・＊は同一の神を示す。
4・太字の神名は本書に登場した神。

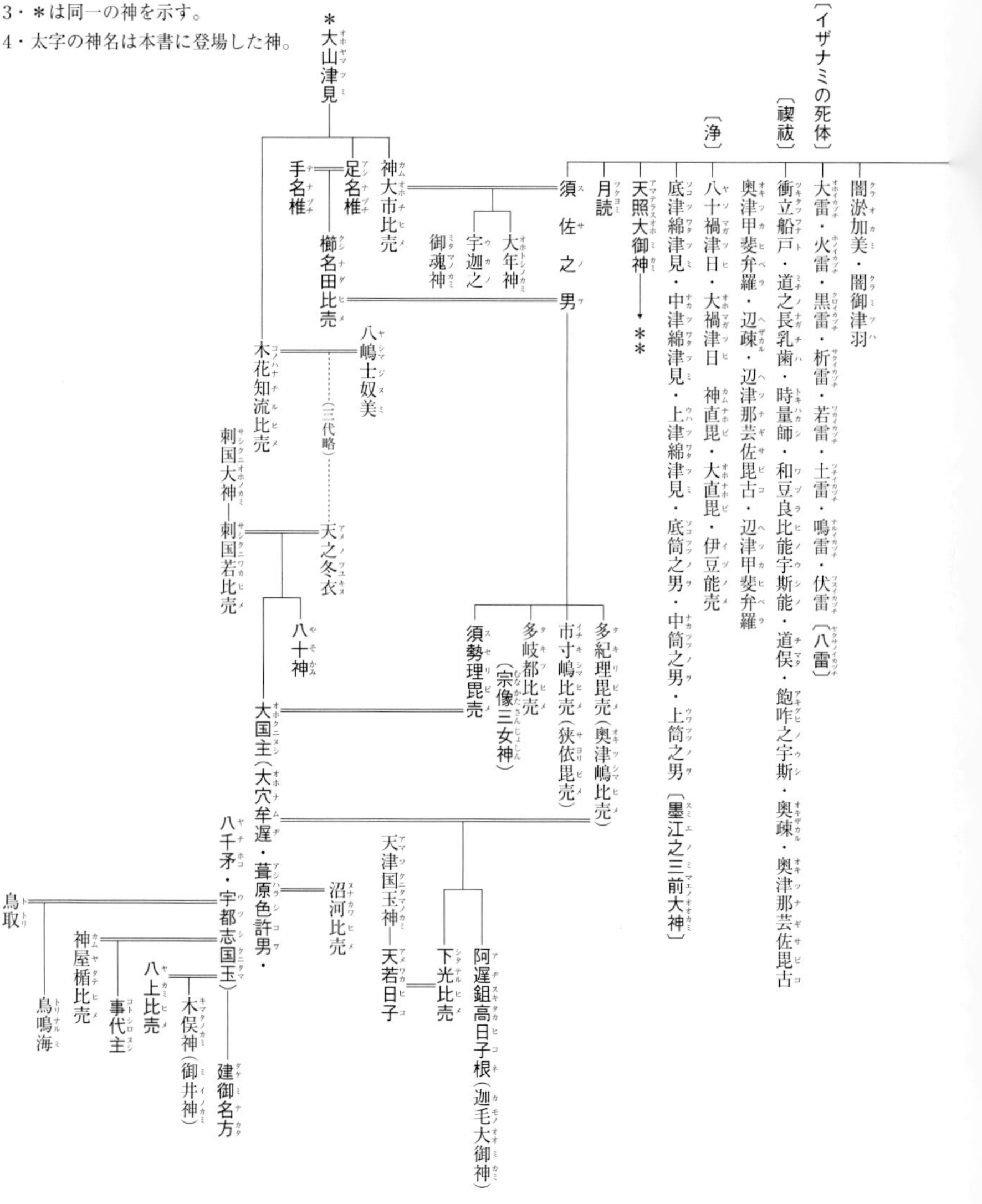

神名・人名索引 ＊実在の人物には欧文名と生没年を付記

事項索引

編・執筆者紹介（五十音順）

吉田敦彦（よしだ・あつひこ）
1934年生まれ。専攻は神話学。学習院大学文学部教授。著書『ギリシア・ローマの神話』『日本神話の源流』『昔話の考古学』『縄文の神話』『日本神話のなりたち』『日本神話の特色』『神話のはなし』『国際理解にやくだつ世界の神話』など。

＊

大貫　隆（おおぬき・たかし）
1945年静岡県生まれ。専攻は新約聖書学、古代キリスト教文学。東京大学大学院総合文化研究科・教養学部教授。著書『グノーシスの神話』『グノーシス考』『福音書と伝記文学』『終わりから今を生きる』、共編書『イエス研究史』など。

岡田和子（おかだ・かずこ）
1959年埼玉県生まれ。専攻はドイツ語、ドイツ文学。筑波大学外国語センター講師、高崎経済大学講師。共著書『世界の宗教と神話伝説百科』、翻訳書『パミール高原の民話』など。

小川正廣（おがわ・まさひろ）
1951年生まれ。専攻は西洋古典学。名古屋大学教授。著書『ウェルギリウス研究』、共著書『ラテン文学を学ぶ人のために』、共訳書『セネカ悲劇集』『キケロー選集』など。

君島久子（きみじま・ひさこ）
栃木県生まれ。専攻は中国文学、民族学。国立民族学博物館名誉教授。著書『東アジアの創世神話』『中国の神話』『中国民話集』『概説 中国の少数民族』など。

新島　翠（にいじま・みどり）
東京生まれ。専攻は中国語学、民間伝承。岐阜聖徳学園大学外国語学部教授。著書『中国少数民族の昔話』『世界の龍の話』、論文「納西族の創成神話」など。

西村賀子（にしむら・よしこ）
1953年大阪生まれ。専攻は西洋古典文学。名古屋経済大学助教授。共著書に『創成神話の研究』、訳書にレイノルズ、ウィルソン『古典の継承者たち』、共訳書に『ギリシア悲劇全集第11・12巻』『イソップ風寓話集』など。

平藤喜久子（ひらふじ・きくこ）
1972年山形県生まれ。専攻は神話学。日本学術振興会特別研究員。論文「アマテラスの高天原支配とオホクニヌシの国作り」など。

辺見葉子（へんみ・ようこ）
東京生まれ。専攻は中世英文学、ケルト神話・フォークロア。慶應大学助教授。著書『ミッドサマーイヴ――夏の夜の妖精たち』、共著書『ヨーロッパの神話――ケルト・北欧』、共訳書『アーサー王伝説の起源』など。

松原孝俊（まつばら・たかとし）
島根県生まれ。専攻は韓国文化史。九州大学大学院言語文化研究院教授。編著書『韓国入門』、共編書『比較神話学の展望』、論文「韓国のイエンニヤギ」。

松村一男（まつむら・かずお）
1953年埼玉県生まれ。専攻は宗教学、神話学。和光大学教授。著書『女神の神話学』『神話学講義』、共著書『神話学とは何か』『世界神話事典』、訳書にデュメジル『神々の構造』、共訳書にエリアーデ『世界宗教史Ｉ』など。

渡辺和子（わたなべ・かずこ）
1951年東京生まれ。専攻は宗教学、アッシリア学。東洋英和女学院大学教授。共著書『世界の歴史１ 人類の起源と古代オリエント』など。

世界の神話*101*

2000年6月5日　初版発行
2018年4月15日　第6刷

編者　吉田敦彦《よしだあつひこ》
発行　株式会社新書館
〒113-0024 東京都文京区西片2-19-18
電話(03)3811-2966
(営業)〒174-0043 東京都板橋区坂下1-22-14
電話(03)5970-3840　FAX(03)5970-3847
装幀　SDR(新書館デザイン室)
製版・印刷　プロスト
製本　井上製本所

落丁・乱丁本はお取替いたします。

Printed in Japan ISBN978-4-403-25047-7